알라딘북스 영림카디널 | 서울특별시 강남구 강남대로 345 혜천빌딩 | T.02-555-3200 F.02-552-0436 | www.ylc21.co.kr
알라딘북스 영림카디널은 영림카디널 어린이 책을 만드는 새 출판사의 이름입니다.

중학생이 되기 전에 꼭 읽어야 할

우리 고전 · 우리 신화 · 세계 고전 시리즈

교양 있는 중학생이 되기 위한 준비 끝! 논술 준비도 끝!

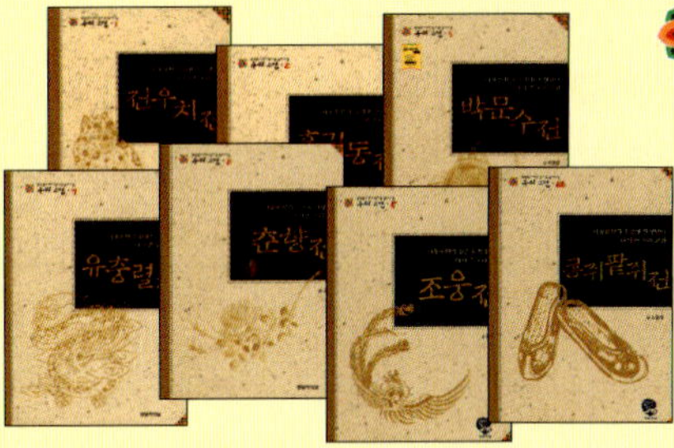

아동문학가가 다시 쓴 우리 고전

- **전우치전** 글 김원석 | 값 9,000원 어린이문화진흥회 선정 〈좋은어린이책〉/ 중앙독서교육 추천 도서 / 라이온스독서감상문대회 선정 도서
- **홍길동전** 글 고정욱 | 값 9,000원 라이온스독서감상문대회 선정 도서
- **박문수전** 글 이동렬 | 값 9,000원 어린이문화진흥회 선정 〈좋은어린이책〉
- **유충렬전** 글 김원석 | 값 9,000원
- **춘향전** 글 고정욱 | 값 9,000원
- **조웅전** 글 김은숙 | 값 9,000원 어린이문화진흥회 선정 〈좋은어린이책〉
- **콩쥐팥쥐전** 글 소중애 | 값 9,000원

아동문학가가 다시 쓴 우리 신화

- **창세가** 글 최정원 | 값 10,000원 어린이문화진흥회 선정 〈좋은어린이책〉
- **나무 도령** 글 최정원 | 값 9,000원
- **마고할미와 세 자매** 근간
- **겨레의 큰 어머니들** 근간
- **단군의 세기** 근간

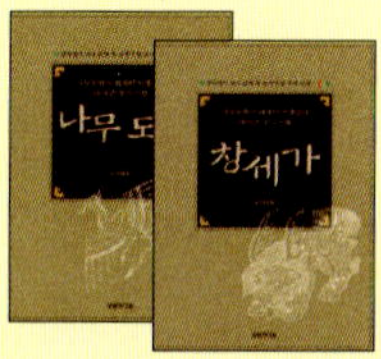

중학생이 되기 전에 꼭 읽어야 할 세계 고전

- **이솝 우화 123가지** 원작 이솝 | 글 한국어린이문화연구소 | 값 11,000원 어린이문화진흥회 선정 〈좋은어린이책〉/ 중앙독서교육 추천 도서
- **탈무드 123가지** 글 한국어린이문화연구소 | 값 11,000원 중앙독서교육 추천 도서
- **그림 형제 동화 123가지-I** 원작 그림 형제 | 글 차보금 | 값 11,000원 중앙독서교육 추천 도서
- **안데르센 동화 123가지-I** 원작 안데르센 | 글 한국어린이문화연구소 | 값 12,000원 어린이문화진흥회 선정 〈좋은어린이책〉/ 라이온스독서감상문대회 선정 도서
- **안데르센 동화 123가지-II** 원작 안데르센 | 글 한국어린이문화연구소 | 값 12,000원 한국 간행물윤리위원회 청소년권장도서

지혜와 모험, 그리고 감동과 사랑이 가득한 우리 좋은 창작 동화

- **꼴찌가 받은 상** 글 김용인 | 그림 박요한 | 값 8,500원 어린이문화진흥회 선정 〈좋은 어린이책〉 / 디지털대성 전국 초등학생 독서감상문대회 선정 도서
- **끝순이네 새 식구** 글 김은숙 | 그림 박요한 | 값 8,500원 소년한국 우수어린이도서 선정 / 어린이문화진흥회 선정 〈좋은어린이책〉/ 평화독서감상문대회 선정 우수 도서 / 중앙독서교육 추천 도서
- **사이버 똥개** 글 김원석 | 그림 김윤희 | 값 7,500원 어린이문화진흥회 선정 〈좋은어린이책〉 / 라이온스독서감상문대회 선정 도서
- **아빠의 선생님** 글 소중애 | 그림 최진옥 | 값 7,500원 한우리독서문화운동본부 추천 도서 / 어린이도서연구소 아침독서운동 추천 도서 / 중앙독서교육 추천 도서
- **꽃도둑** 글 정향숙 | 그림 이상윤 | 값 7,500원 한우리독서문화운동본부 추천 도서 / 중앙독서교육 추천 도서
- **물꼬 할머니의 물 사랑** 글 이붕 | 그림 한수진 | 값 7,500원 환경부 선정 우수환경도서 / 어린이문화진흥회 선정 〈좋은어린이책〉
- **어린 까망이의 눈물** 글 강원희 | 그림 이우범 | 값 8,500원 어린이문화진흥회 선정 〈좋은 어린이책〉 / 디지털대성 전국 초등학생 독서감상문대회 선정 도서

JN444462

Contents 17 이제는 아동문학이다

표지 그림
느림보 출판사의 『겨울 할머니』(필리스 루트 글, 베스 크롬스 그림, 강연숙 옮김) 중에서. 거위들을 데리고 혼자 사는 할머니를 통해 동물들의 사계절을 들여다볼 수 있는 책. 추운 겨울의 따뜻한 햇살 같은 그림이 아름답다.

도서출판 **아동문학평론** 출판 및 도서 문의 070-7572-6643_팩스 02-336-7825_손전화 010-9138-7825
121-865 서울특별시 마포구 연남동 259의 12번지 2층

● 도서출판 **"아동문학평론"**과 도서출판 **"아평"**은 도서출판 **"가꿈"**의 임프린트사입니다 ● 아동문학과 어린이책을 가꿔 나갑니다

동심의숲 03 동시

서향숙 사진 동시집

찰칵, 내 맘 다 찍혔겠다

크라운판 / 책값 9,000원

『찰칵, 내 맘 다 찍혔겠다』에는 서향숙 시인이 만난 티 없이 맑은 아이들과 아름답고 신비로운 자연의 풍경, 가족 간의 따스한 사랑이 정겹게 동시로 씌어 있습니다. 그리고 그 정겨운 풍경들이 사진 속에 아름답게 담겨 있습니다. 그래서인지 그의 동시를 읽으면 정겨움이 첫눈처럼 다복다복 쌓이고, 사진을 보면 아름다운 풍경 속의 이야기들이 새록새록 떠오릅니다. 이 동시집은 순수한 동심과 정겨운 풍경이 담긴 사진첩입니다. 동시를 사랑하는 모든 사람들과 어린이들이 이 사진 동시집을 통해 아름다운 동심과 따스한 사랑을 느껴 보시기 바랍니다. — **이준관** 시인 · 동시인

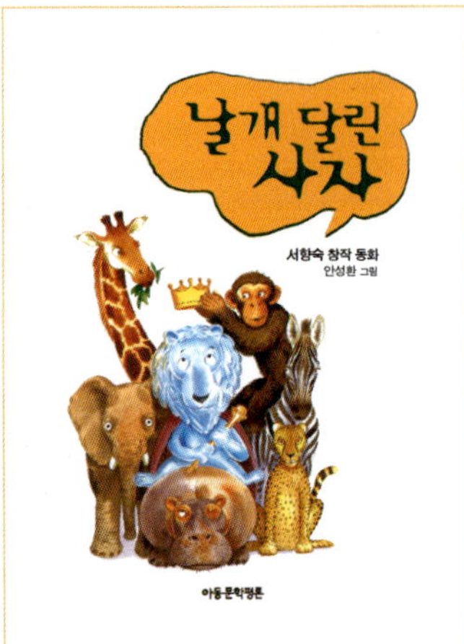

동심의숲 01 동화

서향숙 창작 동화집

날개 달린 사자

크라운판 / 책값 9,000원

서향숙 시인이 『날개 달린 사자』에 담긴 이야기를 통해 우리 어린이들에게 들려주고자 한 것, 곧 소원은 실현 불가능한 꿈이 아니라는 것입니다. 이 단편 동화집은 소원에 대한 인식을 다시금 환기시키고자 한 것이며, 그만큼 소원을 신념과 통찰의 대상으로 제기한 것입니다. 신념은 불가능한 것을 가능하게 하고 해결할 수 없는 문제를 해결해 주는 힘이 되기 때문이지요. 그것을 이끌어 주는 정신적 기저가 바로 가족 간의 사랑이며 이웃 간의 관심이라는 사실을, 서향숙 시인은 이 동화집을 통해 일깨워 주고자 했던 것입니다. — **김용희** 아동문학평론가 · 동시인

서향숙 조선일보 신춘문예(1996년)와 아동문학평론 신인상(1996년)에 동시가 당선되어 등단했다. 방정환문학상, 새벗문학상, 공무원문예대전 국무총리상, 광주문학상, 광주 · 전남아동문학인상 등을 받았으며, 동시집 『연못에 놀러온 빗방울』 · 『찰칵, 내 맘 다 찍혔겠다』, 동화집 『날개 달린 사자』, 시집 『그대, 새 움트듯 깨어나 봐요』를 펴냈다. 초등학교에서 어린이들을 가르치면서, 국제펜클럽, 한국문협, 광주문협, 전남문협, 한국아동문학인협회, 한국동시문학회, 동심의시 회원, 금초문학회 회장으로 활동하고 있다.

이제는 아동문학이다

아동문학사상

17호

|권두언|

명품 브랜드가 된 아동문학

김은숙 발행인

상을 주고 상을 받는 것은 칭찬을 하고 칭찬을 받는 것이다. 그런데 그 칭찬은 누구 한 사람으로부터 받는 사적 칭찬이 아니라 여러 사람의 마음을 얻어 받는 공적 칭찬이다. 공적 칭찬인지라 상을 주고받을 때 엄정한 절차와 검증이 선행된다.

아동문학상은 아동 · 청소년의 정서함양에 도움이 되고 무한한 상상력으로 미래를 열어가는 데 견인차가 되어준 작가와 작품에 보내는 칭찬이며 격려의 박수이기도 하다.

어린이가 단지 덜 자란 어른이 아니라 자유로운 창의력으로 세상을 행복하고 긍정적으로 변화시키는 소중한 존재로 인식된 시간은 그리 오래지 않다. 근대 학교교육의 민주화로 특정계층뿐만 아니라 모든 아동 · 청소년들이 문학을 공유하게 되었고, 이야기 속에서 즐거움과 재미를 얻을 수 있게 되었다.

교육의 방편으로서 민담이나 우화가 아이들의 읽을거리였던 시대를 지나 아이들로 하여금 감성의 가치를 인식케하고 독창적이며 자국의 정체성을 갖게 하는 이야기까지 아동문학은 그동안 풍요로운 발전을 해왔다. 뿐만 아니라 역사적 · 심리적 고찰까지도 과감히 주제로 삼고 최근엔 환상적 미학적 요소가 다분한 이야기가 아이들의 전폭적인 사랑을 받고 있다.

세계대전 이후 평화에 대한 갈망, 인도주의적 삶을 지향하는 움직임에 힘입어 인류의 미래인 아동에 대한 사회적 위상이 높아지면서 아동에 대한 자율권, 자의식 같은 내적성장에 관심을 갖기 시작했다. 아동문학 또한 자연스레 작품 속에 아이들의 목소리를 부여해주고 현실의 제반 문제들을 주제로 삼아 세계평화를 염원하는 문학으로 발돋움하고 있다.

그와 같은 끊임없는 변화와 실험적 시도로 세계의 아동출판사와 아동문학가들이 아이들의 요구를 주도해가는 역할을 수행해왔다. 덕분에 아이들에 끌려가는 책이 아니라, 아이들을 새로운 상상의 영역으로 이끌고 가는 작품들이 문학상의 수상의 영예를 안고 이름을 떨치곤 한다. 특히 아동문학에 대한 가치에 일찍 눈을 뜬 독일, 스웨덴, 이탈리아 등 나라에서 엄정한 심사과정을 통해 뽑힌 아동문학 작품에 대해 문학상을 제정 · 수여, 아동도서의 중요성을 널리 알리는 일에 앞장서고, 그 결실이 격상된 국가 브랜드 가치로 나타나고 있다. 말하자면 감동이 넘치는 아동문학 작품 하나로 국위가 선양되고 세계의 아이들이 그 나라를 알고 사랑하게 되는 것이다.

그런 만큼 아동문학상을 운영하는 데 있어서도 사전 준비가 치밀하다. 상을 수여하는 주체가 다양하고 상의 이름 또한 다채롭다. 국가에서 주는 아동문학상을 비롯해 지방자치단체나 도서관, 기업이나 개인이 만든 상, 심지어 주립공원이 주는 아동문학상(이탈리아)도 있다. 상의 이름도 재미있다. '읽기 위해 태어난 아이들상', '첸토은행 재단' 아동문학상,

도서관이 주는 아동문학상 등.

무엇보다 책의 선정, 심사위원 선정에 전방위적 시각을 갖고 힘쓰고 있다. 좋은 책을 모으는 일에 여러 기관이 함께 수고하고, 심사위원 또한 아동문학가뿐 아니라 학생 신분의 어린이, 교육 일선의 교사, 도서관 사서 등이 합류한다.

이제 아동문학은 어른들로 하여금 아이들의 책이 성장에 필요한 도구라는 인식에서 벗어나 어른들이 읽기에도 아름답고 미적 감동을 선사하는 책으로 인식되고 있다. 그것은 곧 아동문학이 '아동' 이라는 접두어와 상관없이 문학으로 온전하게 존재한다는 뜻이기도 하다.

우수한 아동문학작품이 아동의 인성 형성에 자양분이 되어주고, 아이들 스스로 자율적 삶을 살도록 내적성장 동력이 되어주는 데 대해 세계가 인식을 같이 하고 있는 것이다.

오늘의 아동은 문화 일반에 대해 단순한 수신자가 아니라 적극적 문화 소비자다.

우리나라에서도 많은 출판사들이 다투어 비싼 로열티를 주고 세계 굴지의 아동문학상 수상작품을 들여와 책으로 내고 있다. 번역된 책을 통해 우리 아이들이 그 나라를 알고 그 나라의 아이들과 소통하고 나아가 세계를 배우도록 돕는다는 데는 이의가 없다. 다만 우리의 경우를 돌아보면 과연 우리는 우리 작품을 얼마나 외국 어린이들에게 보여주고 있는가, 소통의 불균형에 대한 고민을 해야 할 때가 왔다고 본다. 최근 우리의 아동문학이 괄목할 만하게 발전했는데도 우리 작품이 다른 나라 어린이 · 청소년들의 시선을 모으지 못하는 현실이 안타깝다. 거기에는 여러 복합적인 요인들이 있으리라 본다. 무엇보다 아동문학에 대한 정부 차원의 관심이 미흡하다. '대한민국문학상 아동부문' 이라는 이름으로 주던 상마저 없어진 지 오래고, 기업 혹은 다양한 사회단체들의 아동문학에 대한 인식도 많이 부족하다.

아동문학이 세상 모든 어린이, 과거와 현재와 미래의 어린이를 겨냥한 전방위 문학임을 깨닫는다면 아동문학에 대한 애정과 관심을 통해 엄청난 홍보효과를 얻을 수도 있을 것이다. 언론의 무성의한 도서안내도 지적하지 않을 수 없다. 알음알음으로 맺어진 몇몇 출판사나 아동도서 관련 단체 등의 제한된 정보에 의탁, 분별없이 소개하는 경우도 적지 않다.

우리 아동문학 작품이 세계로 나가는 데 경쟁력을 담보하는 작품으로 당장 선택 가능성이 많은 작품은 국내에서 문학상을 받은 작품일 것이다. 문학상을 운영하는 체계가 지금보다 더 치밀하고, 상을 수여하는 기준이 보다 구체적이고 명료하고, 심사과정 또한 공정하고 투명하게 진행되도록 점검이 필요하다. 우선 책이 모아지는 과정에서 좋은 작품들이 심사위원 손에 들어와야 한다. 그 전에 심사위원 또한 다양한 독서와 어린이 책에 대한 감각이 탁월한 사람이어야 한다.

문학상을 엄정하게 운영하는 나라에서 심사위원의 자격 조건이 엄정하고 다변화되어 있듯, 우리도 독서를 많이 하고 어린이 독서지도를 하는 일선 선생님이나 도서관 사서, 사회적 경력이 많은 다방면의 사람들을 심사위원으로 영입하면 보다 다양한 시점으로 작품을 볼 수 있을 것이다. 그리고 그들이 성실하게 의견을 나누며 작품을 심사한다면 보다 더 공정하고 신뢰와 인정을 받는 작품이 선정되리라 본다. 다른 나라의 경우처럼 주 독자층인 어린이가 일정 비율 심사위원으로 채워져 심사의 정밀도를 높이는 것도 좋은 방법이다.

이번 호 키워드로 세계의 아동문학상을 조명해보면서 우리 아동문학상의 현주소를 돌아보지 못한 미안함이 있다. 처음부터 생각을 안한 것은 아니다. 언젠가 우리 아동문학과 아동문학상에 대해 집중 고찰해보는 기획을 해보려고 한다. 충실한 취재와 구체적 방법 제시를 통해 세계 아동들이 즐겨 찾는 경쟁력있는 우리의 아동문학 작품 나오는 데 보탬이 되고자 한다.

어쨌거나 세계 출판시장에서 아동문학의 강세는 여전하고 우리의 경우도 다르지 않다.

이는 다양한 매체의 홍수 속에서 활자매체인 아동문학이 여전히 독자들로부터 사랑을 받고 있다는 반증이며 아동문학 작품이 그 어느 문학보다 따뜻한 문학임을 대변하는 것이다. 아동문학에 몸담고 있는 사람으로서 기쁘다.

기획특집 | 세계의 아동문학상

이제는 아동문학이다

북유럽 린드그렌과 아동문학의 노벨상 | 홍재웅
독일 아이들에게 상을 받고 싶어하는 작가들 | 문성원
프랑스 철학자가 아동문학을 연구하는 나라 | 이선희
이탈리아 색다른 상, 색다른 심사, 경계가 사라진 동화 | 음경훈
스페인 내전의 아픔을 치유해준 이야기에 상을 주다 | 김부자
미국 미국 아동문학의 쌍두마차 뉴베리 상과 칼데콧 상 | 박정희
일본 물활적 삶의 스토리텔링이 강세 | 양연자

린드그렌과 아동문학의 노벨상

홍재웅

생소한 북유럽의 아동문학

스웨덴 아동도서가 세계 여러 국가에서 번역되어 출간되었는데, 수출된 스웨덴 아동문학이 세계 외국도서 매출의 3분의 1을 차지하고 있다는 통계자료를 접한다면 스웨덴 아동문학에 대해 새삼 놀라움을 금치 못할 것이다. 게다가 스웨덴 외에도 다수의 북유럽 국가들을 모두 포함한다면 북유럽 아동문학이 가지고 있는 위상은 더욱더 중요하다고 할 것이다. 그렇다면 스웨덴과 그 외 북유럽 국가들의 아동문학이 이렇게 중요한 위치를 점할 수 있었던 이유는 무엇일까? 이 물음에 답하기 위해서는 먼저 북유럽 아동문학의 전반적인 설명이 필요하다고 본다.

스칸디나비아 지역의 백야, 피오르드, 오로라처럼 흔치않은 자연현상, 그리고 이곳의 독특한 지리적 특성만큼 이 지역 사람들의 문화는 왠

홍재웅 한국외국어대학교를 졸업한 후, 스웨덴의 스톡홀름대학교 연극학과에서 스트린베리 연구로 박사학위를 받았다. 현재 한국외국어대학교에서 강의하며, 북유럽의 작가들과 문학을 우리나라에 소개하는 일을 하고 있다.

지 우리에게는 낯설게 느껴진다. 그런 까닭에 스칸디나비아 지역의 문학작품들을 대하는 우리들의 거리감은 더 클 수밖에 없었다. 이렇게 북유럽의 아동문학이 우리나라에서 생소하게 느껴지는 또 다른 이유는 북유럽의 작가와 작품에 대한 제한적인 소개로 인해 이 지역의 문학을 이해할 수 있는 정보 부족 때문일 것이다. 그럼에도 불구하고 세계적인 정상의 위치에 우뚝 선 안데르센과 린드그렌과 같은 거장들을 통해서 일찍부터 우리나라의 어린이들은 북유럽의 사회와 문화, 그리고 철학을 경험할 수 있었다. 급기야 얼마 전까지만 해도 관심이 그리 크지 않았던 상황이 급속히 역전되어 북유럽의 문학에 대한 관심이 커지면서 이 지역의 문학 작품들이 최근 다양하게 소개되고 있다.

일반적으로 북유럽은 스웨덴, 노르웨이, 덴마크, 핀란드, 아이슬란드 등 5개국을 가리킨다. 북유럽 국가들이 공유하고 있는 정치, 사회, 문화적 전통 때문에, 각국의 특색을 명확하게 구분한다는 것은 그리 쉬운 일이 아니다. 그렇지만 역사와 문화 그리고 여러 가지 정책과 이념을 공유하며 발전해온 덕에 북유럽 국가들은 서로 간에 상당히 유사한 점들을 지니고 있다. 이러한 이유로 인해서 북유럽 아동문학에 흐르는 정서 가운데서 한 국가의 것만 떼어낸다는 것은 어려운 일이지만 스웨덴의 다수 아동문학 작가들이 북유럽의 현대 아동문학에 지대한 영향을 끼친 것이 사실이다. 또한 북유럽 국가들 중에 스웨덴 정부는 어린이와 청소년 문화를 위한 다양한 정책을 주도해왔다. 이러한 사실에 기초해서 필자는 스웨덴을 중심으로 북유럽의 아동문학을 설명하고자 한다. 물론 한 국가에 대한 설명만으로 북유럽 국가들 전부의 특질들을 설명하는 데는 한계가 있겠지만, 실제로 북유럽 국가들 중 스웨덴의 아동문학이 차지하고 있는 위상은 북유럽 내에서도 매우 중요하기 때문이다.

스웨덴 아동문학 역사

1591년에 스웨덴에서 처음으로 아동도서가 선을 보였는데, 『아름답고 사랑스러운 처녀의 거울』이라고 하는 책이었다. 책 제목이 처녀의 거울인 것은 거울이 자기 자신을 비춰보는 도구에서 비롯되었으며, 여자아이들을 위한 삶의 조언이 담겨있는 책이었다. 즉 자신의 생각과 행동을 잘 살펴봄으로써 보다 나은 여성이 되라는 의도가 담겨있었다. 이후 『아름답고 사랑스러운 처녀의 거울』에 대비되는 소년들을 위한 『왕자의 거울』이라는 책도 나왔다. 당시 스웨덴에서는 가난한 집의 아이들은 이러한 책들을 전혀 읽을 수가 없었다. 이후 약 300년의 세월이 더 흘러서야 이러한 책들을 누구나 접할 수 있게 되었다. 아이들이 사회의 시민으로 성숙해나가는 데 기여하는 것이 무엇보다도 중요했던 1700년대의 아동도서들은 양육과 교육을 주목적으로 하였다. 더욱 이전으로 시계바늘을 되돌려보면 아동도서의 기본 목적이 훌륭한 그리스도인을 만드는 것이었고, 계몽주의 시대에는 '상식' 이 더 중요한 슬로건이 되었다.

1800년대에 들어서 아동들을 위한 첫 번째 동화책이 출간되었는데, 1899년이 되어서야 '일반' 아이들도 책을 읽을 수 있는 여유가 생기게 되었다. 스웨덴을 비롯한 북유럽 국가들은 1800년대 초만 해도 경제적으로 그리 여유로운 상태가 아니었다. 다른 유럽 국가들에 비해 산업혁명도 뒤늦게 이루어졌기 때문에 여전히 가난한 농업국가였다. 1800년대 말의 스웨덴과 북유럽 국가들은 우리가 알고 있는 복지국가의 전형과는 전혀 거리가 먼 상태였다. 평등의식이 최근 들어 부쩍 발전했지만, 책의 발전사를 살펴보면 1800년대만 하더라도 남성과 여성을 위한 책이 따로 구별되어 출판되어질 정도였다. 소년들을 위한 도서들은 모험과 서스펜스에 대한 내용이었다면, 소녀들을 위한 도서들은 주로 드라마,

그리고 가족애와 삶에 관한 내용들이었다. 실제로 소년과 소녀를 위한 도서에 대한 기준이 오늘날에도 사라진 것이 아니다.

사회주의 혁명이 성공을 거두고 스웨덴에 새로운 전기가 마련된다. 1920년 이후부터 이후 80년 동안 사회민주당은 스웨덴의 집권당이 되었다. 사회민주당의 집권을 통하여 스웨덴 예술문화와 문화정책의 특징이 형성되었다. 다른 북유럽 국가들도 스웨덴과 크게 다르지 않았다.

어린이를 위해서 특별히 디자인된 책들은 별로 충분치 않았고, 아이들이 재미로 읽으려는 책들의 경우 매우 회의적으로 받아들여졌다. 그렇지만 초등학교 교사들 덕분에 1890년대의 장벽이 깨어지게 되었다. 매일 그들은 보통 사람들의 자식들이 적당히 읽을 만한 책들이 얼마나 부족했는지 목격하게 되었으며, 동시에 그들은 동시대 문학에 대해서 잘 알고 있었으며, 충분한 교육을 받아 그 방면에 조예가 깊었다. 그들 중 몇몇은 이것을 자신의 문제라고 여기고 초등학교 학생들의 독서를 위해서 절대적으로 필요한 출판사를 두 곳 설립하게 되었다. 1891년에 어린이들의 크리스마스 잡지를 간행하기 위해서 설립된 '산타클로즈'를 1896년에 스웨덴 공립학교 교사 연합이 인수하여 1899년에서 1954년 사이에 256여 개의 간행물을 출판하였다. 1892년에 다른 교사들이 설립한 공립학교 어린이 신문인 〈Stina Quint〉는 〈친구 신문〉이라는 이름으로 아직까지 발행되고 있다.

20세기 전후해서 두 출판사는 스웨덴의 유명작가들과 그림작가들을 끌어들였고, 매우 중요한 결실을 맺게 되었다. 고품질의 식물도감을 책과 잡지 형태로 출간한 것이 그러한 결과 중 하나였다. 내용면에서도 상당한 요구를 충족시킨 다수의 작가들이 있었다. 초등학교 교사이며 첫 여성 노벨상 수상 작가인 셀마 라게르뢰프의 『닐스의 신기한 모험』을 대표적으로 꼽을 수 있다.

스웨덴에서는 영원히 고전을 재판(再版)해야 한다는 생각이 여전히 깊이 뿌리박혀 있어서, 고전형태의 아동문학에 매달리고 있었다. 그 시기가 문화적으로 얼마나 민주주의적이었는지 지적할 필요가 있다. 당시 질적으로 우수하거나 대중의 인기를 얻은 것에 기우는 경향이 짙었던 다른 국가들과는 달리, 스웨덴에서는 가장 좋은 것을 널리 배포해야 한다는 인식이 강하게 자리하고 있었다. 이러한 인식은 스웨덴 문화와 정치의 총체적 발전과 밀접한 관련을 맺고 있다. '국가는 국민의 집(모두를 위한 행복하고 세련된 집)' 이라는 스웨덴 사회민주주의 이상은 오늘날에도 여전히 중요한 개념으로 깊숙이 뿌리내리고 있다.

순조롭던 시기가 아동문학의 생산과 소비가 지지부진해지면서 경제적 활성화가 요구되었고, 전체적으로 출판업이 정체되면서 제1차 세계대전과 함께 막을 내렸다. 1940년대에 들어설 때까지 질적인 개선이 이루어지지 않고, 상투적인 옛날이야기와 목가적인 일상의 이야기들로 예전과 별다를 바 없는 크리스마스 선물용의 책들이 나왔다. 현대적인 환경으로 맞추기는 했지만 19세기 말의 남자아이들과 여자아이들의 책들과 별다를 바가 없었다. 양차 대전 사이의 시기는 독창성이 없이 남의 작품들을 모방하여 따르기만 하는 경향을 보였다. 무언가 좀 새롭거나 신선한 것들은 거의 대부분 외국에서 들어온 책들이었다.(휴 로프팅의 『닥터 두리틀』, 밀른의 『곰돌이 푸』, 캐스트너의 『에밀과 탐정들』, 트래버스의 『메리 포핀스』)

1945년경에 순진한 유머와 위트, 그리고 환상을 섞은 풍의 작품들을 쓰는 스웨덴 작가들이 대거 나타났다. 스웨덴 어린이의 존재감이 드러나는 작품들이 나오면서 스웨덴 고유의 작품들에 활기를 불어넣었다. 사실 스웨덴 아동문학이 처음으로 번영의 시기를 맞게 된 때였다.

1940년대 동안 1년에 200여 종에 불과하던 출판물이던 것이 400여

종으로 두 배 가량 늘어났다. 세계대전의 종식으로 국경이 다시 열리자, 스웨덴의 아동도서가 다시 꽃을 피우게 되었다. 전쟁 동안 떠들썩했던 전체주의 이후, 1920년대와 1930년대에 나온 반권위주의적인 생각들이 도서판매에 새로운 바람을 불어넣은 중요한 요소로 작용했다. '자유로운' 아이는 미래를 위한 평화와 인도주의적 가치의 근원이 되었으며, 1930년대의 출생률 위기 이후 스웨덴은 학교와 도서관, 그리고 그 외에 다양한 아동문화에 보조금을 지원함으로써 아이들에게 투자할 각오를 다지게 되었다. 또한 대가족과 일반대중의 높은 생활수준은 아동도서에 대한 더 커다란 요구가 생겨나게 되었다. 출판사는 새로운 아동도서 분야를 보강하기 위해서 스웨덴의 젊은 작가들에게도 투자를 확대하였다. 이러한 노력의 결과로 예스타 크누트손, 아스트리드 린드그렌, 레나르트 헬싱과 같은 작가들의 작품이 나오게 되었다. 그 외에 오케 홀름베리, 토베 얀손, 하뤼 쿨만, 한스 페테르손, 마르타 산드발-베리스트룀, 에디트 운네르스타드와 같은 작가들도 간과할 수 없는 이 시대의 중요한 작가들이다. 1940년대의 고무적인 분위기에 힘입은 작가들은 스웨덴 아동도서 출판의 광범위한 영역에서 자신의 경력을 쌓을 수 있었다.

1950년대는 진부한 옛날이야기와 일상적인 전원생활의 이야기들이 꽃을 피우면서 하강국면의 시기로 간주되지만, 1950년대 10년간조차도 값진 아동문학들을 찾아볼 수 있다. 1940년대 시작한 작가들이 그들의 자리를 공고히하고 있었음에도 불구하고 안 마리 팔크, 마리아 그리페, 브리트 할크비스트, 한스-에릭 헬베리, 군넬 린드, 잉에르와 라세 산드베리 등과 작가들은 앞을 향해서 힘껏 헤쳐나갔다. 1950년대를 특징짓는 아동문학은 폭넓고 화려한 변화일 것이다. 복제 외에도 어린이들의 삶에 대한 새로운 묘사들을 통해서 더 심오한 정신적 세계를 다룬 아동도서들이 선을 보였고, 〈쿨룸페 둠페〉와 〈투프와 투스〉 같은 어린이들

잡지가 나왔다. 그리고 진부한 속편들과 연재만화 같은 다량의 잡지들이 나왔다.

1965년이 되자 다른 분야 못지않게 아동문학에도 새로운 사회적 의식과 논쟁이 스며들기 시작했다. 옛날이야기와 판타지는 사라지지도 않았고, 군넬 베크만, 잉에르 브라트스트룀, 군 야콥손, 셰스틴 토르발, 스벤 벤스트룀과 같은 작가들의 역사적이고 심리적인 고찰의 경향도 보이지 않았다.

1970년 중반에 패러다임이 다시 한 번 변화했다. 성인문학에서처럼 공상과 심리학에 중점을 둠으로써 전설과 민담자료 또는 옛날이야기들을 접목시켜 다시 재판하거나 희화화해서 새로 쓴 도서들이 출간되었다. 그렇지만 가장 눈에 띄는 것은 앵글로아메리카에서 수입된 판타지의 엄청난 양이다. 그 중에는 일상적인 삶으로 들어온 초자연적인 영웅과 여걸들이 신비한 전설의 세계를 방문하는 이야기들이다. 동시에 인기가 많은 구전 장르들-옛날이야기, 동요, 수수께끼, 유령이야기 등-의 르네상스였다.

여자다움과 같은 문제는 여성작가가 경험했던 자신의 어린 시절을 회상하는 형태로 초점을 맞추었지만, 어린이와 청소년들은 사실 관계를 통해서 역사적 차원의 지식을 배울 수 있었다. 1970년대 말 불합리함과 역사성에 대해 늘어난 관심과 더불어 청소년을 위한 동시대의 사실주의 소설들은 자신의 자리를 잃게 되었다. 아마도 그러한 책들이 너무 많이 출간된 데서 기인했는지도 모른다. 이 시기에 동시대의 문제들에 대한 논의들이 주로 8세에서 12세 사이의 어린이들을 위한 책들에서 발견된다.

1970년대에 시장을 휩쓸기 시작한 카테고리는 그림책이었다. 잉아 보리, 울프 뢰프그렌과 산드베리스와 같은 작가들은 이미 잘 알려진 작가였고, 그 외에도 레나 안데르손, 구닐라 베리스트룀, 안-마데레일 겔로테, 피벤 할드, 토르드 뉘그렌, 구닐라 볼데를 꼽을 수 있다. 동시에 동시대 사회에 적응이 되었다. 전원풍경은 덜 목가적으로 변했고, 언어는 더 간단하면서 양식화되었다. 베리스트룀의 영웅 『알퐁스 오베리와 훌아버지』는 매우 좋은 예다.

1980년대에는 유머의 센스와 연재만화의 미학에 의해서 영향을 받은 과감한 그래픽 선, 그리고 이를 통해 더 폭넓은 대중에 다가서는 아동도서의 카테고리를 창조한 신세대들의 그림책들이 선을 보이기 시작했다. 에바 에릭손, 군나 그래스, 안나 회그룬드, 마티 렙, 안나-클라라 티드홀름, 세실리아 토루드 같은 작가들은 그림책과 같은 매체를 통해서 커다란 성공을 이루었다. 그들은 오래된 관습에 반기를 들었고, 스웨덴 아동문학의 원천과 완전히 대조를 이루는 어린이의 관점과 굳건한 결속을 다졌다.

또한 1980년대는 주로 남자 작가들이 지배했던 청소년들을 위한 소설에 새로운 형태의 소설이 나왔는데, 청소년 시절에 겪었던 자기 자신의 경험에서 주로 모티브를 가져왔다. 특히 가혹한 상황들에서 주로 모티브를 차용해왔다. 매력적인 이야기 기술로 구사되는 창의력이 풍부한 주제들이 한스 에릭 엥크비스트, 페르 닐손, 울프 스타르크, 맛츠 발 등 일련의 작가들의 주목을 받았다. 그들 모두 스릴 만점의 사건들뿐 아니라 심리적인 과정을 묘사하는 탁월한 능력과 의도를 보여주었다. 여성 작가 군으로는 잉에르 에델펠트, 울라 룬드크비스트, 칸니 묄레르, 모니카 사크를 들 수 있다. 그렇지만 최근 가장 성공적인 스웨덴의 사춘기 소설은 페테르 폴의 데뷔 소설인 『얀네, 내 친구』이다. 1950년대 어렸던 시절 스톡홀름에서 겪었던 자서전적인 경험들과 스릴감 있고 미스터리하면서도 수줍은 사랑이야기를 섞어놓은 것으로 이미 준(準)고전으로 자리 잡았다.

그림책과 어린이 소설들의 동시대 작가들에 대해서 이미 언급했듯이 예전 패턴들을 악용하는 경향이 있는데, 그를 통해서 어른들의 선의를 어느 정도 확보하는 것이다. 가장 독서력이 왕성한 십대 이전의 아동을 위한 도서들은 대단히 예술적인 감각을 보여준 아스트리드 린드그렌, 마리아 그리페, 한스 에릭 헬베리, 아니카 홀름, 로스 라게르크란츠, 비베카 랜과 시브 비데베리와 같은 작가들에 의해서 충족되었다. 그렇지만 1990년대는 전 연령층의 카테고리에서 남자 주인공이 주목을 받는 경향이 많았다. 그렇지만 이러한 경향은 아동과 청소년 문학에서 항상 빠르게 변화하는데, 1990년대 말에 주목할 만한 소녀들과 젊은 여성들이 주인공으로 등장했다. 예를 들어 카타리나 폰 브레도브, 아니타 에크룬드 뤼쿨, 아니카 토르, 맛츠 발 등의 작가들이 있다. 양성평등에 대한 본보기로 유명한 북유럽 국가들처럼, 이 여주인공들도 세계의 아동문학에도 그 이상의 중요한 역할을 하리라 본다.

최근 20년 간 북유럽의 아동문학은 성인문학의 수준에까지 접근했다. 북유럽 문학에서 아동문학과 성인문학을 구분질 수 있는 경계선 자체가 더욱더 희미해졌다. 그나마 청소년 소설이 둘 사이에 놓여있는 경계일 수 있었다. 그렇지만 북유럽에서는 아동문학의 그림과 텍스트 모두 성인을 위한 문학과 비교 가능한 정도의 예술적 수준에 이르렀다. 가장 어린 유아들을 위한 책의 경우 그림은 작가와 아이들 사이에 상호작용을 이끌어내는 데 주요한 요소였지만, 최근 들어 그 표현방법이 눈에 띄게 많아졌다. 많은 아동작가들이 유아와 함께 책을 읽어주는 성인들도 의식을 하게 되었다. 그럼으로써 아동문학을 바라보는 시각도 점차 변화의 싹이 보이기 시작하였다. 몇백 년 동안 어른들은 아이들을 위한 책에 대해서 도구적인 자세만을 고집해왔다. 다시 말해서 책으로 어떻게 아이들을 교육시키고 양육시킬 수 있을까 하는 생각으로 일관해왔었다. 이는 마치 어떤 종교운동이나 전체주의적인 사회에서 나타나는 글에 대한 프로파간다적인 태도에 견주어볼 수 있을 정도였다. 그렇지만 최근 이 삼십 년 동안 북유럽에서는 아동문학을 미적인 현상으로 간주하기 시작했다. 동시에 단순히 메시지를 받아들이는 수동적인 수신자가 아닌 적극적인 문화 소비자로 아이들을 보기 시작했다. 통상적으로 아동문학은 성인문학보다 더 낮은 문화적 지위를 가지고 있던 것이 사실이다. 하지만 북유럽의 아동문학은 아동문학의 노벨상으로 불리는 안데르센 아동문학상을 수상했던 아스트리드 린드그렌, 토베 얀손 그리고 토르문드 하우겐과 같은 탁월한 아동문학가들 덕분에 좋은 평판을 가지고 있다.

스웨덴 아동문학의 특징

아동문학에 있어서 세계 여러 나라들이 각기 서로 다른 전통들을 가지고 있다. 아동도서들을 대하는 태도에 있어서 자기 민족중심주의의 특질은 항상 존재해왔다. 전반적으로 아동문학은 고유한 자기 환경에서 일반적인 문화기후를 투영하고 있다고 말할 수 있다. 사실 아이들로 하여금 깊은 성찰을 요구하는 아동문학들이 북유럽과 특히 스웨덴에서 인기가 있어 왔지만 미국에 진출하기가 어려웠다. 보통 미국에서 인기가 있는 아동도서들은 주로 영화나 텔레비전을 연상시키는 내용들과 무척 흡사하다. 즉 액션이 많이 나온다든가, 해피엔딩의 결말들로 이루어진 도서들이다. 미국과 영국의 아동문학에서 나타나는 최근 경향들 중에 하나는 세상의 반유토피아적 묘사다. 일반적으로 이러한 묘사는 아동문학과 연결지을 수 없는 경향이다.

과거 소련에서는 아동도서들이 마치 사회주의를 위한 도구처럼 보였다. 그것들은 매우 교육적이었으며, 정확한 메시지를 담고 있었다. 인간의 가치에 대한 여지는 거의 존재하지 않았다. 그에 상응하는 경향이 1960년대와 1970년대 스웨덴 아동문학에서도 있었다. 메시지와 교육적 요소가 강조되었다. 그 당시 이러한 도서들은 어떤 역할을 채워주는 정도로 여겨졌지만, 오늘날 그러한 책들을 읽어보면 어떠한 제품의 사용을 위한 매뉴얼과 같이 경직된 문체처럼 느껴진다.

아동과 청소년을 위한 문학에서 강조되었던 교훈적이며 설교적이었던 것에서 벗어나 미학적인 것으로 나아가는 흐름의 변화가 스웨덴 아동문학에서 매우 뚜렷하게 나타나고 있다. 이러한 현상으로 주제적인 측면과 미학적인 차원에서 아동문학과 성인문학의 경계가 상당히 좁아졌다. 예를 들어 스웨덴의 성인문학 작가 중 가장 많은 독자를 둔 작가 중 한 사람인 헤닝 만켈은 아동도서를 다수 발표했던 작가이다. 만켈의 아동도서들은 다수의 문학상을 수상하기도 했는데, 『별을 향해 달려간 강아지』로 1990년에 닐스 홀게르손상과 1993년에 독일 청소년 문학상을 수상했으며, 1996년에는 아스트리드 린드그렌 상을 받았다. 1997년에는 『화염속의 비밀』로 외국인 저자에게 수여되는 베를린 아동도서상을 받았고, 작품 『세상 끝으로의 여행』으로 1998년 아우구스트 문학상을 수여했다. 만켈의 아동문학 저서들은 삶의 범세계적이고도 영원한 문제점들을 아주 흥미진진한 플롯으로 엮어 심오하고 서정적인 기법으로 써내려간다. 그의 풍요로운 서술적 이야기는 실제로 어린이뿐만 아니라 성인 독자에게도 커다란 감동을 선사한다. 이와 같이 다수의 스웨덴과 북유럽 작가들이 성인문학뿐만 아니라 아동 및 청소년을 위한 문학 작품을 쓴다는 것이다. 그럼으로써 아동문학과 성인문학의 경계가 모호해지고, 성인들도 아동과 청소년을 위한 문학작품들도 즐겨 읽게 되었다.

전통적으로 금기시하는 주제 없이 훌륭한 예술적 감각으로 표현되는 스웨덴의 아동과 청소년 문학은 미학적 측면에서 크게 발전해왔다. 최근의 스웨덴을 비롯한 북유럽의 아동문학에서 강조되는 주제들을 나열해보면 반 인종차별주의, 관대함과 강인한 정신력, 성숙함과 성에 있어 열린 마음, 사랑을 베풀 줄 아는 마음, 용기, 역사의식, 삶의 가치에 있어서의 자립, 음주와 마약 문제에 대한 분별력, 전통을 깨는 것보다 뿌리를 찾는 것 등이 있다. 아동과 청소년들의 문제 상황들을 회피하지 않고 묘사함으로써 때로는 스웨덴 작가들이 반 이상적인 세계를 다루는데 시간을 낭비하고 있다는 비난을 받기도 하지만, 사실 이는 정당한 평가가 아니다. 일상 속에 드러난 어린이들의 삶과 문제를 다루는 것이 아동문학이라고 스웨덴 작가들은 생각한다. 현실적인 문제의식과 함께 유머와 포근함 그리고 흥미로운 실험까지 조화시킨 스웨덴의 아동 문학은 여전히 세계의 아동 문학에 커다란 자극이 될 것이라고 생각한다.

아동문학 독서를 위한 스웨덴의 정책과 실천

1968년 문화정책을 점검할 새로운 위원회를 만들었고, 이 위원회는 1972년에 '신(新)문화정책Ny Kulturpolitik'이라고 불리는 백서를 완성했다. 이 백서는 관계기관들의 면밀한 검토를 거쳐 1974년에 의회에 제출되었다. 이 백서에는 문화정책을 위한 기본원리들이 명시되어 있는데, 넓은 의미에서 보면 이 백서는 예술의 보편적 가치의 확산과 이를 위한 정부의 야심찬 계획이 담겨져 있는 정책보고서의 성격을 띠고 있다. 이 결의서의 기본원리는 '문화정책은 사회환경의 개선과 좀더 큰 평등의 진흥에 기여해야 한다'는 것이다. 특히 상대적으로 소외되어왔던 아동과 청소년의 문화 경험을 위해서 1974년의 신문화정책의 수립은 중요한 영향을 끼쳤다. 예를 들어 1967년 아동과 청소년을 위한 전용극장을 소유한 극단 웅아 릭스도 이러한 신문화정책의 수립과 더불어 더욱더 체계적인 지원을 받으며 발전할 수 있었다.

가장 문화적으로 소외되었던 집단 중 하나였던 취학 전 아동 및 취학 아동(4세~15세)을 위해서 많은 노력이 이루어졌는데, 그 중 가장 대표적인 노력이 도서관 기능의 활성화였다. 스웨덴 아동들은 직접 책을 많이 사지 않는다. 왜냐하면 스웨덴 국민들은 도서관에 있는 책들이 자신들의 책이라고 생각하기 때문이다. 그만큼 도서관의 활용도가 높다고도 말할 수 있는데, 시·구립 도서관 이용자의 85퍼센트가 아동·청소년이고 다수의 책이 어린이와 청소년을 위해서 비치되어 있다. 도서관의 전국적 네트워크도 잘 되어 있어서, 동이나 구립 도서관에 책이 없을 경우, 도서관이 직접 다른 곳에 있는 책을 주문해서 이용자가 받아볼 수 있도록 도와준다. 도서관의 이러한 이용 방법과 도서정보를 어린이들에게 상세히 전달해주기 위해서, 정기적으로 도서관 직원이 학교를 방문한다. 물론 공립 도서관은 학교 도서관과 친밀하게 협력하며, 어린이들이 원하는 책들을 모두 쉽게 찾아볼 수 있도록 노력한다. 그뿐 아니라 학생들이 어떠한 책을 읽고 있는지에 대한 도서정보를 선생님도 공유함으로써 학생에 대한 독서지도를 용이하게 해주고 있다.

아동 청소년들이 읽는 아동문학은 언어능력 발달과 문화의 습득, 그리고 지식의 발전을 위해서 매우 중요하다는 의식을 가지고 있다. 그래서 유치부 학습계획에 보면, 유치원에서는 아이들이 자신의 생각을 말하고 듣고, 표현하기 능력을 발전시킬 수 있도록 하는 것이 민주주의의 토대라고 명시되어 있다.[1] 또한 유치원은 아이들 개개인이 어휘력과 개념파악, 문어(文語)에 대한 관심과 단어를 가지고 자유자재로 사용할 수 있는 능력을 발전시킬 수 있도록 애쓰고 있다.

초등학교의 스웨덴어 학업계획에도 학생들이 문학에서 교육을 받고 경험할 수 있는 기회를 얻어야 한다는 것이 명시되어있다. 문학작품은 다른 매체와 함께 문화유산의 일부분이며 가치와 지식을 시사한다. 문학의 일부를 접함으로써 학생들은 문화의 다양성을 이해할 수 있으며 여러 다른 시대와 다른 나라들의 작가와 만날 수 있는 기회를 얻게 된다.[2)]

이러한 학업 계획의 실천을 위해서 도서관은 중요한 보조 역할을 하고 있으며, 어린이들이 아동문학을 쉽게 접할 수 있도록 하는 기능이 도서관의 역할에서 가장 중요한 부분을 차지하고 있다.

초·중·고등학교의 교과서는 다수의 아동문학을 포함하고 있는데, 보통 두 권으로 나누어 구성된다. 한 권은 언어를 발전시키기 위한 다양한 이론 텍스트가 담고 있으며, 다른 한 권에는 모두 문학작품만이 실려 있다. 대부분의 작품은 이미 학자들에 의해서 추천 또는 검증된 예전 작품들이 주로 실리지만, 새로이 검증된 작품들도 계속해서 교과서에 포함이 되고 있다. 이러한 교과서 외에도 선생님이 직접 과제로 내주는 문학작품이 있고, 특히 초·중등학교에서는 선생님이 독서지도를 개별적으로 지도하고 있다. 학생마다 책을 읽는 습관과 취향이 다르기 때문에, 일률적이고도 강제적으로 책을 읽게 하는 것이 아니라, 스스로가 선택한 책을 읽고 와서 읽은 책에 관해서 담임선생님과 이야기를 나누고 지도를 받는다. 교과서에 실려 있는 문학작품들은 최소한의 기본적인 독서량이라고 생각하면 될 듯싶다.

---

1) Lärförbundet, 2001: 25, 30~31

2) Skolverket, 2000

최근 이삼십년 동안 아동문학 연구에 대한 관심이 매우 커졌다. 물론 아동문학에 대한 연구가 여전히 성인문학의 연구에 비해서 낮은 위상을 지닌 듯한 편견이 완전히 불식된 것은 아니다. 아동문학 연구가는 진정하게 문학을 연구하는 사람이 아니라는 인식이 오랫동안 자리하고 있었기 때문이다. 그렇지만 아동문학을 연구하는 것은 성인문학에서 필요로 하는 연구와 마찬가지로 상당한 노력이 필요한 것은 당연한 사실이다. 예를 들어 이야기체적인 측면과 이야기 개념과 같은 순수한 관점 아이들이 본 것처럼 세상에 대한 이야기를 쓰고자 하는 것은 사람들이 생각하는 것과는 정반대로 고도의 이야기 기술이 상당히 요구된다. 문학적인 현상들이 성인문학에서보다도 오히려 아동문학에서 더 명확하게 나타난다. 이러한 의식이 반영이 되면서 대학의 문학부에는 모두 아동문학의 여러 강좌가 개설되어 있고, 석 · 박사 학위 논문도 계속해서 가파르게 증가하고 있는 추세다.

아동문학상의 역할과 위상

스웨덴에는 43여 개의 아동문학상이 존재하는데, 그 중 대표적인 것을 몇 개 소개하고자 한다.

아스트리드 린드그렌 국제 아동문학상

이 상은 2002년 스웨덴 정부에 의해서 제정되었으며, 현재 세계에서 가장 규모가 큰 아동 청소년 문학상이다. 공식명칭은 아스트리드 린드그렌 추모 문학상Astrid Lindgren Memorial Award으로, 약칭해서 알마(Alma)라고 부르기도 한다. 이 상이 제정된 목적은 세계의 아동 · 청소년

문학에 대한 관심을 강화시키고 증대시키기 위해서이다. 왜냐하면 린드그렌이 아동의 권리를 위해 앞장섰고 항상 아이들 편에 섰기 때문에, 이 상을 통해서 아이들의 권리를 글로벌하게 적극 권장하려는 의도를 가지고 있기도 하다.

매년 5백만 스웨덴 크로나(한화 약 8억 2천만 원)의 상금과 함께 상이 수여되는데, 이 상이 제정된 배경은 린드그렌의 책이 세계 여러 나라에서 수많은 아이들과 어른들의 삶에 상상조차 할 수 없는 지대한 기여를 한 사실에 대해 감사를 드리자는 스웨덴 국민의 요구에 의해서 제정된 상이다. 현재 알마 상은 세계에서 가장 큰 아동문학상이 되었고, 올해 여덟 번째 수상이 이루어진다. 전 세계에서 추천된 153개 아동문학작가, 그림작가, 독서진흥운동 단체들 중에 선별된다.

심사위원장을 포함해서 12명의 심사위원들이 있으며 아동 · 청소년문학에 관한 폭넓은 지식을 가지고 있는 인물들로 선정된다. 심사위원들은 4년의 임기를 가지는데, 심사위원이 한꺼번에 교체될 수 있기 때문에 심사위원의 반은 2년의 임기를 지닌다. 6월 2일 노벨상 수상식이 거행되는 스톡홀름 콘서트하우스에서 빅토리아 공주가 상을 수여한다. 2004년 6월 1일부터 스톡홀름에 있는 국제 도서관장을 맡고 있으며 사서이기도 한 라뤼 렘페르트가 심사위원장을 맡고 있다.

제정 당시 스웨덴의 수상이었던 요란 페르손은 린드그렌의 삶과 그녀의 작품을 기림과 동시에 훌륭한 아동문학에 대한 관심을 높이고 장려할 수 있기를 희망한다고 밝혔다. 아스트리드 린드그렌 국제 아동문학상은 아이들에게 자신의 목소리를 부여해주고 아이들 스스로가 미래의 이상이나 현재에 대한 사고의 표현능력을 만들어 가도록 도와주는 중요한 임무를 수행한다.

린드그렌은 부당함에 맞서 싸우거나 가장 상처받기 사람들의 편에 늘서 있었다. 그래서 그녀의 작품에서는 항상 아이들이 중심이 되며, 이야기의 주인공이 된다. 그녀는 아이들이 지니고 있는 강인함과 함께 아이이기에 처하는 부당한 위치를 보여주고자 한다. 실제로 이것은 아이들의 현실이자 우리 어른들의 책임이기도 하다. 그렇게 함으로써 그녀는 어린 독자들에 대한 깊은 애정을 표현한다. 린드그렌의 책에서는 인간적인 접근법을 읽을 수 있다. 그녀의 이러한 정신과 전통을 이어나갈 아동작가들과 작품들을 선정하고자 하는 것이 아스트리드 린드그렌 국제아동문학상의 선정취지라고 할 수 있다. 국제 문학상에 걸맞게 스웨덴뿐 아니라 세계 모든 나라에서 수상자를 추천받는다.

아우구스트 문학상

스웨덴 출판협회가 스웨덴을 대표하는 작가, 아우구스트 스트린드베리의 이름을 따서 제정한 상이다. 올해 2010년 11월 22일에 시상식이 열리는데, 상금 액수는 100,000크로나(한화 약 16,356,000원)이며, 수상자는 미카엘 파레가 만든 동상을 받는다.

1989년에 처음 아우구스트 문학상을 수여한 이후 1992년에 순수문학, 논픽션, 아동 · 청소년 문학 등 세 개의 장르로 확장시켰다. 올해 22회 수상식이 가을에 거행될 예정이다.

스웨덴 출판협회가 이 상을 제정한 이유는 무엇보다도 가장 최근의 스웨덴 신간 도서들에 대한 이목을 집중시키고자 한 것이었는데, 이 상의 제정으로 원했던 목적은 충분히 이루어졌다. 이제까지 약 14개의 출판사에서 거의 5,000권에 가까운 책들이 신청을 해 325개의 작품들이 노미네이트되었다. 인기 있는 작가에게 수여되기도 하지만, 처음 데뷔한 작가들도 수상을 했다. 두 차례와 세 차례 수상을 한 작가가 각각 1명씩 있다. 매스미디어의 관심이 날이 갈수록 커지고 있다.

2009년에는 560여 개의 추천이 있었으며, 이 중 여섯 작가의 작품이 결선에 올라 이사벨라 닐손의 『현실의 프로젝트Verklighets projektet』가 수상했다. www.posten.se/lillaaugustpriset에서 일반인도 참여해서 결선에 오른 작가와 작품에 투표할 수 있다. 일반인 투표도 심사위원의 투표만큼 중요해서 각각 50%의 점수가 배당된다. 선정 방식은 각각의 장르마다 6명의 심사위원이 있으며, 심사위원이 지명한 6권의 책에 대해서 선별된 독자들은 지명된 책들을 읽게 된다. 책을 읽고 나서 독자들은 수상자를 결정해서 원하는 책에 투표를 하게 된다.

비판적인 시각에서는 문학에서 경기는 있을 수 없다고 생각하고, 선정의 카테고리를 늘려야 한다고 주장하지만, 어쨌든 아우구스트 문학상은 스웨덴의 출판서적과 출판사 그리고 일반 독자들에 대한 관심을 끌어올리는 데 지대한 영향을 미친 것이 사실이다.

닐스 홀게르손 상

최초의 여성 노벨문학상 수상자인 셀마 라게르뢰프를 기리기 위해서 제정된 상으로 전년도에 출간된 최고의 아동도서 작가를 선정해서 수여하는 상이다. 스웨덴 도서관협회에 의해서 설립되었으며, 매년 셀마 라게르뢰프의 생일인 11월 20일에 상을 수여한다. 수상자는 전해 출간된 아동 · 청소년 문학 중에 최고의 작품이라고 평가되는 작품과 작가로 선정된다. 상금은 25,000크로나(한화 약 4,120,250원)이다.

심사위원은 6명으로 구성되어 있으며, 매년 한 사람씩 교체될 수 있도록 임명이 된다. 심사위원은 도서관협회 이사회에 의해서 선정된다. 6명의 심사위원 중 4명은 아동 · 청소년을 위한 도서관의 업무를 담당하는 사람이며, 이 중에서 심사위원장이 결정된다. 그 위에 2명은 아동문학 분야에 있어서 지식을 갖춘 학자와 어린이를 위한 그림예술에 종사하는 자로 선정된다. 수상자 추천은 5월 전까지 아동도서관 또는 학교 도서관을 통해서 제출되며 도서관 협회 기관에서 심사위원장에게로 전달한다. 스웨덴 작가에 의해서 쓰인 작품만을 선정대상으로 삼는다. 만약 선정될 작품이 없다고 판단되면, 수상자는 선정되지 않는다.

엘사 베스코브 상

아동문학 작가이자 화가였던 엘사 베스코브를 기리기 위해서 제정된 상으로 스웨덴 그림책 또는 아동도서 중 최고의 그림작가에게 수여된다. 또한 스웨덴 아동도서 전반에 걸쳐 그림작가로서 활약하면서 보여준 전반적인 실적을 인정하여 상을 수여하기도 한다.

스웨덴 도서관협회(구 스웨덴 일반 도서관협회)에 의해서 제정된 엘사 베스코브 아동문학상은 셀마 라게르뢰프의 생일인 11월 20일을 기준으로 하여 어린이를 위한 최고의 스웨덴어 그림책 또는 그림이 그려진 스웨덴어 최고 아동도서를 출판한 예술가에게 매년 수상한다. 2008년부터 상금액은 25,000크로나(한화 약 4,120,250원)이다.

심사위원은 6명으로 구성되는데, 3년의 임기를 지닌다. 매년 새로운 위원을 한 명 임명하는데, 그 이유는 중간에 공백기를 없애기 위해서다. 심사위원은 도서관협회의 운영위원회에 의해서 선출되며, 그들 중 4명은 아동과 청소년을 위한 도서관에서 직업을 가지고 있어야 한다. 그 외에 2명은 다른 기관에서 선출되는데, 한 사람은 아동도서 영역에서 해박한 지식을 가지고 있고, 다른 한 사람은 아이들을 위한 회화예술 분야에서 일하는 사람으로 선출된다. 심사위원장은 아동과 청소년을 위한 도서관을 대표하는 4명의 선출자들 중 한 사람이 맡으며 심사위원들을 위해서 개인 대리인이 임명된다. 수상자에 대한 추천은 5월 전에 아동도서관이나 학교도서관의 담당자에게 제출해야 하며, 도서관협회 사무국은 심사위원장에게 그 서류들을 전달해야 한다. 전(前)해에 스웨덴에서 출판된 책들에 대해서만 심사가 이루어지며 스웨덴어 혹은 스웨덴에 거주하는 예술가의 작품만이 심사가 된다. 만약 동수의 심사위원이 서로 다른 작품을 선정한다면 심사위원장의 결정을 따른다.

앞에 열거한 상의 제정뿐만 아니라 심사위원으로도 많이 참여하는 기관이 바로 스웨덴 도서관협회다. 특히 아동·청소년 문학을 담당하는 도서관의 사서들과 아동·청소년 문학을 연구하는 연구자들이 주축이 되어 스웨덴의 아동·청소년 문학상의 신청자를 받고 심사도 해서 수상자를 선정하고 있다. 앞서 지적했듯 스웨덴의 도서관이 가지는 기능과 역할은 매우 중요하며, 스웨덴의 아동·청소년 문학의 발전에 크게 기여하고 있는 것이다.

이와 같이 최근 아동과 청소년을 위한 문학에 대한 관심이 커지면서, 노벨문학상의 한림원(스웨덴 아카데미)에 준하는 아동·청소년 문학 아카데미가 스웨덴에서 설립되었다. 아스트리드 린드그렌 국제 아동문학상 제정 당시 교육부 장관이었던 마리타 울브스쿠그가 "알마 상은 한 해의 가장 뛰어난 아동문학의 노벨상"이라고 한 것처럼, 추후 알마 상은 아동·청소년 문학 아카데미와 함께 노벨문학상에 준하는 아동과 청소년을 위한 문학상으로 발돋움할 것이다.

아스트리드 린드그렌과 아동문학

한 번은 전혀 모르는 여자 한 명이 내 손에 쪽지 한 장을 건네주면서 이런 말을 했다. "끔찍했던 나의 어린 시절에 빛을 주어 감사합니다." 이것이면 내게 충분하다. 내가 한 사람의 끔찍한 어린 시절에 빛을 줄 수 있었다면, 나는 너무도

행복하다. -아스트리드 린드그렌

북유럽의 아동 문학에 있어 실질적인 발전을 이룬 것은 한 세기가 지나고 나서이다. 이전에도 아동과 청소년 문학을 위한 좋은 작가들이 있었지만, 1940년대에 이르러서야 비로소 아동문학 부흥의 새 시대가 열렸다. 틀에 박혀있던 아동문학의 기능과 역할에서 보다 자유로운 자세를 취하게 되었다. 특히 현대 교육학과 아동심리학으로부터 고무된 몇몇의 저명 있는 작가들이 나타났다. 그 중에 가장 성공적으로 활력을 불어넣은 가장 사람은 다름 아닌 아스트리드 린드그렌이었다. 국내외적으로 아동문학의 획기적인 약진을 마련하게 해준 린드그렌의 저서들은 지금 우리시대에서도 꾸준하게 널리 읽혀지는 대표적인 스웨덴 아동문학이다. 그럼으로써 린드그렌의 책들은 아동문학에 있어서 독보적인 위치를 차지하게 되었다. 그녀의 작품들은 아동문학 장르에서 지금까지 일반적으로 인정받았던 것 이상으로 문학적인 가치를 갖는다. 아동문학의 가치와 지위를 향상시키는데 매우 실질적인 공헌을 해왔기 때문이다.

국제적으로 가장 많은 관심을 끌었고, 다른 어떤 아동도서들보다도 더 폭넓게 토론되어온 작품은 단연코 린드그렌의 『말괄량이 삐삐』일 것이다.

이 책을 쓰게 된 당시 배경과 린드그렌의 일화에 관한 소개를 하면 이렇다. 린드그렌은 1920년에 빔메르뷔 신문 주최한 대회에서 단편소설 부문의 수상으로 문단에 데뷔하였다. 린드그렌은 학교를 마친 후, 16세에 기자로 일을 시작했다. 그런데 2년 뒤 18세의 이른 나이에 갑작스레 임신을 하게 된 린드그렌은 아이 아버지와의 결혼을 원하지 않았다. 1920년대만 해도 스웨덴에서는 미혼모에 대한 인식이 상당히 부정적이었다. 미혼모라는 사실을 수치스럽게 여기던 사회였기 때문에, 린드그렌은 자신의 고향인 빔메르뷔를 떠나서 스톡홀름으로 거주지를 옮겨 학업을 끝내고 사무실에서 일을 시작하게 되었다. 사회복지의 여건도 지금과는 무척 달라서 미혼모를 위한 탁아시설이나 아이를 돌봐줄 수 있는 보모가 없었기 때문에, 자신이 낳은 아들 라쉬의 양육을 포기할 수밖에 없었다.

린드그렌은 스투레 린드그렌을 만나 1931년에 결혼하게 되어, 4세 된 아들의 양육권을 되찾아 올 수 있었다. 이후 린드그렌은 딸을 낳았고, 평범한 가정주부로 지냈다. 그녀의 딸 카린이 7세 되던 해 폐렴에 걸려서 오랫동안 병석에 있었는데, 카린은 다른 아이들처럼 이야기를 해달라며 린드그렌을 매일매일 졸라댔다. 딸의 성가신 요구에 못 이긴 린드그렌은 딸에게 무슨 이야기를 해줄까 하고 물었다. 그러자 침대에 누워있던 카린이 "삐삐 롱스타킹에 대한 이야기요!"라며 즉흥적으로 이름을 생각해내었다. 린드그렌은 삐삐 롱스타킹이 누구인지도 몰랐고, 그녀에 관해서 카린에게 물어보지도 않았다. 그냥 이야기를 만들어가기 시작했고, 별난 이름의 여자아이에 걸맞은 별난 여자아이의 이야기가 되었다. 카린뿐만 아니라 그녀의 소꿉놀이 친구들도 '삐삐'라는 아이를 무척 좋아했다. 그래서 그녀는 삐삐의 이야기를 수도 없이 반복해서 들려줘야 했고, 삐삐에 관한 이야기는 몇 년간 계속되었다. 이렇게 아이들에게 이야기를 해주며 시작된 삐삐에 관한 이야기는 작품으로 완성이 되었지만, 출판사에서 흔쾌히 그녀의 글을 받아주지 않았다. 우여곡절 끝에 결국 『말괄량이 삐삐』가 출판이 되었고, 이 작품은 스웨덴 아동문학의 새 장을 열게 되었다.

초창기에 『말괄량이 삐삐』가 모든 이들에게 긍정적으로 받아들여졌던 것은 아니다. 일부는 이 작품의 주인공인 삐삐가 너무 제멋대로고 버릇없는 아이여서, 독자인 아이들에게 나쁜 영향을 미칠 수 있다고 비난하기도 했다. 그럼에도 불구하고 『말괄량이 삐삐』는 스웨덴을 넘어 국제적으로 아동문학의 새로운 바람을 일으켰다.

속박되지 않은 자유와 어른의 힘을 뛰어넘는 커다란 자신감과 매우 독립적인 삐삐는 '세기의 어린이'라고 불렸다. 『말괄량이 삐삐』의 새로운 삐삐 시리즈들이 계속해서 출간되었고, 삐삐는 린드그렌에게 국제적인 명성을 얻게 해주었다. 이 작품에는 동화의 환상적인 요소뿐만 아니라 장난기 있는 아이들에 관한 현실적인 이야기가 담겨 있다. 이 두 가지 요소는 린드그렌이 추후 아이들을 위한 다른 작품들에서도 절대적인 창작의 원동력이 되었고, 더욱더 발전되었다. 현실적인 요소가 돋보이는 어린이에 관한 책인 『시끌벅적한 마을』(1947~52년)과 린드그렌의 긴장과 미스터리 창작 술이 돋보이는 『형사반장 블룸크비스트』(1946~53년), 매우 개인적이고 시적인 동화 스타일의 『꼬마 닐스 칼손』(1949년), 꿈과 사회적 현실이 모두 중요한 요소가 되는 『미오, 나의 미오』(1954년)와 『순난앵Sunnanäng』(1959년)를 들 수 있다. 이외에도 판타지와 리얼리즘 사이에서 최상의 결과를 만들어낸 고아 소년의 이야기, 『방랑자 라스무스』(1956년)와 해학이 담긴 장난꾸러기 이야기 『뢴네베리아 마을의 에밀』(1963년)이 있다.

어린 독자들과 내적으로 소통하는 린드그렌의 일련의 능력들은 그녀의 성공을 위해서 매우 중요한 부분이 되지만, 그녀의 책들은 어른 독자들에게도 큰 매력을 느끼게 한다. 비록 이전의 아동문학이 종종 어린이들에게 적합한 성인문학으로 이루어져 있었지만, 린드그렌은 어린이들의 책을 성인들까지 볼 수 있는 작품으로 그 범위대상을 확장시키고 있다. 린드그렌의 대다수 작품들이 대부분 이러하며, 린드그렌의 작품으로 인한 연령층의 이러한 확장은 아동문학사에 기념비적인 업적을 남겼다고 할 수 있다.

이야기의 영감을 어디서 얻느냐는 질문에 린드그렌은, 그녀 자신도 어린 시절이 있었고, 그때는 자신도 아이였다는 사실 말고는 특별히 아이들에게서 영감을 받는 것은 아니라고 말한다. 물론 아이를 가진 부모라고 해서 아동을 위한 책을 잘 쓰는 것은 결코 아니겠지만, 어른들도 어린 아이였던 시절이 있었고, 그 시절이 어떠했는지를 기억해보는 것이 중요하다고 지적한다. 그리고 린드그렌은 자신의 책을 읽는 아이들을 의식적으로 교육시킨다거나 영향을 주기 위해서 글을 쓰지는 않는다. 다만 자신의 이야기를 통해서 많은 아이들이 삶에 대해 좀더 인간적이고 긍정적이며 민주적으로 접근할 수 있도록 기여를 하고 싶은 그녀의 소망이다. 다른 특별한 목적 없이 오로지 읽는 재미만 주려는 책들도 아이들의 삶에 어떤 의미를 줄 수 있어야 한다고 린드그렌은 생각한다.

이후 린드그렌의 책들 가운데 아동 문학사의 획을 그은 작품은 『사자왕 형제의 모험』(1973)이다. 이 책에서 린드그렌은 어린이들에게 죽음에 대한 주제를 어렵지 않으면서도 진지하게 성찰할 수 있는 공간을 제공한다. 다소 무거운 주제일 수 있었음에도 불구하고 린드그렌은 이 책을 통해서 대단한 성공을 거두었다. 『산적의 딸 로냐』(1981)에서는 활기차고 역사적인 모험담을 펼쳐보였는데, 자신의 다른 책들처럼 이 이야기도 판타지 영화에 적절한 이야기를 창조해냈다. 오늘날 린드그렌의 위상은 19세기 말의 사카리아스 토펠리우스 Zacharias Topelius에 상응한다. 타의 추종을 불허할 정도로 린드그렌의 책들은 여러 언어로 번역되고 영화와 TV로 제작되어 소개되어 매우 유명해졌다. 아마도 스웨덴의 어떤 작가도 이에 대해 이의를 제기할 사람은 없을 것이다. 이제는 그녀의 책들은 매우 중요한 아동문학의 고전이 되었다.

아이들에게 상을 받고 싶어하는 작가들

문성원

들어가는 글

독일에 처음으로 아동문학상이 만들어진 것은 1950년대에 들어온 다음의 일이다. 전쟁이 끝나고 피폐할 대로 피폐해진 다른 모든 분야와 마찬가지로, 문학상의 제정은 아동문학을 새롭게 일궈나가는 과정에서 올바른 방향을 제시하기 위한 노력의 일환이었다. 60년대 말과 70년대 초 독일 사회 전반에 걸쳐 개혁이 이루어지면서 아동문학은 그 중요성을 새롭게 인정받고 학교교육에서도 큰 비중을 차지하기 시작했다. 위상을 높인 아동문학의 발전과 더불어 새로운 아동문학상도 크게 늘어나게 되었으며, 이러한 경향은 그 뒤에도 계속 이어져 더욱 다양하고 차별화된 성격을 지닌 문학상들이 만들어졌다.

여기서는 독일의 주요 아동문학상과 그 특징을 소개하기에 앞서, 특히

문성원 한국외국어대학교 독일어과를 졸업했다. 독일 본대학에서 번역학 석사과정을 마쳤다. 현재는 본대학 부속 식물원에서 정원사로 일하고 있다. 옮긴 책으로 『늑대에겐 겨울이 없다』 『오필리아의 그림자 극장』 『아빠사자와 행복한 아이들』 『하늘을 나는 교실』 등이 있다.

18세기에 접어들면서 성인문학과 구분되는 문학의 한 갈래로 자리 잡기 시작한 독일 아동문학이 발전해 온 모습을 살펴보고, 아울러 교육현장에서의 아동문학에 대해서도 간략하게 알아본다.[1]

1. 독일 아동문학의 발전

아동기를 어른이 아닌 시기, 끊임없이 배워 어른이 되기 위한 준비 단계로 보았던 독일의 초기 아동문학의 역할은 교육에 있었다. 무엇보다 기독교의 영향 아래에 놓인 아동문학이 지닌 가장 큰 기능은 종교적인 교육을 통해 올바른 삶을 살아가기 위한 지침을 제시하는 것이었다. 종교적인 내용을 담지 않은 문학작품에 교육적 가치가 부여된 것은 신학 중심의 사고에서 벗어난 인본주의 교육이념을 받아들이고 난 다음이었다. 인쇄술의 발명은 출판계에도 혁명을 일으켜 더 많은 사람들이 쉽게 문학작품을 접할 수 있게 되었지만, 기초교육조차 받기 어려웠던 민중의 교육에 힘쓴 마르틴 루터는 문학의 지평을 넓히는 데에도 큰 영향을 끼쳤다. 이후 아동문학은 폭넓은 분야의 지식을 전달하는 한편, 기사소설이나 우화, 민속 이야기책과 같은 재미있는 읽을거리로 독자들에게 좀더 가까이 다가갈 수 있었다.

18세기에 접어든 독일에서는 계몽주의 사상에 영향을 받아 교양과 자의식을 갖춘 시민계층이 성장해 나갔고, 아동중심 교육관의 원형이 된 루소의 사상과 인류애에 기초한 범애주의 교육사상이 사회 전반에 걸쳐

1) '아동 및 청소년문학Kinder- und Jugendliteratur' 이라는 용어에서도 알 수 있듯이 독일에서는 흔히 아동문학과 청소년문학을 함께 묶어 논하는 관행에 따르는데, 여기서 쓰인 아동문학의 개념도 청소년문학을 아우르는 넓은 의미에서의 아동문학임을 밝혀 둔다.

큰 영향을 끼쳤다. 아동을 독자로 인식한 아동을 위한 문학, 다시 말해 현대적인 의미에서의 아동문학의 기반이 마련되기 시작한 것도 바로 이 때부터였다. 재미와 교훈이 함께 담긴 우화가 크게 늘어났고, 새로운 지식과 정보를 제공하는 다양한 백과사전류가 등장하여 논픽션 분야의 발전을 예고했다. 이 시기를 대표하는 범애주의 교육자 요아힘 캄페의 『소년 로빈슨』(1779~1780)은 문학성과 흥미를 골고루 갖춘, 본격적인 아동문학의 첫 작품으로 간주된다. 무인도에 표류한 어린 로빈슨이 혼자 어려움을 헤쳐나가는 모습은 독자들에게 용기와 모험심을 불러일으키며 당시에도 큰 사랑을 받았다.

프랑스혁명 이후 신성로마제국이 해체되고 나폴레옹의 지배를 받기 시작한 19세기 초에는 격변하는 정세와 맞물려 이전의 계몽사상에 대립한 신인문주의 운동이 펼쳐지고, 인간의 정서를 중시하고 이성과 감정의 조화로운 발달을 추구하는 낭만주의가 문예사조의 중심에 서게 되었다. 낭만주의 아동문학의 시작을 알린 아힘 폰 아르님과 클레멘스 브렌타노의 민요시 모음집 『소년의 마적』(1808)은 어린이의 목소리로 알맞게 다듬어진 것 외에도 내용이 반드시 교훈적이지만은 않다는 점에서 기존의 아동문학과 구별되었다. 후에 독일 가곡의 가사로도 많이 쓰인 민요시 중에는 어린아이의 죽음을 암시하는 등 당시 녹록치 않았던 삶의 면면을 보여주는 내용도 적지 않게 포함되어 있었다. 민중을 '창조자'로 인식하고 그 안에서 독일문화의 뿌리를 찾으려는 시도는 무엇보다 야콥 그림과 빌헬름 그림의 『어린이와 가정을 위한 옛날이야기』(1812~1815 초판)로 큰 열매를 거두었다. 합리적인 이성을 중시한 계몽주의와는 달리 인간의 감정과 내면세계를 표현하는 데 중점을 둔 낭만주의 계열의 작가들은 특히 메르헨을 통해 환상과 상상력의 세계를 펼쳐보였다. 나폴레옹의 점령에서 벗어나 정치적인 재건이 이루어지는 동안 독일의 아동문학은 이른바 황금기를 맞았는데, 이전의 계몽주의와 낭만주의 요소가 문학작품 속에 함께 녹아들어 낙천적이면서도 조화로운 이상을 아동의 눈높이에 맞춰 제시하고자 하였다.

이후 독일 안팎으로 기술과 경제의 현대화가 이루어지고 정치적으로도 큰 변화가 진행되는 동안, 아동문학은 사회적인 교육의 기능을 넘겨받았다. 현실에 눈을 돌리고 실용적인 태도가 중시되면서 문학을 통한 전문지식의 교육이 강조되었고, 다른 한편으로는 국가에 대한 자부심과 애국심을 심어주기 위한 작품들이 잇달아 소개되었다. 또한 여성의 사회적 평등화가 강조되면서 소녀문학에도 큰 영향을 끼쳐 기존의 여성상에서 벗어나 점차 자의식을 형성해 나가는 인물을 구현하는 작품들이 등장하기 시작했다.

20세기에 들어와 국가사회주의가 집권하고 세계대전을 겪으며 잠시 맥이 끊기는 듯 보였던 독일 아동문학은 1950년대 이후 되살아나기 시작하면서 많은 변화를 겪었다. 20세기 초 중립적인 견지를 유지하며 시대와 관련된 주제를 다루는 신즉물주의를 대표했던 에리히 캐스트너와 같은 작가들은 아동의 사회화가 이루어지는 대도시를 무대로 하여 자립심과 독립심을 갖춰 나가는 현대적인 아동상을 제시하였다. 또한 아동이 지닌 순수하고 창조적인 힘에 기댄 판타지 계열의 작품들은 그 내면에 잠재된 판타지 세계에 파고들고자 하였다.

1960년대 말 68운동을 기점으로 독일에는 사회 전반에 걸쳐 개혁의 바람이 휘몰아쳤고, 무엇보다 학교와 교육계의 민주화는 아동문학의 사회적 위상을 높이는 결과를 낳았다. 자율적인 아동을 중심에 세운 새로운 아동관에 따라 크게 변모한 아동문학은 사회적으로 논쟁점이 되는 주제를 다루고 비판적인 자의식을 형성해나가는 과정을 보여준다는 점에서 성인문학과 크게 다르지 않았다. 또한 금기로 여기던 주제의 한계를 넘어서면서 현실을 있는 모습 그대로 드러내며, 행복한 결말 대신 스스로 행동할 때 무언가를 변화시킬 수 있음을 보여주는 작품들이 등장하기 시작했다. 하지만 68세대의 정치적 이상향이 힘을 잃어가고 사회정치적으로도 변화를 겪으면서 문학을 통한 개혁에 대한 신념이 서서히 체념으로 돌아서게 되었고, 사실적이고 문제의식이 뚜렷이 드러난 작품이 주를 이루었던 아동문학은 판타지 문학에 그 자리를 내주기 시작했다. 미하엘 엔데의 『끝없는 이야기』(1979)는 이러한 문학적 전환점을 마련한 작품으로 일컬어진다. 엔데는 환상세계를 구하는 과정에서 내적으로 성장하는 주인공 바스티안을 환상과 현실이라는 서로 다른 두 세계를 '건강하게 만드는' 인물로 그려냄으로써, 1970년대 이후 극단적인 사실성을 관철시킨 문학세계에서 '내면세계로의 도피'라는 비판을 받기도 했던 판타지 문학에 새로운 장을 열었다.

1980년대 이후 독일 아동문학계에는 어느 것이 주류라고 할 것 없이 다양한 장르의 문학작품이 공존하기 시작했다. 개인의 삶과 정체성의 문제도 사회나 환경문제와 마찬가지로 더욱 심도 있게 다루어졌다. 여성운동에 힘입어 권위적인 가족구조가 변화된 현실이 그대로 반영되었고, 다양한 형태의 새로운 가족상이 그려지기 시작했다. 환경 파괴와 핵무기의 위험을 고발하는 작품이 많아진 것도 한 특징이라고 할 수 있겠다. 주인공의 내면세계를 깊이있게 탐색하는 심리적 사실주의가 작품 속에 녹아들어 아동의 섬세한 심리묘사에 충실한 작품의 비중이 커지고, 전지적 작가 시점에서 주인공의 내면과 관점이 부각된 1인칭 시점으로 옮겨간 작품이 늘고 있다. 또한 뉴미디어와의 연관성도 현대 독일 아동문학의 특징을 설명하는 과정에서 빼놓을 수 없다. 문학은 뉴미디어와 경쟁하거나, 또는 서로 연합한 형태로 서로 영향을 주고받고 있다. 이와 관련하여 복합적인 모습으로 발전해가는 독일 현대 아동문학은 그에 대해 좀더 깊이 있는 고찰이 이루어진 뒤 평가되어야 할 것이다.

2. 독일 아동문학상

제2차 세계대전 이후 1948년 화폐개혁과 함께 서서히 되살아난 독일 경제를 바탕으로 아동문학 역시 활기를 띠기 시작했다. 무엇보다 문학 속에 잔재해 있는 사회주의 이념을 청산하는 데 앞장선 뜻있는 문인들과 교육가들은 다음 세대가 평화롭고 인도주의적인 세상을 실현하기를 소망하며 아동문학의 발전에 주력하였다. 1949년 뮌헨 국제청소년도서관이 세워진 것도 그러한 노력의 일환이었다.

그러나 1950년대 중반 이후 상업적인 대량 생산에 힘입어 출판물이 쏟아져나오기 시작하면서 양서를 가려내는 일이 무엇보다 중요하게 여겨졌고, 청소년 유해 간행물법이 만들어지고 독일청소년문학상의 전신인 독일청소년도서상이 제정되는 등 정부 차원의 노력이 병행되었다. 또한 1955년 도서관과 출판사, 교육 분야의 전문가들이 함께 뜻을 모아 세운 청소년문학연구회에서는 독일청소년도서상을 주관하는 한편, 문학성을 갖춘 양서를 가려내고 이를 널리 보급하는 일에 앞장서기 시작했다. 이후 여러 개인과 단체가 중심이 되어 제정한 문학상들은 그와 같은 노력이 구체화된 한 형태로 볼 수 있다.

독일청소년문학상은 국가에서 수여한다는 점, 프리드리히 게르슈태커상을 제외하면 어린이와 청소년 문학작품에 주는 상으로는 가장 오래되었다는 점에서 한동안 독점적인 위치를 지켜나갔다. 하지만 1970년대 중반부터 본격적으로 다양한 문학상이 제정되기 시작하면서 그 영향력이 분산되었고, 독일청소년문학상을 대체하기 위해 만들어진 문학상이 등장하기도 했다.[2] 여러 기관과 개인, 주정부, 종교와 정치단체 등에서 제정한 다양한 아동문학상은 수상작에 대해 서로 다른 선정기준을 정하거나 차별화된 목적을 추구하며 독일 아동문학의 지평을 넓혀가기 시작했다.

1) 작품의 주제나 장르가 주요 선정기준이 되는 문학상

프리드리히 게르슈태커상

독일에서 가장 오래된 아동문학상으로, 1947년 브라운슈바이크 시에서 이 도시를 대표하는 작가 프리드리히 게르슈태커(1816~1872)의 문학적 업적을 기리기 위해 제정하였다. 세계 여행가로도 잘 알려진 게르슈태커는 생생하고 상세한 묘사를 통해 미지의 세계를 알리는 서사적인 형태의 모험소설로 크게 사랑받은 작가다. 이처럼 모험과 흥미로 가득한 이야기, 낯선 것에 대한 열린 마음을 담은 문학성 높은 독일어권의 작품들이 수상작으로 선정된다. 전후(戰後) 독일 아동문학의 재건에 크게 힘쓴 쿠르트 뤼트겐은 『위대한 선장』으로 첫 수상자가 되었다.

천주교 아동 및 청소년도서상

1977년에 제정되어 1979년부터 독일 주교회의에서 수여하는 문학상으로, 여러 천주교 단체와 천주교 서점 대표로 구성된 심사위원단의 추천을 거쳐 주교회의 상임위원회에서 수상작을 결정한다. 종교적인 경험과 믿음이 배어나 있으며, 종교와 사회와 문화가 한데 어우러진 삶을 지

2) 1978년 베를린 서적상 프리드리히 폰 클뢰덴Friedrich von Kloeden이 제정한 빌헬름 하우프상Wilhelm-Hauff-Preis을 그 예로 들 수 있는데, 이 상에 대해서는 1978년부터 1985년까지 네 번의 수상작을 낸 것 말고는 알려진 게 거의 없다.

향하는 문학작품을 장려한기 위한 문학상이다. 삽화가로 더욱 이름난 유타 바우어의 『할아버지의 천사』, 룩스상을 함께 받은 유타 리히터의 『가물치 여름』 등을 주요 수상작으로 들 수 있다.

개신교 도서상

독일 개신교 도서관협회에서 1979년부터 수여하는 문학상으로, 성인을 대상으로 한 문학작품에 수여하는 성인문학상과 돌아가며 수상된다. 독자들의 추천만으로 수상 후보작을 결정하기 때문에 수상작에 대한 대중의 인지도와 호응이 높은 편이다.

또한 '기독교인들이 읽기에 바람직한 책' 이라는 비교적 포괄적인 선정 기준을 적용하여 수상 후보작의 폭을 넓혀 놓았다. 독일 현대 아동문학을 대표하는 코넬리아 풍케의 『도둑의 왕』, 키르스텐 보이에의 『메들레빙어』 등과 같은 수상작이 있다.

구스타프 하이네만 평화상

제3대 연방대통령을 역임한 정치가로, 평화 연구와 평화 교육의 후원자로도 잘 알려진 구스타프 하이네만(1899~1976)의 업적을 기리기 위해 만들어진 문학상. 인권을 중시하고 폭력 없이 갈등을 해결하는, 평화로운 공존에 기여한 작품을 수상 대상으로 한다. 독일 사회민주당이 구스타프 하이네만 시민상에 이어 1982년에 제정한 문학상으로, 노르트라인-베스트팔렌 주의 주정치교육센터에서 주관한다. 수상작으로 문학을 통해 평화운동을 펼쳐 보인 구드룬 파우제방의 『핵 폭발 뒤 최후의 아이들』이 있다.

하인리히 볼가스트상

1986년 독일 노동조합 총연맹 산하의 교육노동조합에서 직업세계를 묘사하는 아동문학을 장려하기 위해 만든 문학상이다. 노동현장에서 일어나는 모든 현상과 문제점을 다룬 작품을 대상으로 하며, 개혁 교육가로 잘 알려진 하인리히 볼가스(1860~1920)[3]의 문학이념에 따라 뛰어난 예술성과 문학성을 갖춘 작품을 수상작으로 선정한다. 25만 명이 넘는 교육노동조합의 모든 회원들은 동등한 권리로 후보작을 추천할 수 있다.

노동현장을 문학의 소재로 끌어올린 61그룹에서 활동했던 클라스 에버트 에버뷘은 『조심해, 공사장이야!』로 첫 번째 수상자가 되었다.

2) 새로운 작가를 발굴하거나 공로상의 성격을 지닌 문학상

아스트리드 린드그렌상 [4]

아스트리드 린드그렌의 60회 생일을 맞아 1967년 스웨덴에서 아스트리드 린드그렌상을 제정한 것과 때를 같이하여 독일 외팅어 출판사에서도 같은 이름으로 문학상을 만들었다. 아직 출간되지 않은 독일어권의 우수한 작품을 대상으로 하며, 수상작은 외팅어 출판사에서 출간된다. 첫 번째 수상작인 힐데 하이징어의 『팀과 힐라모어의 난쟁이들』은 지금껏 독자들에게 꾸준히 사랑받고 있다.

---

3) 볼가스트는 1896년 『우리 시대 청소년문학의 불행(Das Elend unserer Jugendliteratur)』을 발표하면서 오락성을 지닌 저속한 대중문학을 비판하며 아동 및 청소년문학의 예술성과 문학성을 강조하였다.

4) 간혹 아스트리드 린드그렌 추모상 Astrid Lindgren Memorial Award과 아스트리드 린드그렌상이 같은 상으로 잘못 소개되는 경우가 있다. 아스트리드 린드그렌 추모상은 스웨덴 정부에서 제정한 국제 아동문학상으로, 2003년 첫 수상의 영광은 모리스 샌닥 Maurice Sendak과 크리스티네 뇌스틀링어에게 돌아갔다.

프리드리히 뵈데커상

독서 장려와 문학 전달을 주요 과제로 삼는 프리드리히 뵈데커협회[5]에서 1972년부터 2년에 한 번씩 수여하는 상이다. 독일어권의 아동문학계에 새롭게 공을 세우거나 특별한 성과를 올린 개인이나 단체를 대상으로 한다. 1972년 첫 수상 당시 독일에는 잘 알려져 있지 않았던 오스트리아 출신의 작가 크리스티네 뇌스틀링어, 독일에서 최초로 아동 및 청소년문학 전문 연구소인 프랑크푸르트의 청소년도서연구소를 설립한 클라우스 도더러 등과 같은 수상자가 있다.

올덴부르크 아동 및 청소년도서상

1977부터 올덴부르크 시에서 해마다 수여하는 문학상으로, 독일어권의 우수한 처녀작을 대상으로 한다.

아동문학계의 신인작가와 삽화가를 후원하기 위한 것으로, 올덴부르크 청소년도서관에서 주관한다. 수상 당시에는 거의 알려져 있지 않았던 레오니 오소브스키, 모니카 펠츠, 미르얌 프레슬러 등은 현재 독일 아동문학계에서 중요한 위치를 차지하는 작가들이다.

독일 아동 및 청소년문학 아카데미 대상

1976년 폴카흐에 설립된 독일 아동 및 청소년문학 아카데미에서 폴카흐 시의 후원을 받아 뛰어난 아동문학 작가나 삽화가의 전 작품에 대해 수여하는 상이다.

---

5) 1954년 니더작센에서 시작하여 1981년 연방협회로 발전한 프리드리히 뵈데커협회는 무엇보다 독자와 작가의 만남을 통해 독서장려운동을 펼치고 있는 것으로 잘 알려져 있다. 니더작센 출신의 교육가 프리드리히 뵈데커Friedrich Bödecker(1896~1954)가 이미 1920년대부터 작가들을 학교에 직접 초대하여 문학 전달의 새로운 형태를 시도해 보인 것을 모범으로 한다.

또한 독일 아동문학의 발전에 기여도가 큰 인물이나 단체도 수상 대상에 포함시켜 아동문학 전반에 걸친 우수한 성과물을 널리 알리고 장려하는 기능을 지닌다. 독일 아동문학을 대표하는 제임스 크뤼스, 미하엘 엔데, 파울 마르 외에 뮌헨 국제청소년도서관에도 이 상이 주어졌다.

3) 어린이와 청소년 심사위원이 중요한 역할을 하는 문학상

북스테후데 황소상

1971년 북스테후데 출신의 서적상 빈프리트 치만이 제창하여 만들어진 문학상으로, 1981년부터 북스테후데 시가 주관한다. 14세에서 17세 사이의 청소년 11명과 성인 11명으로 구성된 심사위원단은 동등한 결정권을 지닌다. 청소년들의 능동적이고 깊이있는 독서문화를 장려하고, 좋은 청소년 책을 널리 알리는 것을 주된 목적으로 삼는다. '황소상' 이라는 이름에 걸맞게 먼로 리프의 평화를 사랑하는 황소 페르디난드 조각상이 상금과 함께 주어진다. 미하엘 엔데의 『끝없는 이야기』, 헤르만 핑케의 『소피 숄의 짧은 생애』 등과 같은 수상작이 있다.

칼바흐 방울뱀상

1988년 아동문학가 레기나 루쉬가 제정하여 칼바흐 어린이협회에서 주관하는 상으로, 수상작은 8세에서 13세 사이의 어린이로만 구성된 심사위원단에서 결정된다. 방울뱀이 꼬리에서 나는 소리로 주의를 끌듯, 새로 출간된 수많은 문학작품 가운데 어린이들 스스로 가장 좋아하는 책을 뽑아 세상에 알리는 데 그 의미를 둔다. 상금 없이 방울뱀 모양의 나무 조각상만 주어지는 명예상으로, 많은 아동문학 작가들이 가장 받고 싶은 문학상 가운데 하나로 꼽는 문학상이다. 코넬리아 풍케도 그 중

한 명으로, 『용의 기사』, 『도둑의 왕』, 『잉크하트』로 지금까지 세 차례나 칼바흐 방울뱀상을 받았다.

4) 대중매체가 함께 주관하는 문학상

룩스상

1986년부터 독일의 시사 주간지 디 차이트와 라디오 브레멘이 공동으로 수여하는 문학상이다. '이달의 룩스상'으로 뽑힌 작품들 가운데 '올해의 룩스상'을 선정한다. 유행에 편승하는 통속물을 지양하고, 어린이와 청소년의 눈높이에 맞춘 문학성이 뛰어난 작품을 보급하는 것을 목적으로 한다. 대중성보다 문학성에 더 큰 비중을 두는 까닭에 룩스상 수상작은 다소 어려운 책이라는 평을 듣곤 한다. 주요 수상작으로는 볼프 에를부르흐의 『밤에』, 미르얌 프레슬러의 『말카 마이』 등이 있다.

코리네상

2001년 독일 서적상협회 바이어른 지국에서 제정한 국제도서상으로, 공공과 민간의 협력체제로 운영된다. 협력업체로는 디 차이트, 시사 주간지 포쿠스, 텔레비전 방송국 드라이자트, 라디오 방송국 클라식 라디오 등이 있다. 대중에게도 인정받는 우수한 문학작품이라는 수상 기준에 따라 대중성과 문학성을 골고루 갖춘 신간을 대상으로 하며, 수상작의 효과적인 홍보를 위해 드라이자트에서 축하공연 형태로 수상식을 중계한다. 독일청소년문학상을 함께 받은 안드레아스 슈타인회펠의 『리코와 오스카와 짙은 그림자』, 2010년도 독일청소년문학상 후보에 오른 미르얌 프레슬러의 『나탄과 그의 아이들』 등을 아동 및 청소년도서 부분의 주요 수상작으로 들 수 있다.

5) 국가가 수여하는 문학상

독일청소년문학상

본래 1953년 연방 내무부가 독일청소년도서상이라는 이름으로 제정한 문학상으로, 작가의 나이와 국적을 제한하지 않고 전년도의 우수한 신간을 대상으로 하는 선정기준에 따라 1956년 첫 수상작을 배출하였다. 1958년부터 연방 가족 · 노인 · 여성 · 청소년부(당시 연방 가족부)가 담당하며, 1981년 독일청소년문학상으로 이름을 바꾸었다. 그림책, 어린이책, 청소년책, 논픽션의 부문으로 나누어 수상하며, 1990년부터 독일어권의 작가와 삽화가, 번역가를 대상으로 전 작품에 대해 수상하는 특별상 분야가 추가되었다. 또한 여섯 개의 독서모임 단체로 이루어진 청소년 심사위원단이 뽑은 작품에는 청소년 심사위원상이 수여된다. 이 상의 주요 수상작인 미하엘 엔데의 『모모』가 전 세계에 널리 알려져 많은 독자들에게 크게 사랑받은 것처럼, 상금과 함께 주어지는 청동 조각상 '모모'는 이 상이 지닌 국제적인 성격을 상징한다. 독일청소년문학상은 다양한 매체 환경 속에서 문학의 중요성을 일깨우고 독서능력을 키우며 아동문학의 발전에 기여하는 것을 목표로 한다.

3. 교육현장에서의 아동문학

독일 아동문학이 학교교육에 본격적으로 도입된 것은 1970대에 들어선 다음의 일이다.[6] 1960년 말부터 사회 전반에 걸쳐 개혁이 이루어지는 가운데, 학교와 교육계의 민주화는 아동상과 아동문학에 대한 인식에 큰 변화를 불러일으키기 시작했다. 아동문학은 인성을 형성하고 사회화의 기능을 수행하는 중요한 매체로 받아들여졌고, 그에 따라 사회적 위상이 높아지면서 이와 관련한 전문잡지와 문학상이 크게 늘어나고 대학에서도 하나의 연구 분야로 자리 잡게 되었다.

독일의 국어책, 즉 언어영역 교과서는 크게 '읽기책Lesebuch'과 '말하기책Sprachbuch', 그리고 그 두 가지를 통합한 '말하기와 읽기책Sprach- und Lesebuch'의 세 형태로 나뉜다. 민간 출판사가 개발한 교과서는 각 주 교육부의 심의와 평가를 거쳐 승인을 받은 후 출간되는데, 교과서 심의 및 채택과 관련한 법규와 규정이 각 주마다 다르고, 해마다 시행되는 검정제에 합격할 수 있는 교과서의 수에도 제한을 두지 않는다. 그래서 같은 과목에도 형태와 구성면에서 차이를 보이는 여러 종류의 교과서가 존재하고, 그에 따라 각 학교가 지향하는 특성과 교육방식에 적합한 교과서를 채택할 수 있는 기회가 최대한으로 보장된다.

읽기책은 실제 문학작품을 수록해 다양한 문학세계 속에서 문학적 지식을 쌓고 텍스트를 이해하는 데 필요한 능력을 기르는 것을 목적으로 한다. 저학년의 경우 독서에 흥미를 느낄 수 있게 우화, 옛날이야기, 논픽션, 생활동화 등 재미와 문학적 상상력이 풍부한 작품들이 주를 이룬다. 학년이 높아짐에 따라 고전문학 작품과 더불어 추리소설, 모험소설, 문제의식이 담긴 작품의 비중이 늘어난다. 교과서마다 수록된 작가와 작품에는 차이가 있지만, 독일어권의 현대 아동문학 작품 중에서는 에리히 캐스트너, 미하엘 엔데, 파울 마르, 페터 해르틀링, 크리스티네 뇌스틀링어, 오트프리트 프로이슬러, 우줄라 뵐펠, 키르스텐 보이에, 미르

6) 아동문학 연구가 안나 크뤼거Anna Krüger는 특히 『학급에서 읽는 아동 및 청소년도서Kinder- und Jugendbücher als Klassenlektüre』(1963)를 통해 학교 교육에서의 아동문학의 위상을 새롭게 정립하여 아동문학을 문학 수업에 도입하는 데 큰 공을 세운 것으로 평가된다.

야 프레슬러 등의 작품을 이른바 '교과서의 고전'으로 들 수 있다. 또한 교과서를 출판하는 민간 출판사 측에서도 문학교수법의 발전과 새롭게 주목받는 문학작품들을 고려하여 개정을 거듭하고 있다.

나가는 글

1950년대 중반부터 오늘날에 이르기까지 독일에는 수많은 아동문학상이 제정되어 문학상으로서의 위상을 갖추어 나가고 있다. 문학상마다 지향하는 바가 조금씩 다를 수는 있으나, 좋은 문학작품을 널리 알려 더 많은 어린이들과 청소년들이 접할 수 있게 한다는 점에서는 같다고 볼 수 있다. 한편으로는 문학상을 제정하거나 후원하는 단체의 의도에 따라 문학이 도구로 사용될 수 있다는 우려의 소리도 없지 않다. 때로는 수상작을 결정하는 심사위원단의 자질이 논의되기도 하고, 문학상을 주관하는 측과 심사위원단이 마찰을 빚기도 한다(2010년 7월 룩스상 심사위원단의 사퇴). 특히 독일청소년문학상은 어린이와 청소년을 위한 문학작품에 대해 국가가 수여하는 유일한 문학상인 까닭에 더 많은 관심과 비판을 함께 받으며 쇄신을 거듭한 끝에 오늘날에 이르렀다. 청소년 심사위원상을 따로 제정하여 어린이와 청소년의 역할을 적극적으로 수용한 것도 커다란 성과로 볼 수 있다. 독일 아동문학계에도 외국문학이 큰 비중을 차지하고 있는 가운데, 아동문학 발전에 기여한 독일어권의 작가와 삽화가, 번역가에게 주어지는 특별상은 독일어권 안에서 이루어진 공헌도를 인정하고 북돋워주는 의미로 해석될 수 있다. 또한 선정 기준과 수상작에 대한 논란이 늘 있어온 만큼 수상과 관련된 자료를 전산화하여 인터넷 사이트에서 열람할 수 있게 하고, 2008년부터 교사와 사서, 출판

관계자 등을 대상으로 실무 관련 세미나를 열어 수상 후보작을 실무 현장에 알리는 작업에도 힘쓰는 것은 반가운 일이다.

독일 아동문학상의 새로운 경향이라면, 일반 성인 독자들을 비롯하여 어린이들과 청소년들의 참여가 활발해지고 있다는 점이다. 2003년 독일청소년문학상에 청소년 심사위원상이 따로 만들어진 데 이어, 프리드리히 게르슈태커상의 경우에는 2005년부터 어린이들과 청소년들이 심사에 참여하고 있다. 개신교 도서상은 독자들이 우편과 인터넷 사이트를 통해 후보작을 추천하며, 북스테후데 황소상은 지원자 가운데 투표로 심사위원을 결정해 독자들의 참여를 선도하여 좋은 결과를 얻고 있다. 또한 어린이들로만 구성된 심사위원단이 수상작을 뽑는 칼바흐 방울뱀상은 상금이 없는 명예상임에도 작가들이 가장 받고 싶어 하는 문학상 가운데 하나가 되었다.

어느 소수 집단의 애독서로 머물지 않고 많은 수의 독자들이 함께할 만한 책을 널리 읽히게 하고, 그로써 '좋은 책'이 더 많이 나올 수 있게 한다는 점에서 문학상은 가치가 있다. 아동문학상은 그 대상이 어린이와 청소년이기에 그 가치가 더욱 빛을 발할 수 있을 것이다.

참고도서

Klaus Doderer & Cornelia Riedel, 『Der Deutsche Jugendliteraturpreis - Eine Wirkungsanalyse』 Juventa Verlag Weinheim und M?nchen 1988

Christine Kretschmer (Hrsg.), 『Kinderliteratur im Klassenzimmer』 Cornelsen Verlag Berlin 2004

Isa Schikorsky, 『Schnellkurs Kinder-und Jugendliteratur』 DuMont Literatur und Kunst Verlag Köln 2003

Reiner Wild (Hrsg.), 『Geschichte der deutschen Kinder- und Jugendliteratur』 J.B. Metzler Verlag Stuttgart 2008

아동문학상 관련 웹사이트

http://www.braunschweig.de/friedrich-gerstaecker-preis (프리드리히 게르슈태커상)

http://www.dbk.de/ (천주교 아동 및 청소년도서상)

http://www.eliport.de/ (개신교 도서상)

http://www.politische-bildung.nrw.de/ (구스타프하이네만 평화상)

http://www.gew.de/Wolgast/Preis.html (하인리히 볼가스트상)

http://www.oetinger.de/ (아스트리드 린드그렌상)

http://www.boedecker-kreis.de/ (프리드리히 뵈데커상)

http:www.oldenburg.de/ (올덴부르크 아동 및 청소년도서상)

http://www.akademie-kjl.de/ (독일 아동 및 청소년문학 아카데미 대상)

http://www.buxtehude.de/ (북스테후데 황소상)

http://www.kalbacher-klapperschlange.de/ (칼바흐 방울뱀상)

http://www.zeit.de/themen/kultur/literatur/luchs (룩스상)

http://www.corine.de/start.php (코리네상)

http://www.djlp.jugendliteratur.org/ (독일청소년문학상)

철학자가 아동문학을 연구하는 나라

이선희

들어가며

프랑스에 본부를 두고 있는 국제아동문학연구소[1]에서 집계한 바에 따르면 프랑스에는 129개의 아동문학상이 있다. 국내의 권위있는 아동문학상을 포함하여 지방자치단체에서 주관하는 주요 상이 여기에 포함되어 있다. 코뮌 단위의 소도시에서 기획하는 것들까지 모두 집계된 것이 아니므로 이 수치는 최소한으로 보아야 할 것이다. 이 최소의 수치만 감안하더라도 프랑스 내에서 아동문학의 위상을 짐작하기에 모자람이 없다. 이는 곧 현대 프랑스 아동문학의 활성화 정도를 측정하는 하나의 지표가 되기 때문이다. 이 지표는 두 가지 면에서 중요성을 시사한다. 하나는 프랑스 문학의 위상이요 또 다른 하나는 아동의 그것이다. 수많은 작가를 배출한 나라, 프랑스. 자국의 언어에 대한 자긍심이 높은 프랑스 국민이 이루어온 문학적 성과는 곧 '프랑스어의 옹호와 선양' 에 쏟은 힘과

이선희 고려대학교 불어불문학과 졸업, 동대학원 불문학 석사학위, 파리 10대학 문학박사 학위, 현재 고려대학교 번역과레토릭연구소 연구교수.

열정이 이루어낸 결실에 다름 아니다. 때문에 프랑스 문학창작과 비평의 업적을 일일이 가리는 일은 매우 고난한 작업의 하나이다. 그 다양한 문학 활동 가운데에서 당당히 한 분야를 차지하고 있는 것이 '아동문학'이다. 하지만 다른 문학 장르에 비해 '아동문학' 의 목소리가 힘을 싣게 된 것은 그리 오래 전부터는 아니며, 아동문학 창작 열기에 비해 그 자체에 대한 비평과 연구는 사실 거의 전무했다고 할 수 있다.

본고는 현대 프랑스 아동문학상을 통해 아동문학의 자리를 점검하는 기회를 마련하는 데에 의의를 둔다. 하지만 단순히 문학상의 종류만을 가지고는 아동문학의 성숙도와 중요성을 판단할 수는 없는 일이다. 필자는 '독자' 의 위상을 중심으로 프랑스 아동문학의 전환점과 그 특성을 간단하게 살펴보는 작업부터 시작하여 현재의 위치를 자리매김하려 한다. 이를 위해 과거와 현재 간의 피드백을 유지하면서 프랑스 아동문학 활성화의 배경, 아동문학상의 종류와 특징, 선정기준 및 선정과정을 살펴보며, 주요 문학상 수상작의 사례를 들어보기로 한다.

프랑스 아동문학과 독자의 위상

흔히 우리가 '아동문학' 이라고 할 때 프랑스어로 보통 두 가지 표현이 통용된다. 우선 'Littérature d' enfance et de jeunesse' 는 아동청소년 문학으로 연령구분의 개념이 포함되어 있다. 그러나 'Littérature de

1) 1988년 아동문학 비평가 자닌 데피네트(Janine Despinette)에 의해 프랑스 북부의 샤를르빌-메지에르에 창설되어 아동문학의 창작과 연구를 적극 장려, 지원한다. 1994년부터 리코쉐(Ricochet)라는 웹사이트를 운영하면서 방대한 데이터베이스를 구축하고 있다(www.ricochet-jeunes.org).

jeunesse' 의 jeunesse는 보다 넓은 의미에서 청소년기뿐만 아니라 아동기까지를 아우를 수 있는 개념으로서 영 · 유아기, 아동기, 청소년기를 모두 포함한다. 다시 말하면 jeunesse는 미성년자를 독자층 혹은 고객층으로 간주할 때 일상생활에서 흔히 접할 수 있는 용어이다. 이러한 이유로 우리가 본고에서 프랑스 아동문학 내지 프랑스의 아동문학상이라고 할 때, 그 안에는 독자층에 따라 유아문학, 아동문학, 청소년문학의 개념이 함께 있음을 밝혀둔다. 프랑스 아동문학상만을 놓고 보더라도, 어느 연령대의 독자를 대상으로 하는지에 따라 그 대상, 기준, 선정에 관련된 세부사항이 결정되기 때문이다. 또한 이렇게 독자에 중심축을 두었을 때, 프랑스 아동문학의 역사적 흐름을 이해하는 것이 용이해진다.

프랑스의 철학자이자 아동문학 연구자인 마크 소리아노는 유럽의 아동문학을 다루는 글에서 "아동문학사는 어른이 어린이를 바라보는 시각의 변화에 따라 조명된다."고 정의한다.[2] 사실 프랑스 아동문학의 기원을 어디에서부터 보아야할 것인지에 대해서는 연구자들 간에도 의견이 분분한데[3], 소리아노의 이 지적은 프랑스 아동문학을 바라보는 관점을 제시하기에 충분히 명쾌하다. 프랑스에서 아동문학이 오늘날 우리가 생각하는 본격적이고 보편적인 개념으로 나타난 것은 프랑스대혁명을 계기로 보면 적당하다. 프랑스대혁명 이전과 이후의 변화는 다음의 세 가

2) 소리아노(1918~1994)는 철학, 정신분석학, 프랑스문학 특히 샤를 페로 전공자로 위의 문장은 『백과전서』의 '아동문학' 에 관한 항목에서 인용한 것이다.

3) 어린이 등장인물이 나오는 중세기의 작품들로 거슬러 올라가기도 하지만, 점차 어른이 되어가는 어린이가 작품의 주인공으로 등장한다는 이유 하나 만으로 이를 아동문학에 속한다고 단정하기에는 무리가 따른다. 또한 인쇄술이 발명되지 않은 필사본 유통체제 하에서 독자층이 제대로 형성되었다고도 말할 수 없다. (Jean-Paul Gourévitch, La littérature de jeunesse dans tous ses écrits (1529~1970), Creteil, CRDP, 1998 참고)

지 측면에서 두드러지는데, 첫째는 교육과 문학에 대한 의식의 변화, 둘째는 독자층의 변화이며, 셋째는 소리아노가 언급했듯이 어린이에 대한 인식의 변화이다. 그 변화의 양상이 어떻게 프랑스 문학에서 구현되고 있는지 16세기부터 간략하게 더듬어보겠다.

아동에 대한 관심은 교육적 측면에서 먼저 대두되었다. 1529년에 출간된 인본주의자 에라스무스의 『아동교육론』은 처음으로 아동교육을 문제 삼은 논문이었다. 이때 에라스무스가 대상으로 하는 아동은 특권층 내지 식자층을 포함한 고위 엘리트 집안의 자제로 16세기 르네상스와 인본주의 학자들이 지향하는 새로운 인간상의 모델이었음은 자명하다. 그보다 한 세기를 지나면, 이번에는 문학 분야에서, 소위 아동문학의 고전으로 간주되는 작품들이 여럿 출간되는데, 우화작가로 알려진 라퐁텐의 『우화집』(1668~1693), 페로의 『동화집』(1697), 페늘롱의 『텔레마크의 모험』(1699)이 여기에 속한다. 거의 같은 시기에 출간되어 곧바로 매우 큰 호응을 얻었던 이 세 작품은 하나같이 '작가/헌정자/독자'의 층위, 다시 말하면, 누가 썼나, 누구를 위해 썼나, 누가 읽었나를 두고 볼 때 공통점을 지닌다. 특히 작가가 자의적으로 설정한 독자와 그의 작품을 실제로 읽은 독자가 일치하지 않는다는 특징이 있다.

구체적으로 예를 들어보자. 고대 그리스 철학자 이솝의 우화를 수집하여 프랑스 정형시의 형태로 재정리하고 당대의 정치적 · 사회적 풍속사를 빗대어 창작한 『우화집』은 태양왕 루이 14세의 후계자로 당시 여섯 살이었던 왕세자 루이 드 프랑스에게 헌정된 것이다.[4] 온갖 시기와 부패가 난무하여 왕의 총명함을 저해하는 무리로부터 국가를 올바로 통치하기를 바라는 신하로서의 염려와 당부가 우화라는 철저한 허구세계

4) 루이 드 프랑스(1661~1712)는 루이 14세의 아들로 아버지보다 먼저 사망하여 왕위를 잇지 못하였다.

를 통해 드러난 것이다. 때문에 「황소가 되고 싶어 하는 개구리」처럼 당시의 재상인 푸케와 그의 권력을 탐내는 콜베르의 헛된 야심은 라퐁텐의 우화에서 매우 현실적이고 정치적인 교훈을 담고 있는 셈이다. 페늘롱의 『텔레마크의 모험』은 텔레마크가 여신들을 동반하고 여행하며 겪은 이야기로, 이 역시 왕세자 루이 드 프랑스에게 주는 가르침을 담아 쓴 교훈적인 글이다. 프랑스의 구전민담을 모아 글로 옮긴 페로의 『동화집』은 또한 루이 14세의 조카딸에게 헌정된 것이다. 페로는 프랑스 고유의 구전문학을 계승하고 발전시켜 유럽 내 프랑스의 힘과 영광을 보여주고자 했다는 점에서 앞서의 두 작품이 주는 정치적 교훈성과 차이를 둔다. 그렇다면 라퐁텐, 페로, 페늘롱의 작품을 실제로 읽은 사람들은 누구일까? 그들이 대상으로 삼았던 왕세자들을 포함하여, 그와 비슷한 처지의 군주들, 대다수는 귀족들, 식자층이었다. 작품의 소재와 전개는 그 부류의 인간들만이 알아볼 수 있을 코드로 철저하게 가려져 있었다. 페로가 서민들 사이에서 떠도는 빨간 두건, 신데렐라 류의 민담을 다시 쓰기 했을 때, 그가 의식한 것이 서민들이 아니고 귀족들이었다는 점에서, 하나의 문학이 태어나고 머무는 자리의 아이러니가 배어있다.

그들이 대상으로 한 아동은 소수의 특권층에 머물렀을 뿐 아동 전반에 관한 성찰이 이루어지지 못했다고 한다면, 보몽부인은 처음으로 아동 전반을 대상으로 한 작품인 『어린이 상점』(1758)을 출간한다. 의식의 변화는 프랑스대혁명을 기점으로 매우 빠르게 진행된다. 피에르쥘 에젤과 쥘 베른을 중심으로 한 프랑스 아동문학의 황금시대는 이후 19세기 중반에서 20세기 중반까지 이어지며, 이로써 현대 프랑스 아동문학의 기틀이 마련된다. 최초의 현대적 출판편집인 에젤은 무상, 의무, 비종교 교육을 3대 원칙으로 하는 공화주의 교육사상을 철저하게 옹호한 사람으로, 그에게 있어 어린이는 당당히 미래 사회를 이끌어갈 시민이기에 당대 세계에 대한 정확하고 깊은 지식, 특히 과학과 역사 분야의 지식을 겸비하여야 한다. 하지만 지나치게 교육적인 면을 오히려 지양하는데, 그는 『공부와 놀이상점』이라는 정기간행물을 창간하고 학자, 작가, 삽화가들의 상호협력을 도모하면서 과학과 허구, 교육과 상상력을 접목하려 한다. 16~17세기 작가들의 교육적, 정치적 목표가 이제 재미와 흥미 내지 놀이의 개념과 접목하는 순간이다. 그리고 에젤의 목표를 가장 뚜렷하게 구현해준 사람이 바로 쥘 베른이었다. 이렇듯 작가와 출판인의 협조, 문학적 상상력과 교육의 접목, 인쇄술의 산업화는 바로 19세기 프랑스 아동문학의 황금기를 이루어낸 원동력이다. 에젤과 베른은 여기에서 그치지 않고 삽화에도 중요성을 둔다. 사진이나 동영상이 없던 시대에 책에 실린 삽화는 독자에게 상상력을 불러일으키고 작품의 배경이나 등장인물을 부각시키는 역할을 하기 때문이다. 광범위한 분야의 학문적 지식전달 자체에 의미를 두기보다는 어린이들이 지식에 재미를 붙이도록 하는 것, 그들의 상상력과 호기심을 키우는 것, 바로 그것이 더 나은 미래 사회를 향한 인류 진보의 꿈을 실현시키는 데에 있어 핵심적인 것이다.

아동문학과 공교육의 협조

에젤과 베른의 의기투합은 그리스 로마의 고전에 전통을 두면서 특권층의 성인 독자를 겨냥하였던 라퐁텐이나 페늘롱, 페로의 의도와는 전혀 동떨어진 새로운 개념의 아동문학의 시대를 열었다. 미래 사회의 주역인 어린이 전체가 그들의 독자이고 그들의 주체이다. 에젤 출판사는 에젤 사망 후 그 아들이 경영하다가 1914년 아쉐트에게 인수된다. 1970

년대 이후의 아동문학의 진일보는 아쉐트를 비롯하여 갈리마르, 보르다스, 디디에 같은 출판사들의 활약에 기인한다. 이들 출판사의 활동은 크게 세 가지로 분류된다. 첫째, 프랑스 고전 및 현대 문학작품의 대중판 출간이다. 중세기의 문학작품에서부터 현대에 이르기까지의 문학작품은 대중이 휴대하기 알맞고 주머니에 넣고 다니기에 좋은 사이즈의 '포슈Poche' 판으로 출간되는데[5], 원작품의 텍스트 수록과 해설은 해당 분야에 권위 있는 연구자가 맡아 양질의 대중판을 확보한다. 둘째는 창작문학의 선전이다. 유아, 아동, 청소년을 대상으로 한 작품집을 기획하고 출간하는 일이다. 셋째는 교과서의 출간과 보급인데, 다수의 컬러 화보와 다양한 활자체를 사용하여 학생들의 눈길을 사로잡을 수 있는 동시에 초·중등교육 과정 교사들이 주교재 혹은 보충교재로 사용하기에 충분한 자료집을 제공한다.

이렇듯 프랑스 출판시장의 자유경쟁은 양질의 출판물을 보장하면서 프랑스 고전문학과 창작 아동문학의 대중화에서 그치는 것이 아니라 사기업과 공교육간의 탄탄한 유대관계를 형성하게 한다. 다시 말하면 독서와 창작, 독서와 공교육의 관계는 동전의 양면처럼 떼어놓을 수 없게 된다. 이를 설명하기 위해 프랑스의 교육방안을 간략하게 살펴보기로 한다. 프랑스에는 우리나라처럼 교육부에서 발행한 교재가 없다. 초중등과정 교사가 교재를 자율적으로 선정할 수 있다는 말이다. 프랑스 교육부가 하는 일은 교육부 산하 모든 공립 및 사립 학교기관에 적용되어야 하도록 각 교육과정의 학습목표, 학습내용, 교육방식을 골자로 한 교

5) 포슈(Poche)는 프랑스어로 주머니라는 뜻이다. 저가로 고급 문학작품을 보급한다는 의도로 1953년부터 아쉐트의 계열사인 Librairie générale française에서 출시한 컬랙션의 명칭이 'Le Livre de Poche' 이다. 이후 다른 출판사들도 유사한 컨셉을 따른다.

육 지침안을 '교육 프로그램Programme d' enseignement' 이라는 이름으로 마련하는 일이다. 때문에 교사는 자신이 맡은 학년의 프로그램을 숙지하되 법으로 보호받은 재량권에 따라 자유로운 방식으로 학생 개개인에게 가장 적합하고 효과적인 학습방식을 채택할 수 있다. 교사들은 이를 염두에 두고 주교재와 부교재들을 선정하여 자율적으로 수업을 운영한다.[6] 교육 프로그램은 매해 새 학기가 시작되는 9월 이전에 교육 전문인들이 모여 작성하며, 학습내용에 맞게 주별 혹은 학기별 학습시간의 설정에 적합하게 구성된다. 이 교육 프로그램은 곧바로 교육부의 웹 사이트에 공지되어 교사, 도서관 사서를 포함한 교육 관계자뿐만 아니라 학부모 등 교육에 관심이 있는 모든 사람이 해당 학년의 교육안을 검색할 수 있다.

주요 출판사들이 교재를 만들 때 반드시 참고해야 하는 것이 바로 이 교육 프로그램임은 당연하다. 초등학교 1학년에 해당하는 CP단계를 예로 들어보자[7]. 이는 초등교육의 기초 지식을 습득하는 단계로서 크게 프랑스어와 산술 부분으로 학습이 이루어지는데, 본고에서 다루는 아동문학과 관련이 깊은 프랑스어 학습의 경우를 살피기로 한다. CP의 프랑스어 학습은 다시 말하기, 읽기와 쓰기, 어휘, 문법, 철자 다섯 분야로 나뉜다. 그 중에서 말하기와 읽기 학습의 일환으로 학생들은 한 학년 내내 일주일에 시 한 편을 암기하여 낭송하면서 자연스럽게 프랑스어의 리듬과 억양을 배우게 된다. 특히 프랑스 고전 정형시에서부터 현대의 자유시에 이르기까지의 시작품, 아동문학 작품들은 일단 이 연령대에 난이한

---

6) Bulletin officiel, Hors-série, n°3 du 19 juin 2008 참고. (Bulletin officiel는 교육부에서 교육 법안에 근거하여 발행하는 『공문』의 명칭이다.

7) 만 3세부터 5세까지의 프랑스 유치원(Ecole maternelle) 교육은 공교육의 첫 단계로서 놀이를 통해 학습과 사회화 과정의 기반을 마련한다면, CP(Classe pr_paratoire)는 초등교육 1년차에 해당하는 것으로 초등교육 '준비수업단계' 라 불린다.

문학사적 접근을 뒤로 하고, 순수한 언어습득의 필수 자료로 활용된다. 시판되는 출판사 교재들이 이러한 자료들을 연령에 맞추어 제공해 준다. 2009/2010 학년도 CP단계 교육 프로그램에서 다음과 같이 '교재'의 중요성을 강조함을 볼 수 있으며, 이는 초등교육 전체에 공통적으로 해당한다.

양질의 교재 사용은 이 연령대 교육의 성공을 좌우한다. 어린이는 자국어로 쓰인 작품을 읽음으로써, 그 중에서도 시작품을 읽음으로써 처음으로 문학적 소양을 쌓게 된다.[8)]

이렇게 첫발을 내민 프랑스어 수업은 초등 교육 3년차 프랑스어 수업에 '문학'과 '작문'이 포함됨으로써 보다 구체화된다. 초등학교를 졸업하는 5년차까지 학생들은 반드시 고전문학(중세부터 20세기)에서 현대아동문학에까지 이르는 여러 장르의 문학작품 전량(한 작품의 전체)을 읽어야 한다. 예를 들어 한 학년에 총 10개의 작품을 수업시간 중에 다루며, 그와 별도로 학생 스스로가 가정에서 10개 이상의 작품을 읽도록 지도한다. 이처럼 초등교육 학습에서 가장 중요한 분야의 하나인 프랑스어 능력은 독서와 작문이라는 정기적이고 지속적인 학습으로 향상되며, 중·고등교육에서 지향하는 지식인, 창의인 교육을 실현하는 밑거름이 된다.

현대 아동문학 독서를 위해 추천도서 목록을 작성하여 웹 사이트에 공지하고 이를 정기적으로 보완하는 일을 하는 곳이 프랑스 교육부이다. 교육부에서 지정하는 현대 아동문학 작품목록은 따라서 교사들의 주요

8) Bulletin officiel, Hors-série, n°3 du 19 juin 2008.

지침이다. 이밖에도 교육부 산하 국립교육자료연구소CNDP는 교육관계자들에게 교수법이나 교육 자료들을 소개하고 제공하는 기관으로 현대 아동문학의 독서교육을 위해 1999년부터 현재까지 매달 추천도서 목록을 작성하여 공개한다. 2002년 180개의 도서목록은 2004년 300여 권에 이른다. 이 목록은 유아용 그림책, 시, 동화, 소설, 다큐멘터리의 다섯 장르로 나뉜다.[9] 각 장르별로 들어가면 작품의 표지 이미지와 더불어 간략하게 작품의 내용을 소개하고, 대상 연령대를 명시한 후에 자세한 출판사항과 가격 등 실용정보를 제공한다. 그렇지만 주지해야 할 점은 이 목록이 교사들에게 의무적인 지침은 절대 아니며 어디까지나 참고자료의 성격을 갖는다는 사실이다. 이처럼 공교육의 지침과 자율성은 공교육과 도서문화의 상호조력을 담보로 하면서, 에젤과 베른이 희망하였던 진보사회, 학문적 의욕과 창의력이 충만한 미래 사회를 그려내고 있다.

프랑스의 아동문학상

프랑스 아동문학의 활성은 공교육 체제와 떼려야 뗄 수 없는 결과물이다. 또한 19세기 인쇄 기술의 혁신적 발전과 출판업자들의 활약이 없었다면 아동문학의 생산적 발전은 오늘날과 같은 여건을 갖지 못하였을 것이다. 프랑스의 아동문학상이 의미를 지니는 것 역시 이러한 역사적, 사회적 배경에 힘입어서이다.

아동 전체를 독자층으로 겨냥하여 출간된 서적은 하나의 상품으로 그

9) 국립 교육자료 연구소Centre National de Documentation Pédagogique에서 운영하는 웹사이트의 추천 아동문학 목록을 참고로 한다 (http://www.cndp.fr/ecole/).

치는 것이 아니라 공교육 제도권 안에서 다양한 학습의 도구로 인정을 받고, 그것은 여러 가지 포상제도를 통해 또 다른 창의적 생산을 가져오기에 이른다. 프랑스의 아동문학상은 그러므로 문학작품의 창작과 제반 출판시장의 활성화, 공교육 학습의 활용 측면에서 매우 견고한 입지를 지닌다고 할 수 있다.

프랑스에 처음으로 아동문학상이 제정된 것은 1934년으로 거슬러 올라간다. 출판업자인 미쉘 부르리에가 시작한 '아동문학상'은 당시 충분히 활성화되지 못한 프랑스 아동문학의 발전을 도모한다는 목적을 지닌다. 우수작이 없을 경우 수상을 거른다는 원칙 하에서 1972년 폐지되기까지 유망 작가를 발굴하고 작품 출간의 기회를 마련하는 등 20세기 초반 아동문학을 선전하는 데에 적잖은 공헌을 했다. 이렇게 시작한 아동문학상은 이제 적어도 129개로 늘어나 양적인 면에서 다른 이웃나라를 압도한다. 그렇다면 프랑스의 아동문학상 전체를 아울러 크게 부각되는 특성은 무엇인지 다음에서 아동문학상의 제정, 기획, 취지, 선정방식과 관련하여 유형별로 살펴보기로 한다.

1. 아동문학상의 제정 : 1990년대 이후의 활성화

1980년대부터 시작된 몇몇 아동문학상을 포함하여 현존하는 대개의 아동문학상은 1990년대 이후에 제정된 것들이다. 129개의 아동문학상 중에서 제정 연도가 밝혀진 것은 60개에 불과하다. 그것들을 대상으로 연도를 정리해보면 1990년대 이후에 제정되어 현재까지 실행되는 아동문학상은 80%에 해당한다. 대개 연도가 확인되지 않는 아동문학상의 경우 역시, 최근에 제정되기 시작한 것들이 대다수임을 감안하지 않더라도 1990년대 이후 아동문학상의 활성화 정도는 현저하게 나타난다.

2. 아동문학상의 기획 및 주관 : 지방자치단체의 역할

아동문학상을 누가 주관하는지 그 경향을 살펴보면 더욱 놀랍다. 129개의 아동문학상 중에서 62%에 해당하는 80개의 상이 지방자치단체에서 기획하고 주관한 것이다. 도 단위의 행정단체에서 기획한 것이 있긴 하나 소수에 불과하고 대개는 지방자치시에서 기획한다. 이를 좀더 자세히 분류하면, 우선 시에서 매해 기획하는 도서박람회나 도서축제 등의 도서전에서 수여하는 아동문학상(27건, 34%)과 시립도서관에서 주관하는 아동문학상(20건, 25%)의 경우가 가장 많다. 기획과 운영이 지방자치단체의 부속기관에 의해 지속적으로 유지되는 좋은 예를 보여준다. 이 밖에도 지방의회, 지방 교육청, 지방 교사 및 도서관 사서들이 수여하는 상도 있다. 특히 공교육 기관이 관여할 경우 프랑스 교육부의 후원을 받는 경우를 종종 볼 수 있는데 이처럼 공신력 있는 공공기관의 독서장려와 후원은 단지 재정적인 협력에만 머무르지 않음은 자명하다. 그 외의 아동문학상은 협회, 재단, 동호회, 연구소 등의 다양한 기관에서 제정하는 것으로 전체의 20%가 이에 해당된다. 예를 들면, 아동문학문인회, 공립학교 학부모연합회(PEEP), 국립노인학재단, MVE 재단, 전국도서관연합, 세계아동문학연구소, 어린이신문잡지연맹, 프랑스 공영방송, 프랑스 철도공사(SNCF), 국회 등의 기관이나 아동문학 전문서점연합, 도서관사서연합, 아동문학연합 등의 협회에서 제정하는 아동문학상이 있다.

3. 아동문학상의 취지 : 다양한 기관들의 목소리

위에서 살펴보았듯이 아동문학상을 기획하고 주관하는 기관이 어디인지에 따라 아동문학상을 제정하고 운영하기 위한 목표 설정이 다르다. 특히 협회, 재단, 동호회, 연구소 등의 활동에 따라 수상의 기준 역시 구체적으로 제시되는 경우가 많다. 몇 가지 예를 들어보면, MVE 재단은 불우한 가정환경에서 자란 어린이와 청소년을 보호하기 위해 1960년대에 창설된 재단인데 독서를 통해 어린이들이 처한 불안정한 상황을 현명하게 극복하도록 도와줌과 동시에 이 재단의 활동을 널리 알리고 대중적인 관심을 갖게 하려는 의도에서 1999년부터 아동문학상을 제정하였다. 후보 대상은 프랑스어로 쓰여 5년 이내에 출간된 책으로, 단 아동기의 불행을 소재로 하지 않아야 한다는 규정이 있다. 국립 노인학 재단에서 시행하는 아동문학상은 아동층에게 인생의 각 단계에 대한 지식을 전달하고 세대 간 이해와 화합, 노령기에 대한 성찰을 유도하기 위하여 1996년부터 시행되고 있다. 프랑스 국회에서 수여하는 아동문학상은 정치, 경제, 사회 문제와 관련된 도서를 젊은 독자층에게 홍보하기 위한 목적에서 제정되었고, 6명의 국회의원과 5명의 일반인이 심사하여 어린이 의회 개막기간에 수여한다. 이 밖에도 프랑스 철도공사에서는 '여행과 발견' 을 주제로 한 그림책에 대해 수상한다.

이렇듯 특수한 목적의식을 지닌 기관에서 수여하는 상이 아니라면 대부분의 아동문학상은 어린이 청소년들에게 독서의 재미를 유발하는 것을 주목적으로 삼는데, 이를 통해 교육적, 문화적, 사회적 효과를 유출한다. 첫째, 교육적 측면에서 볼 때 독서 장려는 끊임없이 중요한 사회적 이슈가 되고 있는 문맹퇴치 운동의 일환이다. 프랑스 국립문맹퇴치청 ANCLI의 2010년 4월 집계에 따르면 프랑스에서 학교교육을 받은 18~65세 국민들 가운데 9%가 읽기와 쓰기를 할 줄 모른다고 한다. 그들 중의 3분의 2가 실질적 노동인력이라는 점은 놀랄 만하다. 문맹의 문제는 1998년부터 주요 국가적 사안으로 떠오르게 되었고, 2000년 국립문맹퇴치청이 설립된 것 이외에도 국내에 5만여 개의 소규모 기관에서 성인 문맹퇴치를 위해 적극적으로 노력하고 있다. 이러한 이유에서 초·중등 교육기관에서의 독서지도와 장려는 일차적으로 문맹퇴치를 위한 첫 걸음이라고 할 수 있다. 둘째, 어린 독자들에게 독서가 단순히 공부의 일환이 아니라 큰 즐거움이라는 것을 일깨우고, 스스로 재미있게 독서활동을 이어나갈 수 있게 하려는 목적이다. 이는 또한 교내 학습 자료실 및 도서관, 일반 시립 도서관에서의 독서를 유도할 수 있어 공공기관의 활성화를 기대할 수 있다. 지방자치단체에서 운영하는 많은 도서관들이 실제 아동문학상을 주관하는 것이 바로 이런 이유에서이다. 독자가 다가오기만을 기다리는 관료적 기관이 아니라, 그들을 기꺼이 참여하도록 초대하는 자발적이고 능동적인 문화기관의 임무를 수행한다. 셋째, 사회적으로는 유망한 인재를 발굴하고 양성하는 것을 목적으로 한다. 아동 단편소설 공모전, 유아 그림책 공모전, 삽화가 발굴을 목적으로 하는 공모전, 프랑스 청소년 스포츠부에서 주관하는 문학상은 소설과 시 분야에서의 새로운 인재 발굴을 주목적으로 한다.

4. 아동문학상 후보작 및 수상작 선정과정 : 전문인과 비전문인, 어른과 어린이의 공조

위에서 살펴보았듯이 아동문학상과 교육기관과의 긴밀한 유대는 독서에 거는 교육적 기대효과로 어렵지 않게 설명된다. 성인 문맹퇴치를 위한 조기교육을 위해, 프랑스 교육에서 중요시하는 사고능력을 계발하는 데에 독서는 이상적인 방법이다. 사고하고 비판하는 논리적 인간을 양성하는 것이 프랑스 교육의 주안점이기 때문에 초등교육에서부터 이미 모든 과목의 평가는 서술식 혹은 논술식으로 이루어진다. 학생들은 독서를 통해 다양한 장르의 글쓰기 방식을 접하고 이를 요약하기, 다른 작품과 비교하기, 종합하기, 분석하기, 논술하기 등 비판적이고 논리적 사고와 표현에 일찌감치 익숙해지며 훈련을 받는다. 이러한 교육이념을 실천하는 데 있어 매우 적극적으로 활용되는 것이 바로 아동문학상이다.

프랑스의 아동문학상이 어린이 독자에 의해 선정된다는 점은 최근 한국 독자에게도 꽤 알려져 있다.[10] 본고에서 대상으로 삼은 129개의 아동문학상 중에서 35%에 해당하는 상이 어린이 독자의 심사를 거쳐 우수상을 선정한다고 공식적으로 밝힌다. 선정 과정에 어린이 독자가 주체가 되어 참여한다고 함은 정서함양이라는 개인적 이익뿐만 아니라 교육방안으로서의 독서라는 공동체적 이익까지 가져온다. 아동문학상을 제정하고 운영하는 데 있어 어느 작가와 작품에 우수상이 돌아가느냐의 결과가 중요하기도 하지만 그 상의 선정 과정이 보다 더 의미를 지닌다.

어린이 청소년 독자들이 선정하는 아동문학상은 경우마다 선정 도서 수, 선정 분야, 심사 독자 연령대, 심사 기간 등이 다를 수 있지만 다음의 공통되는 두 가지 단계를 거친다. 첫째는 아동문학 도서의 일차 선정 단계이다. 교사, 도서관 사서 및 아동문학 관계자들로 구성된 위원회에서 해당 연도 전 해에 출판된 도서를 대상으로 일차 리스트를 작성한다. 둘째는 해당 연령의 어린이 청소년 독자들이 5권에서 많으면 10권에 이르는 도서를 읽고 이들 중에서 자신이 좋아하는 작품에 투표하여 가장 많은 표를 얻은 작품을 선정한다. 이 도서들을 개인적으로 읽는 경우도 있지만 보통은 작품 이해하기, 분석하기, 작가와의 만남, 출판과정 체험 등 1년 동안 학교 수업의 일환으로 진행된다는 점을 주지할 만하다. 학

---

10) 윤경희, 「프랑스-축체처럼 진행되는 심사와 수상」, 『창비어린이』, 2009년 봄호, 제7권 1호, 통권 24호, pp. 26~28.

생들은 수업을 통해 작품에 대한 다양하고 깊이있는 접근 방식을 익히게 된다. 그렇기에 투표나 우수작 선정은 학년말에 이루어지는 것이 대부분이다. 전문가들에 의해 양질의 문학적 가치를 지닌 작품을 일차 선정하기 때문에 학생들은 교과목에서 중요시되는 고전문학서와 병행하여 현대문학을 발견하게 된다. 이러한 의미에서 프랑스의 아동문학상은 개인과 조직의 유연하고 상호보완적 발전을 이끌면서 공교육에 힘을 실어준다.

5. 주요 아동문학상과 수상작 : '공부와 놀이상점'

이상에서 기술한 바대로 문학상의 취지나 선정과정의 특성을 잘 보여주면서 현재 운영이 원활하고 참여도가 높은 몇몇 아동문학상과 대표 수상작을 소개한다. 다양한 목소리가 배어 있고, 서로 다른 사람들이 모여 함께 만들어 나가는 수많은 문학상과 수많은 수상작들은 19세기 에젤이 꿈꾸었던 문학, 즐기면서 공부할 수 있는 터, 공부하면서 놀 수 있는 터에 다름 아닐 것이다.

국내 독자들이 프랑스의 아동청소년문학을 (재)발견하기를 기대하는 마음으로 프랑스 아동문학상 최근 수상작들 가운데 국내에 번역된 도서 몇 가지를 우선적으로 기술하기로 한다.

앵코륍티블

한국 독자들에게 '앵코륍티블' 이라는 이름으로 가장 많이 알려진 프랑스 아동문학상이다. 우리말로 음차한 '앵코륍티블(Incorruptibles)' 은 '부패하지 않는, 청렴한(사람)' 을 의미한다. 1988년 여러 개의 서점들이 모여 '앵코륍티블 협회' 를 창설하였고, 당시 교육부의 사안인 문맹퇴치 차원에서 기획되었다. 올해로 22회를 맞는 '앵코륍티블' 상은 아동문학사상 처음으로 어린이 독자들이 선정하는 상으로 유아원에서 고등학교 1학년까지의 학생들이 참여한다. 창설 당시 20여 명의 독자로 시작하여 현재 이십만 명 이상의 독자 참여로 확대되었다. 2009/2010년 21회의 일차 작품선정은 지역별로 아동문학 전문서점상, 도서관 사서, 초중고등학교 교사 등으로 이루어진 41개의 위원회에서 맡았는데 여기에 참여하는 인원만 천여 명에 달하며 총 223,309명의 아동청소년 독자가 투표에 참여했다. 올해 2010/2011년도의 경우 전국 65개의 위원회가 조성되어 있어 매해 참가자수를 갱신하는 큰 규모를 자랑한다.

'앵코륍티블' 상은 현대 아동문학에 대한 비평의식을 고양시키기 위해 만들어졌으며, 유아부, 초등1년, 초등 2년, 초등 3·4년, 초등 5년·중등 1년, 중등 2·3년, 중등 4년·고등 1년 총 7개의 연령별로 나뉘어 위원회에서 선정한 5권 내지 6권의 책을 한학년 동안 읽고 각자 가장 재미있게 읽은 책에 투표한다. 뿐만 아니라 서점 및 도서관 견학, 작가 및 삽화가와의 만남, 웹 사이트 토론장www.lesincos.com을 운영하여 어린 독자의 참여를 적극적으로 수용한다.

이 상이 국내에 잘 알려지게 된 것은 김진경의 『고양이 학교』 수상을 통해서이다. 『고양이 학교』는 2001년에 전 5권으로 국내에 출간되었다가 이후 프랑스의 피키에 아동도서출판사Picquier Jeunesse에서 2004년부터 2006년까지 전권이 번역, 출판되었고, 2006년 제17회 초등 5년·중등 1년부에서 앵코륍티블 상을 수상하였다. 제21회 2009년 앵코륍티블 상 수상작으로 뱅상 퀴벨리에의 글과 샤를 뒤테르트르의 그림이 있는 『네가 태어난 날, 엄마도 다시 태어났단다』는 초등 1년부의 수상작이다. 엄마가 세상에 태어난 순간부터 자신의 아이를 낳는 순간까지 삶과 사랑을 하나하나 발견해나가는 57개의 과정이 진솔하고 재치 있는 글과 그림에 담겨져 있다. 독자는 엄마가 경험한 첫 순간들에 대한 공감을 유지하면서 갓난아기와의 첫 만남에서 감동을 전해 받는다.

몽트뢰유 아동청소년문학 도서전

도서박람회에서 주관하는 아동문학상 중에서 가장 큰 규모의 것으로 몽트뢰유 아동문학 도서전을 꼽을 수 있다. 파리 근교 몽트뢰유에서 열리는 이 도서전은 올해로 26회를 맞아 12월 1일부터 6일까지 개최된다. 아동문학 장르별, 연령별로 바오밥 그림책상Baobab de l'album, 그림책 처녀작상Prix Premier album, 아동저널상Prix de la presse des jeunesse, 탐탐상Prix Tamtam 네 개의 상을 주관한다. 해당연도의 출간물을 대상으로 하여 도서전문인으로 구성된 위원회의 심사위원 투표와 독자들의 투표를 통해 수상작을 선정한다.

바오밥 그림책상 르몽드지, 프랑스 도서관 노조, 아동문학 전문서점 협회의 협찬으로 7500유로의 상금이 배당되어 있다. 2009년에는 키티 크로우더의 『호수의 아니』가 수상했다.

그림책 처녀작상 해당 연도에 출간된 그림책 중에서 우수작을 선정하는 것으로 삽화가에게 수여하는 상이다. 작품은 삽화가가 출간한 첫 작품이어야 한다. 재능 있는 신인을 발견하고 도서시장에 인지도를 준다는 취지에서 제정되었다.

아동저널상 아동저널 노조와 공동 주관하는 상으로 8세 이상 어린이용 다큐멘터리 장르에 수상한다. 심사위원은 기자들로 구성되어 있다.

탐탐상 2003년부터 바야르 아동도서 출판사와 공동 주관하는 상으로 바야르 그룹 계열의 세 아동청소년 저널지 젬 리르(7~11세 소설), 데리르(9~13세 만화), 쥬 부킨(11~15세 소설) 부문에서 수상한다. 전적으로 7~15세 어린 독자들의 투표로 수상작이 결정된다. 2011년 3월 11일까지 인터

넷이나 우편으로 투표할 수 있다.

국내에 번역된 수상작으로는 2005년 11~15세 소설 부문에서 수상한 발레리 제나티의 『가자에 띄운 편지』가 있다. 예루살렘에 거주하는 17세의 탈이라는 소녀는 이웃에서 폭탄테러를 경험한 후 자신의 편지를 병에 넣어 팔레스타인 가자 지구 바다에 띄운다. 우연히 이를 발견한 팔레스타인 소년과 비밀리에 메일을 주고받으며 자신들의 상반된 처지와 환경, 느낌을 교환한다는 내용이다. 두 민족의 정치적 역사적 갈등 때문에 서로 만날 수 없는 처지이지만 각자의 입장에서 솔직한 심정을 나누고, 사회를 바라보는 의식의 차이를 좁히면서 평화적인 화해를 기원하는 작가의 바람이 돋보이는 작품이다. 이스라엘과 팔레스타인에 관한 무거운 역사적 소재를 두 주인공의 '청소년다운' 어조와 시선으로 다루어준다.

옥토곤 상

옥토곤 상은 국제아동문학연구소에서 1988년 제정한 상으로 유아문학부터 12~13세까지의 아동도서에 수여한다. 15명으로 구성된 위원회는 전년도에 출간된 도서들을 대상으로 1차 우수작을 선정하고, 1차 선정도서들 가운데 독자들의 인터넷 투표 결과에 따라 최종 수상작을 결정한다. 아동문학서의 주요 구성요소인 글과 그림이 잘 어우러진 작품을 선정하는 것이 관건이다. 유아 그림책, 그림책, 시, 동요, 동화, 다큐멘터리, 소설, 그래픽상의 8개 부문으로 나뉘어 작가, 삽화가, 출판사의 창의적이고 창조적 활동을 장려한다.

프랑스 미술관 협회에서 발행한 마리 셀리에의 『아프리카 소년 샤카』는 2001년 옥토곤 상과 다큐멘터리 부문 마녀상을 수상한 작품으로 2006년 국내에 번역된 작품이다. 호기심 많은 아프리카 소년 샤카는 할아버지에게 그들의 조상 이야기, 아프리카의 생활과 풍속에 대해 많은 질문을 던진다. 현대 아프리카 미술을 보는 듯한 그림과 20여 편에 이르는 아프리카 원시 조각품 사진이 할아버지의 잔잔한 이야기에 곁들여져 아프리카 예술의 정수를 눈과 귀로 접하는 느낌이다.

소르시에르 상, 일명 마녀상

'프랑스 마녀상', '프리 소르시에르 상' 으로 알려진 이 상의 제목은 '마녀들' 을 의미한다. 어린 독자들에게 환상과 초자연적 세계의 이미지를 떠올리게 하는 마녀는 프랑스 동화의 전통적 소재이지만, 이 상의 주제가 여기에 한정된 것은 아니다. 이 상은 1986년 아동 · 청소년문학 전문서점 협회ASLJ에 의해 제정되어 시행되다가 1989년부터는 프랑스 도서관사서 협회ABF와 공동 주관하는데, 아동 · 청소년 도서업계 전문인들이 학부모와 어린이 독자들에게 양질의 도서를 선정하여 준다는 취지에서 만들어졌다. 때문에 대개의 경우처럼 독자들이 수상작을 선정하는 것이 아니라 아동 · 청소년문학 관계 전문인들이 우수작을 선정한다는 점이 앞서 소개한 상들과 다른 점이다.

유아용 그림책, 그림책, 나의 첫 독서, 9~12세 소설, 청소년 소설, 다큐멘터리의 전체 6개 카테고리로 나뉘어 매해 수상한다. 두 협회의 공동 주관인만큼 도서 선정과 심사를 주 임무로 하는 위원회를 구성함에 있어 전적으로 공평한 참여를 원칙으로 한다. 각 협회에서 선발하는 최대 20명의 심사위원들은 해당 연도에 출간된 도서들 중에서 뛰어난 문학성, 주제의 독창성, 삽화의 우수성, 정보의 유용성 등을 고려하여 1차 선정 도서목록을 작성한다. 매해 12월에 이 목록을 두 협회의 회원들에게 보내어 투표를 통해 각 카테고리 별로 5권씩 선정하도록 한다. 위원회의 심사의원들은 최종적으로 수상작을 선정하여 다음해 3월에 열리는 파리 도서전에서 시상한다.

미국 작가이자 삽화가인 데이비드 위즈너의 『아기돼지 세 마리』는 2002년 그림책 부문 수상작이다. 유명한 아기돼지 삼형제의 이야기를 다시 쓰기한 작품으로, 아기돼지 세 마리가 이제껏 우리가 알고 있는 책의 세계를 벗어나 새로운 세계를 경험하는 내용이다. 텍스트보다 그림 자체가 많은 이야기를 전하는 것이 특징으로, 어린이 독자들이 스스로 창의적인 이야기를 만들어주기를 바라는 작가의 바람만큼 상상력의 공간이 크다. 수상작으로 선정이 된 이후 일부 교육청의 프랑스어 교육 담당부는 이 작품을 초등과정 정규수업에서 작품의 이해와 분석의 대상으로 삼고 이에 관한 상세한 교안을 제시하기도 한다. 『이상한 화요일』, 『시간상자』의 작가로 알려진 위즈너는 CJ 그림책 축제(2009.1.21~3.1)에 참가하는 등 한국 독자와 친숙하다.

이 밖에도 주지할 만한 상으로 유아그림책, 중학생용 소설, 프랑스어권 작품의 세 카테고리로 수여되는 생텍쥐페리 상 아동·청소년문학 부문, 프랑스 공립학교 학부모연맹PEEP에서 주관하고 9~12세 학생들이 참여하여 우수작을 선정하는 아동독자상, 유럽 할아버지 할머니 협회에서 주관하는 상 등이 있다.

마무리하며

이상에서 본 바와 같이 프랑스 아동문학상의 특징은 그 다양성만큼이나 성숙도에 있다. 문학의 오랜 역사와 함께 길을 걸어온 프랑스 아동문학은 19세기의 도약을 계기로 20세기 후반부터 현재까지 유례 없는 성황을 거두고 있다. 그 성황의 축에 아동문학상이 있다. 개인의 문학적 소양과 교육적 효과, 전문인과 비전문인의 협조, 어른과 어린이 청소년의 참여, 작가와 독자의 공조가 오늘날 프랑스 아동문학상을 이루는 것들이며, 바로 여기에서 아동문학이 우리에게 가져다주는 다양성과 창의성의 세계가 열린다. 아동문학은 더 이상 비주류문학, 주변문학이 아니다. 어린이만의 문학이 아니다. 어른과 어린이가 함께 만드는 문학, 어른과 어린이가 함께 즐거움을 나누고 평가하는 문학이다. 언어를 통해 그림을 통해 어른과 어린이가 함께 상상하고 기대하는 세계로 가는 하나의 문이다. 다채로운 프랑스 아동문학의 세계를 양질의 번역을 통해 우리 독자들에게 소개하고, 이로써 우리 어린이들을, 우리 문학을, 우리가 사는 세상을 찬찬히 둘러볼 수 있는 기회가 지금보다 더 자주 있었으면 하고 바란다.

참고문헌

한국간행물윤리위원회, 『유럽사회의 청소년보호와 독서진흥활동』, 한국간행물윤리위원회, 2000.

윤경희, 「프랑스-축제처럼 진행되는 심사와 수상」, 『창비어린이』, 2009년 봄호, 제7권 1호, 통권 24호, pp. 23~36.

Jean-Paul Gour_vitch, La littérature de jeunesse dans tous ses écrits (1529~1970), Creteil, CRDP, 1998.

J. Morand, 「Qu' est-ce que la littérature de jeunesse?」, Le français dans le monde, no 350, 2007, pp. 21~23.

J. Turin, 『La littérature de jeunesse et les adolescents : évolution et tendances』, Bulletin - Bibliothéques de France, vol. 48, no. 3, 2003, pp. 40~53.

수상작품

김진경, 『고양이학교』, 2001 ; Kim Jin-Kyeong, L' école des chats, Paris,

Picquier Jeunesse, 2006.

뱅상 퀴벨리에 (글), 샤를 뒤테르트르 (그림), 『네가 태어난 날, 엄마도 다시 태어났단다』, 비룡소, 2010 ; Vincent Cuvellier, Charles Dutertre, La premiére fois que je suis née, Paris, Gallimard Jeunesse, 2006.

발레리 제나티, 『가자에 띄운 편지』, 낭기열라, 2006 ; Val?rie Zenatti, Une bouteille dans la mer de Gaza, éditions L' école des loisirs, 2005.

마리 셀리에 (글), 마리옹 르사주 (그림), 『아프리카 소년 샤카』, 웅진주니어, 2006 ; Marie Sellier, Marion Lesage, L' Afrique, petit Chaka..., Réunion des musées nationaux, 2000.

데이비드 위즈너, 『아기돼지 세 마리』, 마루벌, 2002 ; David Wiesner, Les trois cochons, Circonflexe, 2001.

색다른 상, 색다른 심사, 경계가 사라진 동화

음경훈

1. 이탈리아의 아동문학

아동문학이라는 분야에 대해 이야기한다는 것은 여전히 많은 논란과 쟁점들을 제공한다. 동화라고 하는 것이 아이들을 위한 작품의 의미인지, 아니면 어린이가 쓴 작품만을 한정하느냐의 문제는 쉬운 결정이 아니기 때문이다. 어른들이 아이들을 위해 쓴 문학작품만을 의미하는지, 아니면 모든 형태의 동화를 모두 포함시킬 것인가 하는 범위와 규정의 문제가 있기 때문이다. 아마도 이 경계에 선 대표적인 국가가 바로 이탈리아일 것이다. 대부분의 문학 전문가들이 아동문학의 출발 국가를 이탈리아를 꼽고 있는데, 어른들이 쓴 동화가 가장 먼저 등장했을 뿐만 아니라 아이들만의 동화 역시 이탈리아에서 그 기원을 찾기 때문이다.

실제로 아이들을 위한 문학은 이미 16세기에 이탈리아에서 본격적으

음경훈 한국외국어대학교 대학원에서 석사학위를 받았고, 이탈리아 국립 토리노대학교에서 현대 이탈리아 문학을 공부했다. 지은 책으로는 이탈리아어 문법책 『쉽게 배우는 이탈리아어』 1, 2권, 옮긴 책으로는 『뽐내기 좋아하는 나무』, 『구름 올가의 꿈』 등이 있다.

로 시작되었고, 아동들만의 동화나 이야기책의 기원 역시 17세기의 이탈리아였다. 흔히 아동문학을 떠올리면 가장 먼저 이야기하는 작가가 안데르센이나 그림형제임에도 불구하고, 그들 작품들의 소재가 이미 16세기 이탈리아에 있었다는 사실은 문학성 여부와는 별개로 이탈리아에서 아동문학이 기원했다고 할 만하다.

중세와 근대의 경계에 선 단테를 비롯하여 유럽의 여러 국가들에 근대적 문학성을 제시함과 동시에 이탈리아 문학의 본격적인 시작을 알렸던 보카치오나 페트라르카 문학 역시 이곳에서 탄생했다. 이러한 역사적이고 문학적인 전통과 배경은 근대국가 통일 이전에 수많은 도시국가 혹은 왕국이 존재하였던 이탈리아에서 문자 해독 능력이 없는 아이들을 위하여 다양한 민화들을 생산하게 되는 잠재력이 되었다. 특히 다신교 국가였던 로마제국에서 가톨릭을 국교로 선포한 종교적 전통은 풍부한 민화의 배경과 내용이 가톨릭이라는 종교와 관련된 것들이 많다. 따라서 이러한 관점에서 이탈리아 아동문학에 대한 이야기를 시작해본다.

이탈리아의 민화를 가장 먼저 수집한 사람은 지오반니 프란체스코 스트라파롤라(1480~1557)다. 스트라파롤라는 1550년부터 1554년까지 74편의 민화를 수집해 『유쾌한 밤』라는 제목으로 출판했다. 이 책은 유럽 최초로 민화를 집대성한 책이었으며, 많은 학자들이 세계 아동문학의 기원을 이 책에서 찾는다. 우리가 잘 알고 있는 샤를 페로의 『장화신은 고양이』 또한 이 책에 있는 『콘스탄티노 포르투나토』에서 유래한 이야기다.

스트라파롤라에 이어 지암바티스타 바실레(약 1575~1632)가 『이야기 중의 이야기』, 즉 우리에게 『펜타메론 Pentamerone』으로 알려진 이야기 모음집을 냈다. 바실레는 당시 나폴리 지방에 전하는 민화를 수집해 엮었다. 이 책에는 어린이들에게 맞지 않는 내용과 조잡한 내용을 가진 이야기들도 있지만, 어떤 학자들은 이 책을 이탈리아뿐만 아니라 서양 아동문학의 시작으로 보기도 한다. 실제로 페로와 그림 형제들도 『펜타메론』에서 주인공이나 소재를 따오기도 했다.

보다 본격적으로 문학적 근대성을 띠고 시작된 근대 이탈리아 아동문학은 18세기 말에 시작된다. 다양하고 특징적인 민화집에 이어 1782년에 어린이를 위한 첫 창작 동화집이라 할 수 있는 책이 나온다. 프란체스코 소아베 신부가 쓴 『교훈적인 이야기』다. 이 책은 어린이들을 가르칠 목적으로 교훈적인 이야기를 담고 있는 설교집에 가까운 작품이다. 그 이후 이러한 교훈적인 이야기들을 담은 작품들이 나왔는데, 그 가운데 대표 작가로는 루이지 알렉산드로 파라비치니를 들 수 있다. 파라비치니는 『지아네토』라는 작품을 썼는데, 이탈리아 통일기의 교육이론을 담은 교훈적인 내용이며 훗날 이탈리아 통일 교과서에도 실린다.

이후 18세기와 19세기에도 이탈리아 통일국가가 필요로 하는 교육적 목적으로 교훈적인 이야기들이 아동문학에 영향을 미쳤다. 당시에는 어른들을 위한 문학도 애국을 강조하거나 정치적인 작품들이 주를 이루고 있었다. 우리가 잘 알고 있는 이 시기에 나온 『피노키오의 모험』과 『쿠오레』 또한 이 시기 아동문학을 대표하는 작품들이다.

본명인 카를로 로렌지니보다 콜로디(1826~1890)로 알려진 이탈리아의 위대한 아동문학 작가가 쓴 『피노키오의 모험』은 작은 나무 조각으로 만들어진 나무 인형이 제멋대로 굴며 온갖 모험을 하다가 착한 인형이 되자 그 상으로 사람이 된다는 이야기로, 당시 문학 작품에서 흔히 볼 수 있는 교훈적인 내용을 담고 있다. 하지만 그 이전의 이야기들과는 달리 교훈적인 내용에 생동감과 환상성이 있고, 예술적 가치 또한 인정받고 있다.

에드몬도 데 아미치스(1846~1908) 또한 콜로디와 함께 이 시기의 사실주의 작가로 인정받고 있는데, 아미치스의 『쿠오레』 또한 지금까지도 전 세계적으로 사랑받는 아동문학 작품이다. 이 책 또한 전형적인 교육용 아동도서라 할 수 있는데, 주인공 엔리코 보티니의 학교생활을 통해서 어린 아이들의 눈으로 보는 당시의 사회모습과 주변인물들을 이야기하고 있다. 『쿠오레』는 오랫동안 수많은 지역단위의 도시국가로 나뉘었던 이탈리아가 통일하던 시기에 쓰인 작품이기에 하나의 민족, 하나의 통일국가라는 의식을 국민들에게 인식시키고자 했던 시대적 필요성과도 맞아떨어진 작품이다.

콜로디나 데 아미치스와 같은 시대의 작가로 이탈리아 진실주의를 대표하는 루이지 카푸아나(1829~1915)가 있다. 카푸아나는 프랑스 작가 에밀 졸라의 자연주의를 받아들여 이탈리아에서 사실주의를 일으켰다. 카푸아나는 작품을 쓸 때 작가가 개입하지 않고, 사물과 사건들만 나타내어 객관적인 이야기가 되어야 하며, 자연과 인간사회에 대한 연구로 얻어진 법칙이 재구성되어야 한다고 생각했다. 그래서 작품의 소재가 되는 사건들의 전개는 실제 일어나는 사건과 동일한 과정과 내용을 서술하고 있다. 사실주의 작가들은 이러한 사실주의 경향을 동화에도 적용했다. 그런 측면에서 보자면 카푸아나는 아동문학에 있어 매우 특별한 작가이며, 그의 주요 작품으로는 『옛날 옛적에』 『누가 누가 동화를 듣고 싶어요?』 등이 있다.

18세기 후반부터 19세기 초에는 에밀리오 살가리(1863~1911)의 모험담들도 있었다. 살가리는 뛰어난 상상력으로 주로 해적소설들을 많이 썼는데, 어린이들에게 매우 인기 있는 작가였다. 어린이를 위한 작품으로는 『말레이시아의 해적』(1896), 『검은 해적』(1899) 등이 있다. 실제로 뒤에 소개될 루이지 베르텔리의 『쟌 브라스카의 일기』에서도 살가리의 작품이 언급된다. 주인공 쟌 브라스카가 매우 좋아하는 작가다.

20세기 들어 이탈리아 아동문학은 설교조의 교훈적인 내용에서 벗어나 어린이들의 욕구에 맞는 모험담이나 공상과학 이야기나 신화적인 요소들을 채택하여 소재나 내용이 좀 더 자유로워진다. 20세기 이탈리아 아동문학을 이끌어 간 인물은 '밤바' 라는 예명으로 활동한 루이지 베르텔리(1860~1920)다. 밤바는 1906년 〈일요신문〉이라는 아동신문을 창간하였으며 1927년에 폐간되었다. 이 신문을 계기로 당시 많은 작가들이 아동문학에 관심을 갖고 활동하게 되었다.

밤바가 쓴 『잔 브라스카의 일기』는 그때까지 이탈리아 동화가 대부분 교훈적인 측면을 강조했던 데 반해, 처음으로 그런 전통을 깨고 어린이들이 재미있게 읽고 통쾌함을 느끼고 즐거워할 수 있는 작품이다. 주인공 쟌니노 스토파니가 쓴 일기 형식으로 된 이 작품에는 쟌니노의 주변 인물들과 일상생활에서 벌어지는 에피소드들이 아이의 시각으로 유쾌하고 통쾌하게 표현되어 있다. 밤바 동화 이전의 주인공들이 대부분 모범생이었거나 모범생으로 변했다면, 쟌니노는 그저 평범한 장난꾸러기 소년이다. 그렇지만 밤바 역시 작품에서 기본적인 인성이나 성실함이나 정직성을 다루고 있다. 다만 그 방식에서 이전보다는 좀더 자유롭고 새로운 방식으로 덜 경직되게 표현하여 어린이들이 재미있게 읽으면서 자연스럽게 그러한 주제들을 접할 수 있게 했기에 그때까지의 동화와는 전혀 다른 새로운 시도를 했다고 인정할 수 있다.

이러한 맥락에서 밤바의 또 다른 작품인 『치온돌리노의 모험』도 새로운 시도였다고 볼 수 있다. 주인공 '치온돌리노' 는 공부하기 싫어하고 꾀를 피우는 아이인데 숙제하기 싫어서 곤충을 부러워하다가 정말 개미가 된다. 그리고 개미들과 함께 곤충세계를 겪으며 개미로 산다는 것도 쉽지 않다는 것을 깨닫는다는 내용인 이 책은 매우 세밀하게 곤충세계를 묘사하고 있으며, 그 안에서 주인공이 겪는 여러 가지 일들은 마치 사람들 세계에서 겪는 일들과 비슷하다. 그러면서 '치온돌리노'는 여러 가지 생각을 하게 되고 성숙해진다. 이 책 또한 재미있는 상상 이야기 같은 구성으로 정직함과 성실함 등 어린이들이 가져야 할 덕목을 설교조가 아닌 새로운 방식으로 표현하고 있다고 볼 수 있다.

밤바 이후 〈일요신문〉을 이끌어간 아동작가로 주세페 판치울리(1881~1951)가 있다. 그는 다작을 남긴 동화작가이기도 했으며 아동문학에 관한 글도 많이 썼다. 『가장 어린 꼬마들을 위한 이야기』(1909), 『종이로 만든 성』(1914) 등의 동화와 성인전과 위인전도 많이 썼다.

판치울리 이후 20세기 후반에 이르기까지 이탈리아 아동문학은 이렇다 할 발전을 보이지 않고 눈에 띄는 아동작가도 없었다. 기성세대 작가들이 한두 편씩 어린이들을 위한 동화를 내놓는 정도였는데, 전문 아동문학 작가들이 아닌 기성세대들의 동화는 어린이들에게 그리 가까이 다가가지 못했다. 그런 가운데 20세기 후반에 와서 텔레비전과 매스미디어의 등장으로 이탈리아 아동문학에 큰 변화가 일어난다.

대형 출판사들이 생겨나고 상업적인 목적에서 아동문학을 다루기 시작했다. 어른들을 위한 작품들을 어린이용으로 바꾸어 출판하기도 하고, 문학성이나 어린이들의 인격형성을 무시한 채 모험담이나 과학 등 어린이들의 취향에 맞는 작품들을 주로 출판하기도 했다. 또한 텔레비전이 나오면서 처음부터 텔레비전 프로그램을 위한 작품을 내놓기도 하고, 어느 정도 성공한 작품은 만화로 만들어져 방영되기도 했다. 또한 아동문학을 전공한 사람들이나 교사 출신 아동문학가들처럼 전문적으로 아동문학에 종사하는 사람들이 생겨났다. 그리고 제2차 세계대전을 겪고 난 뒤부터 최근까지 아동문학에도 우리가 처한 여러 가지 사회, 환경, 소외 문제 같은 사회적 문제들이 이야기되고 있다.

20세기 후반 이탈리아 아동문학가로 가장 잘 알려지고 평가받는 사람은 잔니 로다리(1920~1980)다. 잔니 로다리는 당시 아동문학의 특징에서 볼 수 있듯이 초등학교 교사를 지내고 아동문학지 〈피오니 에레〉를 편집했던 전문 아동문학가이다. 로다리는 1960년 『하늘과 땅에 숨겨진 동화』를 발표하면서 국제적으로 이름을 알리게 되었다. 이 책에서 로다리는 당시 어린이 문학에서 다루던 모험담을 벗어나 나무나 유리컵, 장미 꽃 한 송이, 주변의 평범한 아버지나 노동자 등을 주인공으로 하는 환상동화를 썼다. 로다리의 작품은 우리나라에도 비교적 많이 알려져 있는데, 『지프군 우주로 날아가다』로 국제 안데르센상 대상을 받았다. 그 외 『기차와 태양』, 『티폴리노의 모험』 등이 있다.

로다리 이후로 눈에 띄는 작가는 이탈로 칼비노(1923~1985)가 있다. 칼비노는 우리나라에도 잘 알려진 작가로 현실에서의 일탈이나 인간의 소외나 실존의 혼란 등을 환상적이고 동화적인 기법으로 작품을 썼다. 『거미집 속의 오솔길』(1947)을 시작으로 『반쪼가리 후작』(1952), 『존재하지 않는 기사』(1959) 같은 현실을 우의적으로 풍자한 동화적인 작품들을 내놓았다. 그러나 이 작품들은 어린이들을 위한 동화는 아니었고, 1963년에 『마르코발도』라는 어린이를 위한 동화를 내놓았다. 그리고 1956년에 이탈리아 각 지역의 민담과 전래동화를 모아 완성한 『이탈리아의 동화』가 있다.

그 외에 현대 그림동화 작가로는 부르노 무나리(1907~1998)가 우리나라에 소개되었는데, 무나리는 1930년 모빌 작품인 『쓸모없는 기계』 연작 시리즈를 발표해 유명해졌으며, 우리나라에는 『동물원』이 소개되었다. 그리고 현재 활발하게 활동하고 있는 작가들로는 『할아버지와 마티아』, 『아침에 엄마가 깨워도 안 일어나는 방법』, 『마두레르를 위한 세상』 등을 쓴 로베르토 피우미니, 『오래 전 숲에서는』과 같은 자연과 동물 이야기를 주로 쓰는 조각가이자 등반가인 작가 마우로 코로나, 역사와 지식, 신화와 전설을 오고가는 모험이야기를 그린 환상 동화 『제로니모의 환상 모험』 시리즈를 쓴 제로니모 스틸턴, 『연금술사 니나』 시리즈를 쓴 무니 위처 등이 있다.

지금까지 소개한 이탈리아의 아동문학은 아동문학의 보다 포괄적인 의미를 모두 아우르는 독특한 지형을 가진 '아동문학국가' 라는 점을 알 수 있다. 어른들이 쓴 아동을 위한 동화에서 아이들이 쓴 아이들만을 위한 동화와 이야기에 이르기까지 아동문학의 다양한 장르와 분야를 거의 모두 보여주고 있다. 그럼에도 불구하고 한국에 소개된 아동문학이 질과 양적인 면에서 다소 미흡한 것은 미국과 영국 등이 주도하는 영미계열의 문학이 주를 이루고 있기 때문이라고 본다.

최근 유럽 국가들의 깊이 있고 다양한 작품들이 소개되고 있어 이전보다는 독자들의 편향성을 다소 완화시켜주고 있다. 하지만 이탈리아를 비롯한 유럽의 문학작품이 역사적 전통이나 문학적 발전에서 차지하고 있는 위치 등을 고려해볼 때 아직도 저평가되고 소개도 미흡한 것은 부인할 수 없는 현실이다.

반도라는 지리적 위치뿐만이 아니라, 상상력과 교훈성을 강조하는 아동문학적 유사성과 역사적 전통의 동일한 배경 등을 고려한다면 더욱 많은 이탈리아의 아동문학 작품들이 우리나라에 소개되길 기대해본다.

2. 이탈리아 주요 아동문학상

아이들을 위한 문학이 하나의 장르로 자리잡아 가면서, 아동문학을 평가하고 장려하기 위한 다양하고 특징적인 상들이 만들어지고, 본격적으로 동화나 아동문학가들에게 상을 수여하였다. 동화나 소설 형식으로 다양한 주제를 이탈리아 표준어나 방언으로 쓰고, 어린이들을 독자로 하는 책을 쓴 작가들에게 주어지는 저명하고 공신력 있는 주요한 상들은 다음과 같다.

안데르센 페스티벌

안데르센 상은 아동문학, 특히 이탈리아, 프랑스, 또는 영어로 쓴 자유로운 주제의 출판되지 않은 동화에 주는 상이다. 대회는 유치원 학급(3세에서 5세 어린이들로, 단체 참가자들), 6세에서 10세 어린이들(개인 또는 단체 참가), 11세에서 15세 청소년들(개인 또는 단체 참가), 그리고 마지막으로 16세 이상 작가들(개인 참가)이 경쟁을 한다.

'안데르센 상-어린이 세상' 은 아동문학 서적과 그 작가 및 삽화가, 그리고 작품을 펴낸 출판사에 주어지는 이탈리아에서 가장 권위 있는 상이다. 1982년부터 펴낸 어린이를 위한 문학작품을 소개하고 비평하는 월간지인 안데르센 지가 주관하고 있는 상으로, 가장 새롭고 독창적인 작품들에 주목하여 그 해에 가장 훌륭한 작품들을 선별한다. 밀라노 라 가치 리브레리아(아동 및 청소년 서점) 창시자들과 문학지 편집인들로 이루어진 심사위원단의 선택은 훌륭한 작가들의 작품뿐만 아니라 떠오르는 새로운 작가들의 작품과 재능을 대중에게 알렸다. 상을 받은 작품을 기록하는 외에 아동문학 분야에 자극을 주고 용기를 불어넣는 역할을 한다. 실제로 지금까지 안데르센 상은 아동문학 분야에 새로운 시도와 발전을 가져왔다.

지난 30년 동안 안데르센 상은 수백 명의 작가와 삽화가들을 발굴해 냈다. 『황금 그림책』을 펼쳐보면, 수많은 그림의 대가들이 있다. 이들의 작품은 뛰어난 현대 아동문학을 보여주는 커다란 화랑을 이루고 있으며, 이탈리아뿐만 아니라 국제적인 시각에서도 인정받는다. 1980년대

중반을 시작으로 아동 출판 분야에 의미심장한 변화를 가져오거나 기념비적인 작품을 남긴 작가들의 이름들을 찾아보는 것은 어려운 일이 아니다.

안데르센 상의 구분은 현대 아동문학의 기본적인 장르와 연령의 구분에 기초하고 있다. 0~6세, 6~9세, 9~12세, 12세 이상, 그림책, 이야기책, 지식전달 책으로 나뉜다. 그 외에 전 작품에 있어 작가와 삽화가도 상을 받는다. 각 부문에서 수상 후보작이나 대상들은 관련 분야의 전문가들로부터 공정하고 정확한 심사를 거쳐 최종 수상자를 결정한다.

'슈퍼 안데르센 상-올해의 책' 은 안데르센 상과 안데르센 지를 만든 괄티에로 스키아피노를 기려 만들었다. 안데르센 상을 마무리 짓는 행사는 대회와 축하 행사, 파티와 만남, 토론과 비교로 진행된다. 전집류, 개별 서적, 작가, 출판인, 출판 기획 등에 주목하는 기회도 함께 마련하고 교류의 장을 펼친다.

안데르센 상의 종류는 다음과 같다. 국내 작품들을 대상으로 수여하는 상의 종류는 세 가지로 크게 구분된다. '환경을 위한 책 Un libro per l' ambiente)' , '증기선 Il Battello a vapore' 과 '자연을 훑어 보다 Sfogliare la natura' 와 같은 독특한 명칭의 여러 상들이 있다. '환경을 위한 책' 경쟁 부문은 환경연합과 새 생태라는 단체에서 주관하는 상으로, 이 분야에 참가한 책들은 전문가들로 이루어진 위원회가 먼저 6권을 선별하고 나면 8세에서 14세 아동으로 구성된 대중 심사위원단에게 넘겨진다. 이들 아동들이 최종 심사를 하게 되는데, 이들은 학급에서 가장 훌륭한 책들을 읽고 비평하여 그 책의 작가들에게 투표하고 상을 준다.

엘자 모란테 아동문학상

엘자 모란테 아동문학상은 여류작가 엘자 모란테를 기려 만든 아동문학상이다. 2010엘자 모란테 아동문학상 심사위원단은 3명의 작가를 문학상 수상자로 선정했다. 심사위원장인 다치아 마라이니가 주도하면서, 안드레아 카밀레리, 프란체스코 체바스코, 엔조 콜리모로, 마우리지오 코스탄조, 키아라 감베랄레, 에카누엘레 트레비, 테레사 트리스카리, 그리고 티유나 노타르바르톨로 등으로 구성된 심사위원들이 세 작품을 선정했으며, 중학교와 고등학교 학생들로 이루어진 대중 심사위원단이 이 세 작품을 다시 심사하여 최고 작품을 선정하게 될 것이다. 이들 세 작품은 파올라 카프리올로의 『안 돼No』(El), 파브리지오 가티의 『프로톨라의 메아리L' eco della frottola』(Rizzoli), 파트리지아 리날디의 『피아노 Pianoforte』(Sinnos)이다.

읽기 위해 태어난 아이들 상

읽기 위해 태어난 아이들 상은 독서의 중요성을 강조하고 출판사들을 격려하기 위해서 만들어진 상이다. 무엇보다 아이들에게 태어나면서부터 소리 내어 책을 읽어주는 것이 중요하며, 독서를 통해 정서와 신체 및 타인과의 관계 형성면에서도 아이들이 균형을 이루며 성장할 수 있다는 신념에서 만들어진 상이다. 1등 수상자들과 '마음을 키우는 독서, 읽기 위해 태어난 사람들 10년 : 반향과 전망' 이라는 주제로 국제학술회의가 2010년 5월 17일 토리노 국제도서전에서 열렸다. 읽기 위해 태어난 사람들 상은 '피에몬테 주와 책 기금' 에서 주관하는데, 가정에서 큰소리로 아이들에게 책을 읽어주는 것을 권장하고 이러한 방법으로 아이들의 올바른 성장과 발달에 기여할 수 있다고 주장하고 있다.

심사위원들은 『열 손가락, 열 발가락』을 쓰고 그린 호주 작가 멤 폭스와 영국 삽화가 헬렌 옥슨버리(2009), 『파리에 간 사자』를 쓴 베아트리체 알레마냐(2009), 그림책 『돼지 린도』를 쓴 프랑스 작가 에릭 바투트,

트레비소 9지역 의료협회, 캄파니아 소아과의사 문화협회의 소아과 의사 리나 디 마이오를 선정했다.

안나마리아 카스텔라노 문학상-어린이를 위한 책

2001년 불의의 교통사고로 돌아가신 안나마리아 카스텔라노 선생님을 기리기 위하여 그의 제자들과 베네토 주의 교육계가 주관이 되어 제정한 상이다. 카스텔라노 선생님은 1971년에 카스텔프란코 베네토에 있는 사르토 중학교에서 교사를 시작해 베네토 지방에서 문화와 교육 분야에 많은 업적과 공헌을 한 교육자였다. 이를 기념하기 위해 카스텔프란코 베네토의 르로 로코 학교가 아동문학 작가들과 관련 출판사들을 대상으로 어린이를 위한 책에 문학상을 주기로 했다. 이는 영향력을 가진 어린 독자들의 관심을 끌어내는 높은 수준의 작품을 출판하게 하려는 의도를 담고 있었다.

알피 아푸아네 주립 공원-국립 알피 아푸아네 상

국립 알피 아푸아네 상은 5개 부문으로 나뉘는데, 그 가운데 2개 부문은 아동문학에 주어지는 상이다. '알피 아푸아네 공원' 상은 6세에서 12세까지 어린이 독자들을 위해 자유로운 주제로 출품된 아동문학 작품들 중에서 심사를 통해 상을 주고 있다. 선정된 작품들은 수상 이후에 출판된다. 또한 가장 중요한 상인 '우발도 벨루지' 상은 유아를 위해 쓴 작품 가운데 2002년에서 2006년 사이에 출판된 이탈리아 또는 해외 작가들에 주어지는 상이다.

아우로라 도서관-아우로라 상

아우로라 국제 도서상은 범 유럽적 차원에서 유일하고 새로운 도서관을 만들려는 목적으로 신예작가들에게 주는 상이다. 바리 시 스피나촐라에 있는 아우로라 도서관은 이를 위해 '첫 번째 어린이 지식은행'을 만들었다. 더욱 특징적인 것은 어른들이 쓴 아동문학 작품에 상을 수여하는 것이 아니라, 어린이들이 쓴 작품들만으로 심사를 통해 선정한다. 대회에는 3세에서 16세까지 모든 유치원, 초등학교, 중학교 학생들이 참가한다.

알베르티와 C. 에데지오니–'옛날 옛날에' 아동문학 대회

몬테르키 시(아레초)는 '옛날 옛날에' 라는 이름의 아동문학 대회를 연다. 이 대회에서는 동화, 소설, 또는 어린이를 위한 이야기 장르에 속하는 다양하고 자유로운 주제를 가진 미출판 작품들을 심사하여 상을 수여하며, 특히 심사위원들이 어린이들이라는 특징이 있는데, 어린이 평가단을 구성하여 심사를 진행한다.

첸토은행재단 아동문학상

첸토은행 재단은 이탈리아어 원작 출판 작품이나 이탈리아어로 처음 번역된 아동문학 작품에 상을 주기 위한 대회를 연다. 작품들은 전문 심사위원단의 심사가 끝나면 학생들로 구성된 대중 심사위원단의 심사를 거치게 된다.

빌레그 노벨라 달 주드리 문학상–글로벌 컬쳐

빌레그 노벨라 달 주드리 문학상은 주제를 제시하여 이를 작품으로 창작하고, 이렇게 만들어진 창작작품들을 대상으로 심사하여 상을 수여한다. 예를 들면 2008년의 창작주제는 행성을 이루는 요소들('지구의 작은 역사')이 주제였다. 이 상은 3개 부문으로 나뉘는데 그 가운데 한 부문은

8세에서 16세까지 청소년을 위한 이야기에 주어지는 상으로, 이탈리아 표준어 또는 프리울리 지방 방언으로 작품을 쓰는 작가들에 한정된다.

볼로냐 라가치 상

볼로냐 아동도서전에서 시상하는 상으로, 우리에게 가장 잘 알려진 상 가운데 하나다. 픽션과 논픽션, 멀티미디어 분야에 수여되는 뉴미디어 프라이즈와 아랍, 라틴 아메리카, 아시아 및 아프리카 지역 국가 작품 중에서 선정하는 뉴 호리즌 상이 있으며, 새롭게 만들어진 '첫 작품 상' 이라는 경쟁 부분이 있는데, 신인작가들의 작품에 주는 상이다. 2004년에는 우리 그림책 『팥죽할멈과 호랑이』와 『지하철은 달려온다』가 상을 받았고, 2010년에는 『돌로 지은 절 석굴암』이 상을 받았다.

3. 이탈리아 동화의 대표작들

최근 이탈리아에서 어린이와 청소년들이 가장 좋아하는 책들은 주로 환상동화다. 그 가운데 가장 인기 있는 책은 제로니모 스틸턴의 『제로니모의 환상 모험』이다. 이 책은 우리나라에 영어를 익히기 위한 챕터북으로도 소개되어 큰 인기를 모으고 있는데, 원작은 이탈리아 작가가 이탈리아어로 쓴 책이다. 그 다음으로는 마우로 코로나의 『사계절은 돌아올 거야』라는 책인데, 코로나는 『오래 전 숲에서는』이라는 책으로 우리나라에 소개된 작가로, 자연과 동물을 이야기하면서 인간에게 많은 메시지를 전달하고 있다. 『오래 전 숲에서는』은 현재 포켓북으로 가장 많이 팔리는 도서에도 선정되어 있다. 『사계절은 돌아올 거야』에서 작가는 '개똥쥐빠귀가 바깥 공기를 들이마시기라도 하는 냥 새장의 창살 틈 사이에 부리를 삐죽 내밀고 있었다. 개똥쥐빠귀는 새장 밖으로 나오고 싶었다. 자유롭게 자연에서 살아가도록 만들어진 생물은 갇혀서는 지내지 못한다.' 고 썼다. 마우로 코로나는 많은 어려움에 처해 있으며 우리 스스로 문제를 만들고 있는 오늘날의 세상과 우리 인간들을 이야기하기 위해 자연을 이야기한다. 이 이야기는 어른도 아이들도 함께 읽으며 생각해볼 수 있는 이야기다.

그 다음으로는 리치아 트로이시가 쓴 환상동화 『지상세계의 연대기』가 청소년들에게 많이 읽히고 있는데, 이탈리아에서는 해리포터 시리즈보다 더 인기가 있다. 이러한 신세대 작가들의 작품들이 요즘 유행하는 소재로 인기를 얻고 있는 것에 반해 꾸준히 베스트셀러를 기록하는 고인이 된 작가들이 있다. 바로 이탈로 칼비노와 잔니 로다리다. 이탈로 칼비노의 작품 가운데는 『나무 위의 남작』이 여전히 가장 많이 읽히고 있으며, 로다리의 작품으로는 『엉터리 동화』가 가장 많이 읽히고 있다. 『나무 위의 남작』은 12세 때 나무 위에 올랐다가 다시는 내려오지 못하게 된 코지모 피오바스코 디 론도 남작 이야기로 칼비노가 쓴 가장 훌륭한 작품들 가운데 하나로 인정받는다. 이 책은 1959년에 완성된 어린이들을 위해 쓴 작품이다.

잔니 로다리가 쓴 동화집에 어린이들이 매우 좋아하는 니콜레타 코스타가 그림을 그린 『거꾸로 된 동화』이다. 로다리는 우리가 잘 알고 있는 고전 동화를 단순하고 간결한 문체로 전혀 다른 이야기로 만들었다. 빨간 모자가 늑대를 공격하고 백설 공주가 일곱 난쟁이들을 때리고, 개구리 왕자는 못생긴 의붓동생과 결혼을 하고, 잠자는 숲 속의 미녀는 잠을 이루지 못한다는 내용이다.

참고문헌

김효신, 『이탈리아 문학사』, 대구, 학사원, 1994

김홍래, 「이탈리아 아동문학의 흐름」, 『동화 읽는 어른』, 어린이 도서연구회, 1995

『전화로 들려주는 짤막 동화』, 서울, 웅진출판, 1998

「이탈리아 동화」, 『문예와 비평』, 2005

Mario Ricciardi, 『La letteratura in italia』, Milano, Bompiani, 1998

Mario Sansone, 『Disegno storico della letteratura italiana』, Milano, Principato Editore, 1995

Ministero per Beni e le Attivitá, www.culturaitalia.it

www.alicenelpaesedeibambini.it

www.andersen.it

it.wikipedia.org

내전의 아픔을 치유해준 이야기에 상을 주다

김부자

1. 시대 변천에 따른 아동문학의 흐름

1) 사회구조와 문화적 배경에 따른 아동문학의 존재

문학사에서 진정한 문학적 의미를 부여받지 못하였던 아동문학은 오랫동안 부속문학으로 치부되었다. 이러한 사회적 무관심은 계급사회 중심의 사회적 편견과 사회구조적 배경에서 비롯되었다. 문자의 사용이 지도층 계급의 권력 유지용 도구였다면, 교육은 사회적 권력을 후대에까지 유지하려던 유산계급층의 바람을 충족시킬 수 있는 수단이었고, 유산계급 출신의 자녀들이 성인의 조건을 갖추기 위해 반드시 받아야 하는 필수과정이었다. 따라서 올바른 예절규범에 필요한 기본적인 덕목들을 습득하는 과정에서 교육적 성향이 강한 실용적인 문학, 이른바 도

김부자 단국대학교 서어서문학과를 졸업하고 살라망카대학 석사와 마드리드 콤플루텐세 국립대학에서 문학박사 학위를 받았다. 현재 단국대학교, 서울대학교, 배재대학교에 출강하고 있다. 「스페인 아동문학의 역사와 비평」, 「스페인 민담의 이해」 등의 논문이 있다.

덕과 윤리를 강조한 교훈문학과 종교문학 등은 필수과목이었다. 이는 아동문학이 계급 위주의 사회적 요구로 인한 지배계층의 사상적 매개체로서의 역할 수행과 이를 위해 교육과 병행하는 비독립적 문학으로 출발하였음을 의미하고 있다. 18세기까지도 어린이는 '작은 어른' 이라는 인식이 보편적이어서 인생의 중요한 시기인 '유년기' 와 '청소년기' 에 대한 독립적인 개념들은 철저히 외면되었다. 그 당시 어린이들의 사고와 행동은 물론, 복장, 그리고 말투까지도 어른들의 생활상을 그대로 반영하고 있었다. 어린이들이 읽고 있던 대부분의 문학작품들 또한 어른들이 읽는 것들이었다.

이러한 독자(讀者)로서의 행위에서 우리는 힘겹게 아동문학의 기원을 찾을 수가 있다. 어린이와 어른의 문학적 공유는 아동에 대한 개념이 전무했던 중세시대의 문학에서 두드러졌다. 어린이들이 즐겨 읽던 문학장르로는 시드Cid를 비롯한 영웅들의 무훈담과 종교적인 이야기를 다룬 대중적 서사시와 무용찬가, 그리고 전설 등이 있었다. 이와 함께 14세기를 대표하는 후안 마누엘의 단편집인 『루카노르 백작』도 어린이들이 즐겨 읽던 문학작품으로 꼽을 수 있다.

어린이들을 위한 문학작품이 아니더라도 어린이들이 문학적 구미에 맞는 타 문학 장르의 작품들을 오랫동안 접함으로써 자연스럽게 아동문학으로 편입하는 문학을 일컬어 '편입문학' 이라고 부른다. 아동문학사에서 이러한 작품들을 흔하게 볼 수 있으며 민담을 포함한 구비문학이 이러한 경우에 속한다. 대표적인 예로서 그림형제와 페로의 단편모음과 『로빈슨 크루소』, 『걸리버 여행기』, 그리고 아동문학에 적합하게 각색한 『천일야화』 등을 들 수 있다.

2) 유년기에 대한 인식의 변화와 새로운 시도 (16~18세기)

16세기에는 대중적 인기를 얻었던 『아마디스 데 가울라』를 비롯하여 위험에 맞서서 승리를 쟁취하는 기사들의 모험과 기사도의 명예를 다룬 기사 이야기가 이 시대의 어린이들에게도 널리 읽혀졌다. 이 시대의 문화적 공유는 극 분야에서 더욱 두드러졌으며, 아동을 위해 쓰여진 작품이 아니었지만, 어린 주인공의 삶을 다루는 내용으로 인하여 어린이들의 필독서가 된 피카레스크 문학작품인 『라사리요 데 또르메스의 생애(1554)』는 대표적인 스페인 고전 아동문학 작품으로 인식되었다. 그러나 학교에서는 여전히 종교 및 도덕교육을 전제로 하였던 문답식의 교리 입문서, 기도문을 비롯한 찬송가, 그리고 단편우화를 주된 내용으로 다룬 초보독본과 읽기 연습을 위한 독본서 등을 교재로 다루어 이 시대의 어린이들이 즐겨 읽던 문학작품과는 상반된 경향을 보였다.

어린이도 '즐기며 배워야 할 권리' 가 있음을 인정하였던 시기는 17세기경이었다. 아동문학의 고전이라 할 수 있는 샤를 페로의 『나의 거위엄마 이야기』(1697)와 서술적 표현기법을 정착시킨 지암바띠스따 바실레의 『이야기 속의 이야기』(1634) 등과 같은 단편집은 그 동안 무시되었던 즐기며 배워야 한다는 어린이의 자연스런 권리를 반영하고 있다. 특히 『교훈적인 옛날이야기』라는 부제의 페로의 작품에는 고전동화의 진수라고 할 수 있는 단편, 「숲속의 잠자는 공주」를 비롯하여, 바실레의 「센데렐라」에서 영감을 얻었으리라 짐작되는 「신데렐라」와 「빨간모자」, 「파란 수염」, 그리고 「장화 신은 고양이」, 「엄지 동자」 등의 주옥 같은 단편들이 실려 있다. 이 작품들은 도덕적 교훈을 주된 주제로 다루고 있지만, 환상적이고 가공적인 요소를 사용하여 구전되어 오던 설화를 문학적 형태에 맞게 변형시키고 있다. 이처럼 어린이를 대상으로 한 과거의 문학작품들과는 다른 영역을 개척하였던 두 작가의 단편집은 17세기 아동교육에 대한 인식을 보다 열린 개념으로 개선시켰다. 17세기 이후 아동문학은 이 시대에 제기되었던 새로운 요소, 즉 '오락, 교육, 도덕' 이라는 기본적 주제에 충실하게 되었다. 또한 루소의 『에밀』(1762)과 같은 기존 사회인식에 도전하는 작품들을 통하여 인격체로서 어린이의 자질을 고려한 교육에 대해서도 진지하게 논하는 태도의 변화를 가지게 되었다. 그러나 전반적으로 교육주의와 도덕주의는 18세기와 19세기의 아동문학의 근간이 되었다고 볼 수 있다.

앞에서 설명한 17세기의 아동교육에 대한 새로운 변화가 프랑스를 중심으로 일어났다는 사실은 스페인의 아동문학의 흐름을 짐작할 수 있게 한다. 18세기의 스페인 아동문학의 흐름을 주도한 작품들의 대부분이 프랑스 번역작품이라는 사실에서 프랑스의 문학적 영향을 배제할 수 없다. 페로를 비롯한 이솝과 페드로의 우화들을 전 유럽에 전파했던 라퐁텐의 『우화집(1668)』과 도덕과 교육을 강조하며 대중오락에 대한 검열을 주장했던 호베야노스의 격찬을 받았던 페넬론의 『뗄레마꼬』(1717), 그리고 "환상문학은 어린이들을 현혹시키며 상상적 영감만 부추길 뿐 아무런 도움이 되지 못하는 쓸모없는 것" 이라며 루소의 교육주의 원칙을 지지했던 아르망 베르깽과 합리적인 도덕교육을 강조한 마담 장리스의 소설도 번역되어 많은 공감과 지지를 얻었다.

17세기 프랑스에서 우화에 대한 관심은 지배적이었다. "젖병의 우유에 우화를 타서 어린이에게 물려야 한다." 라고 했던 플라톤의 언급처럼 오랜 세월 유년기에 적합한 문학장르로 인식되었던 우화를 통하여 17세기 프랑스 작가들은 어린이와 어른의 구별 없이 모든 사람들에게 유효한 윤리철학을 가장 쉽게 표현할 수 있다고 생각했다. 특히 라퐁텐은 전 유럽에 '우화' 열풍을 주도하였다. 오락적인 것과 실용적인 것의 '즐기며 교육한다.' 를 모토로 삼아 '육체는 우화, 정신은 교훈' 이란 표현을 쓰며 우화에 대한 뜨거운 애정을 나타냈다. 프랑스의 우화 열풍은 스페인에서도 예외는 아니었다. 중세시대에 이미 번역되었던 『이솝 이야기』(1489)와 『칼릴라와 딤나』(1251) 등의 우화집들은 17세기경까지도 대중적으로 인기를 얻고 있었으며, 이러한 우화집에 대한 인기는 18세기에 더욱 심화되어, 이솝과 페드로의 영향을 받았던 토마스 이리아르떼의 『문예우화』와 사마니에고의 『도덕우화』 등과 같은 우화집들은 학교에서도 교재용으로 애용되었다. 이들 우화작가들은 후에 라틴아메리카 작가들의 표상이 되었다.

3. 낭만주의의 영향과 구전 문학 (19세기)

이렇게, 18세기의 스페인 아동문학이 신고전주의와 계몽주의의 영향을 받은 유산계급층의 문학과 지역적 구비설화에 기반을 둔 서민층의 문학으로 구분되었다면, 19세기에는 '낭만주의에 의해 커다란 전환기를 맞이한 유럽 아동문학의 영향을 크게 받는다. 18세기 말부터 독일과 영국을 중심으로 한 이성주의와 프랑스풍 고전주의에 대한 반발은 감성적 가치에 대한 재인식과 보편적인 것보다는 독창적이며 자국적인 것을 더욱 중요시하게 했다. 정체성 회복에 대한 확고한 의지는 자국문화의 향수를 불러일으켰고, 진정한 과거의 것을 갈망하게 했다. 나폴레옹의 몰락과 자유주의자들의 혁명으로 인한 기존관념의 파괴는 '과거에 대한 향수' 라는 문학적 흐름과 부합되어 대중적이고 민속적인 소재에서 정체성을 회복하려는 노력들이 이어졌다. 19세기 초, 낭만주의 작가들의 구비문학 연구는 단순히 민담수집 차원이 아닌, '민족의 정체성 확립' 에 대한 열기로 이어가는 단초를 제공하였다. 구비문학을 통한 '정체성 확립' 에 대한 숙고는 '문화유산의 습득' 이라는 아동교육의 기본목적과 일치되어 자연스럽게 구비문학을 아동문학의 한 장르로 고려하는 계기가 되었다. 이는 현대 아동문학이 문학적 상상력과 다양성을 수용할 수 있는 결과를 가져왔다. 특히 그림형제의 민담집인 『어린이와 가족이 함께 즐기는 이야기』(1812~1815)는 19세기 말까지 전 유럽으로 번역되어 구비문학에 대한 관심을 증폭시켰다.

유럽의 어린이들이 지역적 특색을 띤 대중문화와 그림형제를 비롯한, 호프만, 페로, 안데르센, 그리고 베르네 등의 대표적인 작가들의 작품에 열광하고 있는 동안, 스페인에서는 페르난 까바예로, 꼴로마 등과 같은 일련의 작가들의 문학작품과 까예하 출판사의 작품들이 19세기 말경의 스페인 아동문학을 주도하였다. 이러한 문학적 활기는 독일, 영국, 프랑스의 아동문학에 비해 뒤처져 있던 스페인 아동문학에 활력을 가져왔다. '단지 옛날이야기를 들려주는 순박한 노파' 라는 말로 자신을 지칭했던 까바예로는 독일의 그림형제처럼 구전으로 전해 내려오던 스페인 민담을 수집하여 전집으로 발표하였다. 이러한 민담수집 활동은 아동작가인 브라보 비야산떼(1918~1994)의 글로벌적 문학 활동에 영감을 주었다. 국제학술회의 등을 통하여 교분을 쌓았던 브라보 비야산떼는 라틴아메리카를 포함한 전 세계적인 아동작가들과 서신을 교환하며 세계 여러 나라의 아동문학의 동향에 대한 정보와 각국의 문화와 역사를 연구하며 수집하였고, 이를 토대로 여러 나라의 민담과 단편들을 스페인에 소개하였다. 대표적으로 『중남미 아동문학사와 선집』(1966)을 비롯하여, 『세계 아동문학사와 선집』(1971), 『아시아 민담』(1976), 『중남미 민담』(1984) 등의 민담집을 꼽을 수 있다. 특히 1988년에 재출판 된 『세계 아동문학사와 선집』에는 1940년대와 1950년대에 독일에서 활동했던 재독작가 이미륵(1899~1950)의 『이야기, 한국 단편 민담』(1974)에서 발췌한 한국 전래동화 「까마귀가 보낸 편지」와 「젊은이와 호랑이」를 번역하여 실었으며, 또한 근대 한국의 역사와 현대 아동문학의 동향 등을 짧게 요약하여 소개하고 있다.

스페인 아동문학의 문화유산이라고 해도 과언이 아닌 까예하 출판사가 1876년부터 1936년까지 '즐기며 교육한다.'를 모토로 삼아 수많은 순수 아동문학 작품들을 선보이며 19세기 말과 20세기 초의 스페인 아동문학의 흐름을 선도해 나갔다. 또한 19세기 중반에는 발레라의 『초록새』, 『아소르의 기사』를 비롯한, 알라르꼰의 『행운』, 갈도스의 『노새와 황소』, 빨라시오 발데스의 『뽈리페모』, 빠르도 바산의 『에르난 꼬르떼스의 생애』 등과 같은 유명작가들의 소설들도 아동과 청소년에게 즐겨 읽혀졌다. 외국의 문학작품도 끊임없이 이어져 세구르 부인을 비롯하여 베르네, 살가리 등의 대표적인 작품들이 출판되었다.

당시의 유럽 아동문학의 흐름을 주도했던 독일, 영국, 프랑스의 아동문학은 교육 중심의 전통적인 개념을 배제하지 않은 채, 낭만주의의 특성인 환상적이며 미학적 요소를 가미하며 새로운 변화를 시도하였다. 이제 도덕적 교훈 위주의 단편작품은 진지하고 중압적인 단순한 이야기 형식에 매여 있기를 거부하며 환상적이면서 비현실적인 것을 지향하게 되었다. "어린이도 오직 교육만을 받아야 하는 대상이 아닌, 꿈을 꾸고 웃을 수 있어야 한다."(Escarpit, 1986, 94)라는 낭만주의 작가들의 언급에서 엿볼 수 있듯이, 교육과 병행하는 기존의 틀을 유지하면서 새로운 개념의 아동소설이 개척되었다. 새로운 개념의 작품으로 시적 감성과 환상적인 상상의 세계가 함께 어우러진 안데르센의 『동화』(1835)와 터무니없는 넌센스 기법으로 '거짓말처럼 믿기지 않는 세계'를 그려낸 루이스 캐롤의 소설인 『이상한 나라의 앨리스』(1865), 과학적이고 가상적인 면을 부각시키면서 '여행소설'과 '과학소설'이라는 새로운 장르를 개척했던 베르네의 『지하 세계로의 여행』(1865), 『80일간의 세계일주』(1873), 그리고 "어린이는 오직 보이는 것에 대하여 이해하고 생각을 한다."라며 아들을 위해 그림과 글을 썼던 호프만의 『쉬트루벨페터』(1844) 등이다. 어린이와 청소년, 그리고 어른들이 함께 즐겨 읽었던 호프만의 단편 『호두까기 이야기』 역시 빼놓을 수 없는 중요한 문학적 가치를 지닌 작품이라 볼 수 있다. 이러한 다양한 주제와 새로운 문학적 기법의 도입으로 인해 일부 평론가들은 19세기를 아동문학 탄생의 시기로 평가하고 있다. 마리사 보르똘루씨는 도덕과 교육이라는 기존의 개념 위에 과거와는 다른 시각으로 아동기의 특수성을 이해하고 장르의 다양성을 개척했던 19세기에 대해 "전통의 보급자이고 혁신자이며 미래를 앞서간 선구자적인 시대이며 도덕적, 교육적 개념이 주도적인 역할을 했던 19세기 이전의 아동문학은 진정한 의미의 문학이 아니다."(Bortolussi, 1985, 17~35)라고 언급하며 낭만주의가 아동문학사에 끼친 영향에 대해 커다란 의미를 부여하였다.

그러나 19세기의 아동문학에서 가장 중요한 전환점은 심리학의 도입이라고 볼 수 있다. 1820년경부터 시작된 경험적 심리에 대한 연구가 활발해지면서 1901년에 프로이드의 정신분석학의 출현으로 심리학에 대한 연구가 절정에 이르게 되었고, 이러한 양상은 아동문학에도 그대로 반영되었다. 심리학에 대한 관심은 아동을 위한 진정한 문학작품이란 무엇인가라는 고민을 하게 했다. 이러한 고민과 함께 아동문학 작가가 아닌, 일반문학 작가들도 어린이를 위한 작품들을 발표하며 작가 자신들이 작품에 적합한 그림과 제목을 골라 쓰는 등의 새롭고 다양한 시도를 하였다.

4. 진정한 문학으로의 출발(20세기)

20세기에 들어서면서 사회학, 심리학, 교육학 등 다양한 분야의 발전과 함께 두크하임, 피아제, 프라이넷 등의 여러 학자들에 의해서 유년기에 대한 독립적 의미의 해석과 어린이에 대한 깊이 있는 관심과 이해가 더욱 진지하게 논의되었다. 이는 19세기 이전까지도 어린이에게 '적당한 문학' 이었던 아동문학이 20세기에는 어린이가 원하는 문학이어야 함을 강조하며 어린이에게 필요한 방향과 그 답을 스스로 찾을 수 있도록 도와주는 개념으로 변하게 되었음을 의미한다.

앞서 아동문학사에 대하여 간략하게 논하면서 이미 우린 어린이에 대한 '어른의 태도' 가 아동문학의 역사에서 무시할 수 없는 벽임을 알 수 있었다. 따라서 어린이를 '작은 어른' 이 아닌 '문학작품을 즐길 권리가 있는 인격체' 로서 고려하는 '어른의 태도' 의 변화는 20세기 아동문학의 발전에 중대한 영향을 끼쳤음을 부정할 수 없음은 물론, 일부 작가들의 "아동문학이 아닌 문학만이 존재한다." 라는 주장은 이 같은 변화의 선상에서 이해할 수 있을 것이다. 그러나 이러한 새로운 변화가 교육과 문학의 분리를 의미하는 것은 아니었다. "좋은 책이 어린이를 교육시키고 단련시킨다." 라는 브라보 비야산떼의 언급에서도 알 수 있듯이 (Bravo-Villasante, 1964, 380), '교육의 자양분' 이라는 시각에서 아동문학을 인문주의 교육에 필요한 문학으로 재조명하였기 때문이다. 이는 교육의 일선에 있던 교사들이 교육중심의 전통적인 교재보다는 예술적인 면이 강조된 순수 문학작품을 교재로 선호한 결과이며, 과거와는 차별화된 교육적 또는 문화적 개념으로 아동문학을 평가하고 있음을 의미한다.

유년기와 청소년기의 모호성에 대한 새로운 해석과 그를 둘러싼 논쟁은 문학의 다양성 앞에 당연히 논해야 할 당면과제이다. 시대에 따라 달리 해석되었던 청소년기는, 정신적인 면으로 유년기에 가깝지만 신체적으로 어른에 가깝다는 이유로 유년기에 속하기보다는 성인으로 보는 시각이 절대적이었다. 그러나 현대에 들어서며 어린이가 학교의 보호 아래에 교육받는 시기가 더욱 길어지면서 유년기와 청소년기에 대한 명확한 구분이 요구되어졌다. 청소년이 그들의 신체적 조건으로 인하여 성인으로 고려되었던 과거에는 '아동문학' 의 대상이 유년기의 어린이라는 제한적 의미를 띠었지만, 현대의 '아동문학' 의 대상은 유년기와 청소년기를 포함하는 포괄적인 의미로 전환됨은 물론, 청소년만을 위한 문학작품들이 활기를 띠게 되면서, 독립된 장르로서의 '청소년 문학' 이 구축되었다. 이에 따라 아동문학이라는 명칭에도 이러한 변화의 조짐이 보이게 되는데, '아동과 청소년을 위한 문학' 또는, 유년기와 청소년기의 유동적 특성을 감안한 포괄적 의미의 '청소년 문학' 등의 다양한 해석과 명칭들이 페트리니, 노빌레와 같은 학자들에 의해서 논의되었다. 그러나 최근에는 청소년의 정신적 성숙이 일찍 이루어지는 경향으로 인하여 청소년 문학이 차지하는 문학적 범위가 확장되면서 기존의 '성인 문학' 에 속하는 작품들이 '청소년 문학' 으로 편입되는 현상을 보이고 있다.

2. 스페인 현대 아동문학의 양상

1. 30년대의 아동문학

우리는 앞에서 간단하게 스페인의 아동문학의 흐름은 물론, 스페인 아동문학에 지대한 영향을 끼친 프랑스 아동문학의 대표적인 작가들과 작품들을 살펴보았다. 그러나 19세기까지도 프랑스의 강력한 영향을 받던 스페인 아동문학의 흐름이 20세기 중반에 들어서면서 특히 제2차 세계대전 후에는 독일을 비롯한 유럽 여러 나라의 영향을 균형적으로 받아들였음을 지적할 수 있다. 특히 독일은 다양한 세계적 문학 연구기관이나 협회의 창설을 통하여 그 문학적 영향력을 유럽의 여러 나라에 전파하였다. 그러나 스페인은 내전으로 인하여 스페인 아동문학의 황금기라고 불릴 만한 '30년대' 아동문학의 맥을 잇지 못하고 문학적 침체기로 들어섰다고 볼 수 있다.

20세기 전반기의 스페인 아동문학은 까예하 출판사를 선두로, 『셀리아』 시리즈의 작가 엘레나 포르뚠, 안또니오로블레스, 까르멘 꼰데, 모랄레스, 산체스 실바, 헤파엘, 가스뜨로비에호, 꼬야도 등의 작가들이 주도하였다. 작품에 그려진 삽화의 질 또한 높아졌는데, 파리에서 유학하고 돌아온 유망한 화가들이 소속되었던 까예하 출판사의 그림들은 독특하고 아름다운 삽화가 작품의 질을 좌우한다는 인식을 보편화시켰다. 대표적인 삽화가들로는 스페인 어린이의 취향에 맞게 개작하여 1917년부터 발표하기 시작했던 『피노키오』 시리즈의 작가이자 일러스트였던 바르똘로찌를 비롯한 뻬나고스, 리바스, 사모라 등을 꼽을 수 있다. 이들은 까예하 풍이라는 독특한 삽화를 고안하며 그 당시의 어린이들 사이에서 큰 인기를 누렸다. 20세기 전반기에 활동하였던 수많은 작가들 중에서도 엘레나 포르뚠, 안또니오로블레스와 같은 작가들은 독창적인 문학적 기법의 도입으로 스페인 아동문학의 황금기인 '30년대' 문학을 주도하였다는 평가를 받고 있다. 그러나 내전(1936~1939)으로 인해 스페인 현대 아동문학은 이 시대 아동문학의 바톤을 이어받지 못했다. 이러한 이유로 인해, "스페인에 아동문학은 존재하지도 않았다"라는 프랑스 평론가 하자르의 비평(Hazard, 1932, trad.: 129~130)에 반박할 의지도 잃은 채 문화적 열등감을 안고 20세기 전반기 아동문학사의 장을 덮어야 했다.

스페인 아동문학사에서 1930년대 아동문학의 위치는 중요한 의미를 지니고 있다. 학자들 사이에서는 까예하와 폴치 이 또레스 출판사들과 바르똘로찌, 안또니오로블레스, 엘레나 포르뚠, 보리따 까사스 등의 작가들이 독자적이며 독특한 기법으로 20세기 스페인 아동문학 발전의 발판을 마련했다고 평한다. 그들의 활동시기가 1930년대라고 하기에는 약간의 무리가 있을 수는 있다. 까예하 출판사는 1876년에 출발하였고, 폴치 이 또레스 출판사는 까딸란어로 1910년부터 작품들을 출간하기 시작하였으며, 바르똘로찌는 그의 작품 『피노키오』 시리즈를 1917년부터, 보리따 까사스는 1948년에 그녀의 대표적인 작품, 『멋진 소녀 안또니따』를 발표하였기 때문이다. 그러나 이러한 시기상의 문제에도 불구하고, 스페인 아동문학사에서 '30년대' 아동문학은 이들 작가들과 작품들을 총괄적으로 지칭하고 있다. 그 주된 이유로는 첫째, 스페인 아동문학사에 중요한 위치를 차지하는 안또니오로블레스와 엘레나 포르뚠 등과 같은 작가들이 이 시기에 활동하였고, 둘째, 20세기 초부터 활동하였던 까예하 출판사와 폴치 이 또레스 출판사가 출판하였던 작품들, 그리고 바르똘로찌의 작품들이 스페인 어린이들에게 지속적인 인기를 유지하였으며, 셋째는 안또니오로블레스를 비롯한 작가들의 망명과 침묵, 그리고 검열로 인한 다양한 문학작품의 결여 등으로 인하여 1936년 이후부터는 이 시대에 왕성했던 문학 활동의 전통을 이어가지 못했기 때문이다(참고: AA.VV., 1990, 7~13). 이러한 일련의 문학적 불운은 아동문학을 중요한 문화적 자산으로 여기던 프랑스 아동문학계의 비평가인 폴 하자르의 스페인 아동문학에 대한 독설적인 논평을 야기시켰다고 볼 수 있다.

2. '단절' 그리고 '회복' 을 위한 노력

내전과 독재정치로 인한 전반적인 문화적 고립과 단절을 겪어야 했던 스페인은 아동문학을 비롯한 모든 문학의 문학적 전통을 상실하였지만, 이러한 사회적 · 문화적 부동화(不動化)에 대한 반작용으로 새로운 문학적 기법을 모색하였다. 이러한 변화의 시도를 통하여 '문화적 단절' 속에서도 스페인 아동문학이 명맥을 유지할 수 있었고, 그 해법은 '상실한 정체성 회복' 이라는 명분 아래 민족성이 스며있는 구비문학과의 결합에서 찾았다고 볼 수 있다. 문화적 고립에서 벗어나려는 지적 자유화에 대한 욕구는 1952년과 1955년 사이에 일어난 정치적 개방을 통하여 다양한 형태로 그 출구를 찾았다. 따라서 제2차 세계대전 이후에 아동문학을 통한 '평화적 상호이해' 와 '문학적 경험의 교환' 이라는 평화적 차원의 문화교류에 대한 열망은 문화적 고립으로 인한 자국 문화탐구에 열중할 수밖에 없었던 스페인 아동문학에 새로운 활기를 가져오는 계기가 되었다. 문화교류를 통하여 국제사회에 동참하려던 프랑코 정권의 행정적인 정책지원을 받으며 1960년대와 1970년대에 여러 단편들을 엮은 선집들이 스페인 내에서 연속적으로 출판되었다. 대표적인 작품들로는 까롤리나 또랄 뻬나란다의 『스페인 아동문학(그 역사에 대한 기록)』(1957)과 브라보 비야산떼의 『스페인 아동문학의 역사』(1959)를 비롯한 다양한 선집 등을 들 수 있다. 특히 브라보 비야산떼의 작품들은 보완과 교정을 거듭하며 1980년대와 1990년대에도 계속하여 재출판되었다.

이러한 스페인 아동문학 진흥에 대한 행정적 지원은 여러 가지 형태로 나타나게 된다. 1958년에 제정되어 글과 삽화, 그리고 편집 부문으로 나누어 수상하는 '라사리요Lazarillo 아동문학상' 과 전문 아동문학 도서관 건립 등은 스페인 현대 아동문학의 발전에 주도적인 역할을 하였다. 특히, 1972년에 설립된 국립 도서관의 아동문학 부서인 '이사벨 니뇨 Isabel Niño'[1]와 1985년에 문을 열어 아동문학 전문 연구기관으로 성장한 '헤르만 산체스 루이뻬레스 재단'[2] 등은 스페인 현대 아동문학을 주도하는 대표적인 도서관과 연구 기관으로 성장하고 있다. 또한, 꾸엔까 시에 있는 UCLM(Universidad de Castilla-la Mancha) 대학은 1999년 개설한 아동문학 전공의 박사과정 프로그램을 통하여 아동문학을 대학의 학문으로 발전시키고 있으며, 작가 겸 고전문학 도서수집가였던 브라보 비야산떼의 기증도서로 꾸며진 아동문학 전문 도서관 '까르멘 브라보 비야산떼 도서관' 의 설립으로 아동문학에 대한 전문대학교로서의 확고한 위치를 다지고 있다.

또한, 내전으로 인해 단절되었던 아동문학의 정통성을 찾고자 하는 노력들이 1980년대에 새로이 일어난 '고전문학의 복구' 라는 문학적 흐름과 결부되어 스페인 아동문학의 황금기를 주도했던 안또니오로블레스를 비롯한 엘레나 포르뚠과 바르똘로찌, 까예하 출판사와 폴치 이 또레스 출판사 등의 작품들이 까예하 출판사의 맥을 잇는 올라네따 출판사를 비롯한 아동 및 청소년문학 전문출판사에서 재출판되기에 이르렀다. 이러한 활발한 움직임은 스페인 아동문학에 대한 하자르의 비판으로 야기된 '스페인 아동문학사의 재정립' 을 위한 노력의 일환이며, 문학적 자존심을 지키려는 많은 지식인들에 의해서 일명 '30년대' 의 작품

1) 아동문학에서 뛰어난 업적을 지닌 이사벨 니뇨를 기리기 위해 만들어졌다.

2) 아동 및 청소년 문학을 연구하며 일반 아동들에게 책을 자유롭게 볼 수 있는 도서관을 보유하고 있는 사립 아동 · 청소년 문학 연구소. 본사는 살라망카에 있다. 헤르만 산체스 루이뻬레스는 이 기관을 최초로 개관한 설립자의 이름이다.

들이 한층 더 부각되었다고 볼 수 있다. '세계아동문학 진흥협회의 스페인 지부IBBY' 등과 같은 아동문학 진흥을 목적으로 창설된 협회 또는 연구모임 등을 중심으로 브라보 비야산떼를 비롯하여, 세리요, 가르시아 빠드리노, 오르낀 등의 작가들이 주도적인 역할을 하였다. 내전 후의 문학적 전통성에 대한 상실감이 오히려 전통문학의 회복과 재정립에 심혈을 기울이게 하는 계기가 되었다면, 문화적 고립에 대한 기억은 '세계화' 라는 시대적 요구에 부응하여 문학을 포함한 문화적 개방을 가속화시켰다.

아동문학의 발전에는, 좁게는 사적 · 공적인 지원으로 다양해진 스페인 내의 아동문학 박람회와 여러 출판사에서 제정한 문학상의 홍보 등을 통해 조성된 아동문학에 대한 사회적 인식의 변화에 있다. 넓게는 세계적 아동문학 도서박람회 격인 이탈리아의 '볼로냐박람회' 를 비롯하여 아동 및 청소년 문학의 세계적 교류화에 공헌한 '세계아동문학진흥협회IBBY' 와 삽화에 대한 중요함을 부각시킨 체코의 '세계아동문학도서 일러스트대회BIB: Bienal Internacional de Ilustradores del Libro Infantil' 등의 세계적인 학술회의와 대회를 통한 다양한 문화적 교류로 스페인 아동문학의 세계화가 뒷받침되었다. 이는 어린이만을 위한 아동문학의 한계성을 넘어 모두가 읽고 즐기는 진정한 문화적 가치를 지닌 21세기 세계아동문학으로의 도약을 의미한다.

3. 세계평화를 위한 문학으로 재탄생

비 독립성에서 벗어나 '진정한 문학적 존재의 확립' 이라는 획기적인 변화에는 전쟁이라는 '기존질서의 파괴와 단절로 인한 기존관념에 대한 재숙고' 와 '평화와 인문주의에 바탕을 둔 교육' 에 대한 재인식에서 출발하였다. 제2차 세계대전 후, 지역적이고 자국적인 특성의 문학보다는 세계성을 강조한 문학을 지향했던 에리히 캐스트너, 추크마이어, 젤라 레프만 등의 지식인들은 19세기 초에 등장했던 괴테의 '세계적 문학' 개념에 공감하였다(Doderer, 1996, 94). 그들의 노력으로 현대의 아동문학은 '실용주의 교육' 에 맞서서 '평화와 인문주의 중심의 교육' 에 필요한 문화적 · 사회적 가치를 지닌 문학 장르로 발돋움하였다. 이렇게 조성된 아동문학에 대한 연구는 자국문화의 가치를 중요하게 여기는 오늘날의 사회적 요구로 인하여 더욱 활성화되었다. 대표적으로 몇 가지의 예를 들어본다.

1. 1946년 7월 3일 뮌헨에서 제 1회 '세계 청소년 문학 박람회' 가 열린다. 이는 전쟁과 파시즘의 영향으로 정신적 게토에 갇힌 청소년들에게 세계적 개념의 청소년 문학을 소개하였다는 점에 큰 의의를 둔다.

2. 청소년 문학을 통한 문학적 교류와 그에 대한 이해라는 목적을 가지고 유대계 독일인인 젤라 레프만에 의해서 1948년 뮌헨에 '세계청소년도서관' 이 건립된다.

3. 유네스코의 이념에 바탕을 둔 '세계아동문학진흥협회 IBBY' 가 1953년 그 첫걸음을 내딛게 된다.

4. 1956년에 세계 아동 및 청소년 문학상이라 할 수 있는, 속칭 '작은 노벨상' 인 '한스 크리스찬 안데르센 세계문학상' 을 제정하고, 그 해의 최우수 아동문학 작가를 선정하여 처음으로 상을 수여한다. 역대의 수상자들 중에는 『말괄량이 삐삐』로 유명한 린드그렌(1958)과 청소년 탐정소설의 모델이 된 『에밀과 탐정들』의 에리히 캐스트너(1960), 그리고 『빵과 포도주의 마르셀리노』의 산체스 실바(1968)를 대표적으로 꼽을 수 있다.

5. 1969년, 독일의 프랑크푸르트에서 '아동과 청소년 문학에 대한 정

보의 교환 및 토론' 을 그 기본목표로 한 '아동문학연구협회' 의 설립을 계획한다. 아동문학에 대한 '정보 교환' 과 토론을 바탕으로 한 '이론적 체계의 확립' 등을 통한 아동문학 분야의 연구 진흥이 이 협회의 모토이다. 또한, 관료주의적인 기존 학술회의에서의 모순을 보강할 수 있는, 자유로운 토론과 대화, 그리고 심포지움 중심의 융합적 국제학술대회를 지향하고 있다. 이 협회의 설립은 아동문학의 연구에 대한 새로운 시대의 도래와 문화 · 사회 · 아동 및 청소년 문학의 긴밀한 관계를 진지한 시각에서 바라보고 있음을 의미했다.

이러한 움직임들은 뮌헨의 '아동과 청소년 문학을 연구하는 전문도서관' 의 건립과 세계적인 아동문학 전문 잡지인 『북 버드 Book Bird』를 비롯한 다양한 종류의 잡지들의 창간으로 이어졌으며, 80년대에는 비교문학의 형식을 띤 문집들을 '세계 아동문학사와 선집' 이란 제목으로 여러 나라에서 앞을 다투어 출간하기에 이르렀다. 여기서 우리는 아동문학을 문화적 자산으로 간주하려는 사회적 인식의 변화를 파악할 수 있다.

4. 스페인 아동문학상

정부 주관으로 수여되는 스페인 최고 아동 및 청소년 문학상과 라사리요 문학상을 제외하고 스페인의 아동 및 청소년 문학상은 출판사에서 주관하는 상들이 대부분이다. 이러한 이유로 서점에서는 출판사별로 수상작들을 구분하여 배열한 것을 자주 볼 수 있다.

스페인 최고 아동 및 청소년 문학상

1978년부터 스페인 문화부에서 주관하는 상으로서 스페인 최고 문학상 중의 하나이다. 아동 및 청소년들에게 문학작품을 가까이 접할 기회를 제공하려는 시상목적을 띠고 있으며, 참여를 원하는 모든 작가들을 그 대상으로 한다. 12세까지의 어린이를 위한 작품과 12세부터 청소년기의 아이들을 위한 작품으로 구별하여 공모한다.

스페인의 공식 언어인 가스떼야어로 쓰여진 작품이어야 하며, 이전에 수상경력이 없어야 한다. 수상작은 공공기관인 시청 주관하에 출판된다. 이미 전 세계에 많은 언어로 번역된 『빵과 포도주의 마르셀리노』(1952)의 작가 호세 마리아 산체스 실바가 1957년에 이 상을 수상하였다. 그후, 그는 『안녕 호세피나』(1962) 등으로 1968년 국제 안데르센 대상을 받았다.

라사리요 문학상

16세기의 피카레스크 소설의 대표작인 『악동 라사리요의 모험』에 나오는 어린 주인공의 이름에서 따온 문학상이다. 스페인 교육부 후원으로 청소년을 위한 독서문화 및 좋은 책 출판 진흥을 목표로 삼는다. 1958년부터 아동 및 청소년 문학상을 수여했으며(스페인 도서 국립협회), 1986년부터 아동 및 청소년 문학을 위한 스페인 도서연합회(일명 OEPLI)에서 주관하고 있다. 스페인 지역 언어로 쓰여진 작품뿐만 아니라 중남미 지역의 작가에게도 수여된다는 점에서 특이할 만하다. 최근에 들어서 갈리시아와 바스크 작가의 작품에 다수 수여되었다는 점은 지역 간의 자치권이 뚜렷한 스페인의 국내 여건을 고려한 형평성 차원의 시상이었다고 볼 수 있다.

질문꾸러기 왕자, 아동 시에 대한 상

이뻬리온 출판사에서 주관하는 문학상으로 응모자격은 국적에 관계없이 전(前)공모전에서 수상경력이 없는 작가의 미발표작품으로, 스페인어로 된 동시집에 한한다.

수상작은 부상으로 상금 3,000 유로와 이뻬리온 출판사에서 책으로 출간한다.

미국 아동문학을 이끈 쌍두마차 뉴베리 상과 칼데콧 상

박정희

1. 아동의 의미와 미국 아동문학의 중요성

어린이(아동)는 성숙한 지혜와 완벽한 신체가 결핍된 '덜 자란 어른' 또는 '작은 어른'이 아니다. 어른이 되기 위한 준비단계에 불과한 존재도 아니고 손쉽게 방치되거나 무시되어도 좋은 '모자란 인간'도 아니다. 어슐러 르 귄의 말처럼 성숙한 어른이 지닌 뛰어난 능력은 이미 모든 어린이에게 내재되어 있다. 이는 어린이란 존재가 지혜와 성숙성의 징표이자 독립적 개체성의 표현일 수 있다는 말이다.

어린이는 덜 자란 어른 또는 모자란 인간이 아니라 천진난만한 상상력과 자유로운 창조력으로 이 세계를 행복하고 긍정적인 공간으로 변화시키는 존재이다. 따라서 우리는 어린이를 아무 의미 없이 방치하거나 특정한 규칙과 이념에 가둬서는 안 된다. 반대로 그들이 자신들의 상상력

박정희 연세대학교 영문학과를 졸업하고, 동 대학원에서 문학박사 학위를 받았다. 2004년 동아일보 신춘문예에 평론 당선.

과 창조력을 충분히 발휘하고 행복한 사회의 구성원으로 성장하도록 도와주어야 한다. 아동문학의 존재 이유 역시 이와 다르지 않을 것이다.

아동과 아동문학에 대한 이러한 인식은 100여 년에 걸친 미국의 아동문학에도 고스란히 반영되어 있다. 지금까지 미국 아동문학의 뿌리에 놓여 있는 주된 문제는 바로 '어린이를 어떻게 볼 것인가' 라는 문제였다. '어린이를 어떻게 볼 것인가' 는 어린이의 정신적 · 신체적 정체성에 관한 질문이면서, 아동문학의 근본적 의미와 가치에 관한 질문이기도 했다. 이 질문을 바탕으로 미국의 아동문학은 어린이에 관한 그 이전의 잘못된 인식을 바로잡고, 전 세계의 아동문학이 상업적 · 문학적 양 차원에서 확고히 자리매김하는 데 커다란 역할을 하였다. 따라서 이 시점에서 미국의 아동문학을 살펴보는 것은 어린이의 정체성과 아동문학이 나아가야 할 방향에 대한 올바른 인식을 정립하는 일이 될 수 있다. 또한 앞으로 우리나라의 아동문학이 나아가야 할 문학적 방향에 대해 생각해 보는 계기가 될 수 있다.

이 글에서는 먼저 미국의 아동문학 전반에 대해 개략적으로 소개하고자 한다. 여기에는 미국 아동문학의 역사적 · 사회적 · 문화적 배경과 더불어 그것의 특징과 경향이 언급될 것이다. 다음으로 미국 아동문학의 발전과 변화를 이끌어온 아동문학상에는 어떤 것이 있으며 각각의 특징은 무엇인지 설명하고자 한다. 덧붙여 그 외 주목할 만한 상들을 간략하게 소개할 것이다. 이러한 작업을 통해 우리는 미국의 아동문학과 아동문학상의 전반적인 현황에 대해 파악하게 될 것이다.

2. 미국 아동문학의 역사

미국 아동문학의 역사는 20세기 초로 거슬러 올라간다. 20세기 들어 미국은 빠른 경제성장과 고도의 생산성 향상으로 비약적인 발전을 이루었다. 미국의 아동문학 역시 황금시대를 구가하게 되었다. 하지만 그 이전에는 사정이 달랐다. 19세기에 어린이들은 가정에서는 살림을 돌보는 보조인력으로, 그리고 작업현장에서는 어른과 동등한 일을 해야 하는 유용한 꼬마어른으로 간주되었다. 오늘날 천부적 인권으로 받아들여지는 교육은 상류계급과 귀족가문의 어린이들에게 국한된 예외적인 일이었다. 대부분은 공장에 나가거나 전일제로 농장에서 일해야 하는 처지에 놓여 있었다.

1890년대 들어서도 아동문학은 뚜렷한 형태를 띠지 않았다. 당시 책을 읽을 수 있는 아이들은 주일학교에서 틀에 박힌 종교적인 소책자를 낭독하거나, 『믹거피스 리더스 McGuffey's Readers』 같은 지루한 교재를 읽는 것이 고작이었다. 간혹 클레멘트 클라크 무어의 동시 『성 니콜라스의 방문』처럼 쉽게 구할 수 있는 책도 있었다. 이 작품은 그 인기로 인해 고전의 반열에 올랐으며 오랫동안 아이들의 사랑을 받았다.

나다니엘 호손의 『소년 소녀를 위한 신기한 이야기』(1852)는 특별히 아이들을 즐겁게 해주기 위해 쓰여진 미국 최초의 어린이책 가운데 하나였다. 그리스 · 로마 신화를 개작하여 만든 호손의 책은 글을 읽을 수 있고 책을 소유할 수 있는 유복한 가정의 아이들로부터 열광적인 호응을 얻었다.

루이스 캐롤이 『이상한 나라의 앨리스』를 쓴 것은 1865년이었다. 당시 영국은 18세기 산업혁명 이후 미국보다 훨씬 먼저 중산층을 형성하고 있었고 아동문학을 이미 하나의 장르로 받아들이고 있었다. 반면 미국은 산업개발의 속도가 느렸고, 그만큼 문학 분야에서도 영국문학에 대한 의존성이 강했다. 1800년대 후반이 돼서야 루이스 캐롤의 책이 영국에서 미국으로 건너왔다. 당시 영국과 미국에서 쓰여진 이야기의 대부분이 도덕적이고 교훈적인 내용을 담고 있었던 것과 달리, 캐롤은 앨리스가 토끼굴에 뛰어들어 신기하고 다양한 세계를 경험하는 내용의 환상적인 작품을 썼다. 하지만 『앨리스』와 그 속편 『거울 나라의 앨리스』(1871)는 환상적 · 공상적 내용에 그치지 않고, 풍자적 표현을 즐겨쓰고 수학적 세계를 실험한 작품이기도 했다. 이 때문에 이 작품을 어린이책으로 분류할 수 있는지, 그리고 어린이책이란 무엇인지와 같은 아동문학 사상 가장 격렬한 논쟁이 대두되었다. 어린이책과 성인책을 구분하는 기준은 무엇인지에 대한 질문도 이어졌다. 이러한 사실은 아동문학의 본질적 의미, 즉 아동문학은 무엇을 담아야 하는지에 대한 질문이 그 당시 미국에서 활발하게 제기되었음을 보여준다.

영국에서 수입된 판타지(환상문학)는 도덕적인 내용보다 이야기하는 것 자체를 즐기던 미국작가들에게 기회의 문을 열어주었다. 메리 맵스 더지도 이런 류의 작가였다. 더지의 『한스 브링커』는 영국에서 『앨리스』가 출판되던 해와 같은 1865년에 출판되었다. 이 작품은 강한 성격묘사와 긴장감을 자아내는 한편, 청교도적인 미국과 빅토리아 시대 영국의 종교서적에 만연해 있던 엄격한 도덕성을 도외시하는 방식으로 강한 문학적 즐거움을 선사했다. 뿐만 아니라 더지는 어린이 잡지인 『성 니콜라스St. Nicholas』의 편집자로서 19세기 후반 동안 미국 아동문학의 기반을 형성하게 될 작가나 삽화가를 대중에게 소개했다. 덕분에 에밀리 디킨슨, 루이자 메이 올콧, 잭 런던, 마크 트웨인 등이 세상에 이름을 알렸다. 『작은 아씨들』(1868)에서 루이자 메이 올콧은 그 당시 영국에서 유행했던 민담이나 동화, 판타지 대신 실제 현실과 가족의 삶을 생생하게 표현했다. 마크 트웨인의 『톰 소여의 모험』은 미국의 토속적인 시골 마을을 배경으로 항상 '올바른 것' 만을 행하지는 않는 아이들을 주된 인물로 담아냈다. 당시의 교육적 · 종교적 출판물들과는 달리, 작가는 미시시피 강둑에서 자유롭게 살아가는 아이들을 통해 자유와 전통, 현실과 규범의 관계에 대한 질문을 제기했다.

20세기 전반은 미국사회가 산업이 발전하고 중산층이 기반을 다진 기간이었다. 의학의 발달로 유아 사망률이 획기적으로 감소하였고, 연소자 노동법이 통과되어 아이들이 혹독한 노동의 세계로부터 보호를 받게 되는 기간이기도 했다. 이에 따라 책 문화 역시 발달하기 시작했다. 어린이 책은 일반 출판물에서 분리되어 개별 장르로 부상했고, 〈리버사이드 매거진 The Riverside Magazine〉, 〈와이드 어웨이크 Wide Awake〉, 〈아워 영 폭스 Our Young Folks〉, 〈성 니콜라스〉, 그리고 〈하퍼스 영 피플 Harper' s Young People〉 같은 청소년 잡지가 출현하였다. 하지만 영국에서 건너온 판타지와 동화의 강세는 여전했다. 프랭크 바움의 『오즈의 이상한 마법사 The Wonderful Wizard of Oz』(1900)는 미국 중부 지역에 뿌리를 둔 상상의 세계와 가족의 유대감을 부나 권력보다 더 중요시하는 여주인공을 그려냈다. 영국에서 건너온 다른 동화와 달리, 이 유토피아적인 모험의 이야기는 허수아비와 겁쟁이 사자, 양철 나무꾼과 도로시 같은 등장인물들을 돈보다 각자 자신이 원하는 것을 추구하는 모습으로 표현했다.

1920년대까지 미국은 산다는 것에 열정적으로 뛰어들어 상승세를 구가하고 있었다. 제1차 세계대전에 참전하여 승리하였고, 아메리칸 드림은 대중에서 가능한 현실로 다가왔다. 아이들은 하나의 독립된 개체 또는 총체적 존재로 인식되기 시작했다. 듀이와 마리아 몬테소리의 실험학파에서는 '총체적 아이' 를 강조했는데, 이는 궁극적으로 아동문학을 문학의 주류에 편입시키는 역할을 했던 '총체적 언어' 독서법의 선구적 개념이었다. 20년대는 백인의 인종적 우월성을 부각시키는 작품이 출현한 때이기도 했다. 휴 로프팅은 『의사 둘리틀』에서 백인이 되기를 간절히 소망하는 아프리카 흑인 범포를 등장시켰다. 이는 백인의 우월성에 대한 무의식적 표현으로서 인종차별과 흑인폄하라는 고정관념이 보편화되는 과정의 일환이었다. 이와 함께 사실주의적인 성향의 어린이책들이 등장하기도 했다. 1922년 첫 번째 뉴베리 상을 받은 『인류 이야기』에서 핸드릭 월렌 반 룬은 미국 역사와 세계 역사를 비교함으로써 미국 역사 이해의 지평을 넓혔다. 또 『에이브 링컨의 성장』(1928)을 쓴 샌드버그의 문체는 아이들의 관심을 사로잡고자 하는 야심찬 전기작가에게 일종의 모범이 되었다.

그러나 대공황을 지나 1930년대에 들어서서 미국은 거의 통제력을 상실했고, 아메리칸 드림은 결국 하나의 신화로 끝나는 것처럼 보였다. 침체된 현실사정과 달리 어린이책 산업은 빠르게 성장했고, 사진 인쇄기술의 발달로 어린이 그림책의 출판 역시 증가했다. 처음으로 아직 읽을 줄 모르는 미취학 아이들을 상대로 한 그림책이 등장했다. 1938년 어린이책의 옹호자인 프레드릭 멜체는 훌륭한 그림책의 삽화가를 대상으로 칼데콧 상을 제정했다. 첫 수상작은 『성경의 동물들』(1937)을 그린 도로시 래스롭에게 돌아갔다. 그림책 장르가 점점 더 많은 인기를 누리게 되면서 삽화가에게도 작가와 동등한 위치가 부여되었다.

1940년대 들어 미국의 경제는 회복되었고, 대다수 미국인들은 도시 중산층의 사회환경 속에서 비교적 안락한 생활을 영위하였다. 아메리칸 드림은 전쟁을 둘러싼 애국적 열정과 결합되어 여전히 아이들을 사로잡았다. 1940년대 어린이책은 현대식 교육의 중요한 수단이자 문학의 한 장르로 간주되었다. 저렴한 보급판이 대량 생산되고 도서관과 학교 시장이 커지면서 어린이책은 커다란 사업으로 자리잡았다. 시장은 도서관과 학교, 일반 서점에서 구입하는 일반 서적, 그리고 슈퍼마켓에서 저가에 대량 판매되는 책들로 양분되었다. 『포키 리틀 퍼피Poky Little Puppy』(1942)나 『토끼 인형을 두드려줘요Pat the Bunny』(1940) 같은 대량 보급판 책들은 전쟁 기간 동안 부족했던 장난감 생산량을 보충하면서 그 욕구를 채워주었다. 40년대는 사회적 각성의 시대이기도 했다. 실업이나 차별로 인해 야기되는 사회문제를 다루는 어린이책이 처음으로 출판되었다. 도리스 게이츠의 『푸른 버들 접시Blue Willow』(1940)는 이민 노동자가 겪는 힘든 역경을 묘사한 작품으로 1941년 뉴베리 상을 받았다.

제2차 세계대전이 끝나고 1950년대가 되자 미국은 점차 안정을 되찾았다. 자연스럽게 가족 공동체의 안정이 최우선 가치로 받아들여졌다. 어린이책 분야에 있어서는 아동문학에 적용될 수 있는 비평적 분석과 더불어, 미래의 독자와 교육자를 위한 문학적 전망이 필요하다는 견해가 생겨났다. 1950년대 미국의 교육이 사실적인 정보를 전달하는 데 초점을 맞추었다면 대중 서적 시장은 판타지가 우세했다. 영국 작가 루이스는 『사자와 마녀와 옷장』(1950)라는 매혹적 우화의 세계를 썼고, 톨킨은 『반지전쟁』으로 불리는 유명한 3부작을 내놓았다. 『반지 원정대』, 『두 개의 탑』, 『왕의 귀환』은 중세의 무용담을 매혹적인 환상의 세계로 그려놓았다는 평가를 받았다.

1960년대 미국인들은 완벽한 미국에 대한 이상 즉 '자유인의 땅이자 용감한 자의 고향' 이라는 이상이 붕괴되고 있음을 깨달았다.

레이첼 카슨은 『침묵의 봄』에서 농약의 위험과 환경파괴를 경고했고, 흑인들은 지속되는 불평등에 저항하기 시작했다. 어린이책 분야를 살펴보면 학교는 동화가 교과서에 실을 수업내용으로 적합한지 검토했고,

증가하는 청소년 인구의 수요에 힘입어 어린이책 출판은 급격히 성장하기 시작했다.

60년대는 미국 작가의 판타지가 영국의 판타지와 진지하게 겨루기 시작한 때이기도 했다. 로이드 알렉산더는 『프리대인 연대기』 시리즈를 통해 켈트족과 아더왕의 이야기를 판타지의 세계로 구현했다. 어슐러 르 귄의 『로캐넌의 세계』는 과학소설의 면모를 보여주었으며, 『얼시 삼부작Earthsea Trilogy』은 뛰어난 환상문학으로 비평적 찬사를 받았다.

1970년대 초반 네 명의 대학생이 베트남 전쟁에 항의하는 평화 시위 도중 사살된 사건이 있었다. 미국은 베트남전에 패하면서 역사적 처음으로 패전의 멍에를 안았다. 이런 일들은 미국을 심각한 심리적 공황상태로 몰아갔다. 하지만 미국인들, 그리고 아메리칸 드림은 늘 역경에서 다시 일어서는 힘을 보여주었다. 출판계에서는 각종 규제가 해제되기 시작했고, 처음으로 '청소년' 이라는 범주가 어린이책 장르에 추가되었다. 이에 따라 이전에는 일반서적으로 출판되었던 샐린저의 『호밀밭의 파수꾼』(1951)이 '청소년' 용으로 분류되는 일도 생겨났다.

1974년은 미국 독립 200주년이 되는 중요한 해였다. 제임스 링컨 콜리어와 동생 크리스토퍼는 뉴베리 상 수상작인 『내 형 샘이 죽었다』(1974)에서 독립전쟁을 둘러싼 새로운 관점을 제기했다. 미국 흑인이 그들과 그들의 역사에 대해 쓴 이야기들도 속속 등장했는데, 알렉스 헤일리의 소설 『뿌리』는 노예가 된다는 것이 무엇을 의미하는지 보여주었다. 그 외 로렌스 옙의 『용의 날개』(1975)와 『올빼미의 아이』(1977)는 20세기 초반 미국 샌프란시스코에 정착한 중국 이민 가족의 고단한 삶을 생생하게 표현했다.

1980년대 미국은 영화배우도 대통령이 될 수 있음을 전 세계에 보여주었다. 레이건 신화가 지속되고 미국의 꿈이 여전히 건재한 것처럼 보이는 동안 사회구조는 대변동을 겪고 있었다. 미국의 경제적 · 교육적 기초가 흔들리는 징후가 발견되었고, 기술의 발전과 시장의 효율화에 교육이 보조를 맞출 수 없다는 사실이 점차 명백해졌다. 다민족 작가와 삽화가를 발굴하는 노력 또한 점차 줄어들었다. 이 와중에도 작가 버지니아 해밀턴, 삽화가 다이앤과 리오 딜런, 그리고 작가 겸 삽화가 존 스텝토는 아프리카계 미국의 전통을 꾸준히 찬양하는 작품을 썼다. 삽화가 에드 영의 『존포포, 중국의 빨간 모자 이야기』(1989)는 아시아에 대한 새롭고도 진지한 관점을 제시한 작품으로 1990년 칼데콧 상을 수상했다. 이 작품에서 영은 고대 중국예술의 영감을 받아 대부분의 삽화를 패널화로 그려내는 솜씨를 발휘했다.

1990년은 냉전 종결이 공식적으로 선포된 해였다. 동유럽과 소련의 공산주의 정권이 무너졌고 서독과 동독이 45년 만에 통일되었다. 미국인들은 텔레비전을 통해 페르시아 만에서 일어난 전쟁을 생생히 목격했고 전 세계에서 사람들이 기아로 죽어가는 것을 보았다. 어린이책은 미국 내 문화적 다양성을 존중하는 동시에 사회문제에 직접적인 관심을 나타내는 경향을 보이기 시작했다. 이는 제2차 세계대전에 대한 새로운 통찰력을 어린이들에게 제공하는 작품들로 나타났다. 마가렛 챙의 『전쟁의 눈으로』(1990)는 일본이 점령한 상하이에 살고 있는 열 살짜리 소년을 통해 일본의 침략과 전쟁의 어두운 면에 대해 생생한 필치로 고발하고 있다. 또한 최숙례의 『결코 잊을 수 없는 세월』(1991)은 일제 식민지 치하 한국인의 고단했던 삶과 공산 정권 하에서 겪어야 했던 자유의 상실상태를 유려하게 그려내고 있다.

3. 미국 아동문학의 종류와 특징

아동문학상은 아동문학 작가들의 의욕을 고취하고 그들의 창작열을 보다 수준 높은 방향으로 이끄는 데 목적이 있다. 뛰어난 작가의 작품들이 보여주는 천진난만한 상상력과 자유로운 창조력은 사회 전체를 행복하고 긍정적인 세계로 바꾸는 역할을 한다.

미국 아동문학사에서 가장 중요하게 다루어야 하는 상으로 뉴베리 상과 칼데콧 상을 들 수 있다.

뉴베리 상

세계에서 맨 처음 제정된 아동문학상이자 미국에서 가장 오래 된 아동문학상이다. 이 상은 전년도에 영국과 미국에서 출간된 아동 대상의 책들 가운데 미국 아동문학에 가장 뛰어난 기여를 한 책의 작가에게 수여된다. 수상자에게는 메달을 수여하기 때문에 뉴베리 상이라는 명칭보다 '뉴베리 메달'로 더 잘 알려져 있다. 이 상은 1921년 6월 21일 미국도서관협회(ALA) 아동문학분과회의에서 멜처가 처음 제안한 것으로, 18세기 책 판매업자였던 존 뉴베리의 이름을 따서 제정되었다. 1744년 존 뉴베리는 런던의 성 바오로 교회 마당에 있던 자신의 서점인 '성경과 태양 the Bible and Sun'에서 어린이 책 사업을 처음 시작했다. 그는 아이들이 교육적 차원뿐 아니라 즐거움을 위해 독서하도록 장려했던 선구자이기도 했다. 1922년 최초의 뉴베리 상은 『인류 이야기』를 쓴 핸드릭 윌렌 반 룬에게 돌아갔다. 미국 역사를 다른 여러 나라들의 역사와 연관시킨 이 작품은 미국 역사와 세계사에 대한 이해의 지평을 넓히는 데 기여했다. 2002년 한국인 태생 미국 작가인 린다 수 박이 『사금파리 한 조각』으로 이 상을 수상함으로써 뉴베리 상은 한국인들에게도 친숙하게 알려지게 되었다.

이 상은 문학성을 중요한 선정 조건으로 삼는다. 이 상을 받은 작품들은 주제의 비중이 높고 작품의 구성과 문장력이 뛰어난 작품들이 대부분이다. 특히 다문화를 이해하는 바탕에서 백인보다는 인디언과 동양인 같은 인종들의 삶을 다룬 이야기들이 다수를 차지한다. 예를 들어 1931년 수상작인 엘리자베스 코츠워스의 『극락에 간 고양이』는 서양인들이 이해하기 어려운 동양적 사고에 대한 이해를 제시했다. 1932년 수상작인 『물 없는 산』(1931)에서 로라 애덤스 아머는 인디언 보호구역의 생활상과 함께 백인 세계 속에서 나바호 부족이 겪는 힘든 현실을 시적인 필치로 표현했다.

뉴베리 상을 받은 작품들은 매년 일정한 수준을 띠지 않는다. 또한 수상작이 그해의 가장 우수한 작품이 아닌 경우도 있고, 한 작가가 두 번이나 상을 받는 경우도 있다. 게다가 아이들이 읽기에 너무 어려운 책들이 선정된다는 비판이 제기되기도 한다. 2008년 한 아동도서관 전문가는 '좀더 깊이 있고 아름다우며 아이들이 거부감을 느끼지 않는 책을 선정한다면 더 많은 아이들이 독서를 하게 될 것'이라고 주장했다. 반대로 '절대로 대중성이 기준이 될 수는 없다', '선정 기준은 문학적 질의 문제다'라는 의견이 나오기도 했다. 이러한 논란은 뉴베리 상의 영향력을 간접적으로 보여주는 한 예이다.

칼데콧 상

뉴베리 상과 더불어 미국의 아동문학에 있어 최고의 권위를 인정받는 상이다. 미국도서관협회가 매년 전년도에 미국에서 출간된 그림책 가운데 가장 뛰어난 작품의 삽화가에게 수여하는데, 이 역시 어린이책의 옹호자인 멜처가 1938년 제정하였다. 랜돌프 칼데콧은 19세기 어린이 그림책 부문에서 대단한 영향력을 발휘한 영국의 삽화가이다. 그는 소설과 외국 여행기의 삽화, 사냥이나 패션 등 당시 사회상을 보여주는 삽화, 조각과 유화 전시회를 알리는 삽화 등 다양한 작업을 하였다. 모리스 샌닥은 그를 "삽화가, 작곡가, 안무가, 무대연출가, 장식가, 연기자"로, 또 현대 그림책의 창시자이자 "예측할 수 없는 깊이"[1]를 지닌 예술가로 불렀다.

이 상은 그림 자체의 예술적 측면뿐 아니라 이야기와 주제의 형상화 방식을 고려하여 최고의 점수를 얻은 작품을 수상작으로 선정한다. 심사기준을 구체적으로 살펴보면, 첫 번째가 표현방법에 있어 예술적 테크닉이 온전하게 발휘되었는가이다. 두 번째는 글의 주제와 줄거리의 흐름이 삽화를 통해 충분히 전달되고 있는가이며, 세 번째는 어린이의 눈높이를 고려하였는가이다. 1937년 이 상이 처음 제정되었을 때는 뉴베리 메달 위원회 멤버들이 칼데콧 상까지 심사하였다. 이런 이유로 그 당시 두 상의 중복 수상은 불가능하였다. 하지만 1977년부터는 각 상의 심사위원단이 분리되면서 두 상의 중복 수상도 가능하게 되었다.

알렉스 상

12세에서 18세까지의 청소년들에게 감동을 주는 성인용 도서 10권을 선정해 수여하는 상이다. 1998년에 처음 제정되었으며 십대들이 독서생활에서 성인도서를 활용할 수 있도록 도와주는 데 목적이 있다.

밀드레드 베첼더 상

1968년 평생을 도서관 사서로 일하다가 미국도서관협회의 분과인 아

---

1) 모리스 샌닥, 『칼데콧 : 책과 그림에 관한 이야기 Caldecott and Co: Notes on Books and Pictures』, 24쪽.

동도서서비스협회 회장이 되었던 밀드레드 베첼더에게 경의를 표하기 위해 제정되었다. 외국에서 외국어로 출판되고, 이어 미국에서 영어로 번역·출판된 작품 가운데 가장 뛰어나다고 생각되는 아동도서를 수상작으로 선정한다. 외국의 수준 높은 아동도서를 영어로 번역해 출판하는 일은 '문화, 인종, 언어가 다른 사람들 사이의 이해를 가로막는 장벽을 제거하는 것'이 일생의 목표였던 베첼더의 뜻에 부합한다.

퓨라 벨프레 상

1966년에 제정된 상으로서, 아동과 청소년용 문학작품 가운데 라틴문화의 경험을 가장 수준 높게 표현하고 지지하며 찬양한 작품을 쓰고 그린 라틴계 저자와 삽화가에게 수여된다. 퓨라 벨프레는 뉴욕공공도서관의 최초 라틴계 여성 사서였다. 아동사서, 이야기 구연가, 작가로 일하면서 푸에르토리코 민속을 보존하고 보급하는 선구적 작업들을 이루어냈다.

아멜리아 블루머 북 리스트

미국도서관협회 사회적책무원탁회의 페미니스트 특별위원회가 선정하는 북 리스트이다. 선사시대에서부터 현재에 이르기까지 픽션과 논픽션을 포괄하는 이 북 리스트는 강하고 능력 있으며 창조적인 여성들을 역할 모델로 보여준다. 주로 미국 민권운동 기간 동안 남부에서 길러졌던 아이들, 시대의 전위에 서 있었던 사진가들, 오늘날의 아프가니스탄에서 살아남은 소녀들, 그리고 비행과 우주 탐험 분야의 선구자들 등을 소개한다. 이들은 남성 위주의 사회와 전통적인 여성상에 저항하면서 여성이 품을 수 있는 꿈의 한계를 확장해나간 인물들이라는 공통점이 있다.

마가렛 에드워즈 상

1988년에 제정된 상이다. 작가뿐 아니라 일정 기간 동안 청소년들에게 인기 있고 지속적인 영향을 끼친 작품에 수여된다. 청소년들이 자신의 정체성을 탐구하는 데 도움을 주고 사회와 세계에서 청소년들의 역할과 중요성에 대해 충실히 언급하는 작품이 주요 대상이다. 교사이자 사서였던 마가렛 에드워즈는 청소년 도서관 운동에서 선도적 역할을 담당하였다. 도서관이 변변찮은 시골에서 청소년 서가를 따로 만들거나 독서 토론을 활성화하는 방식으로 공공도서관의 중요성을 일깨웠다.

코레타 스콧 킹 도서상

마틴 로터 킹 박사의 일생과 업적을 기념하고, 평화를 위한 노력을 멈추지 않은 코레타 스콧 킹 여사에게 명예를 돌리기 위해 제정되었다. 미국 흑인들의 경험을 표현한 미국 흑인 작가와 삽화가들의 청소년 도서와 아동도서 가운데 뛰어난 작품을 선정한다. 미국의 흑인 작가와 삽화가들이 자신들의 사회와 역사를 문학적으로 형상화하도록 도와주는 상으로서 그 의미가 있다.

물활적 삶의 스토리텔링이 강세

양연자

문학의 한 분야로서 아동문학은 특히 언어 습득기에 있는 아동이 접하는 문학이라는 점에서 더욱 중요하다. 아동문학이란 우선 독자를 어린이로 하나 과거의 어린이였던 어른까지도 수용 가능한 문학이다. 너무나 당연한 말이겠으나 이것은 아동문학과 일반문학과의 차이점이다. 우선 『일본대백과전서』(소학관, 1986)에서는 '어른이 어린이를 주요 독자로 상정하여 창작한 문학. 그림책 · 동화 · 소설 · 동요 · 시희곡 등의 순수 창작이 있고, 신화 · 전설 · 옛날이야기 등을 현대용어를 써서 문학적으로 표현한 작품이 있다.' 라고 정의하고 있다. 조금 더 읽어내려가면, '어린이는 정서 · 지능이 모두 미숙하여 성장과 함께 변화하는 유기체이므로 그들을 대상으로 한 문학은 첫째, 그들이 이해할 수 있는 범위를 넘어서는 안 된다. 둘째, 공감을 불러일으키지 않으면 안 된다. 셋째, 무엇보다도 그들이 건강하게 성장하는 데 걸맞는 내용이어야만 한다. 이 세 가

양연자 고려대학교 대학원 일어일문과 졸업했다. 문학박사. 일본 쓰쿠바대학 지역연구과 유학했다. 지금은 유한대학 산업일어과 조교수로 있다. 저서에 『가와바타 야스나리의 문학과 근대화』등이 있다.

지 점을 아동문학의 독자성이라 말할 수 있다.' 라고 덧붙이고 있다.

산업이 발달되지 못했던 근대 이전의 어린이들은 화롯가에서 할머니들이 들려주는 옛날이야기를 즐기며 성장했다. 어린이들은 같은 이야기를 아무리 반복해서 들려주어도 질리지도 않고, 자꾸만 더 듣고 싶어 한다. 그런 과정에서 그것은 이야기를 듣는 어린이 자신의 이야기가 되어 상상의 나래를 펼치며 마음속에 꿈을 간직하게 된다. 이와 같은 구술의 형태로 전승되어 왔던 옛날이야기는 일본이 메이지유신 이후 서구로부터 근대문명을 받아들이는 과정에서 '동화' 라는 장르로 새롭게 출발하게 된다. 본고에서 근대 이후의 일본의 아동문학의 흐름과 현대 일본의 주요 아동문학상에 관해 소개하고자 한다.

1. 아동문학의 흐름

1. 근대 이전

근대 이전, 어린이문학은 주로 성인들을 대상으로 한 신화, 전설, 모노가타리(物語), 오토기조시(お伽草子, 옛날이야기), 구사조시(草雙紙, 에도시대의 그림이 삽입된 대중소설), 요미혼(讀本, 에도시대 말기의 교훈적인 소설로 구사조시와는 달리 주로 읽기 위주로 되어 있다.)들 중에서 어린이들이 이해할 수 있는 부분만을 발췌해 읽힌다든지 어른들의 입을 통해 구전되는 형태로 존재해왔다.

『고지기(古事記, 일본의 최고 역사서)』의 신화나 영웅담에는 어린이들을 즐겁게 하는 이야기들이 무궁무진하다. 『다케토리모노가타리(竹取物語, 대나무 속에서 태어난 미녀 가구야히메가 5명의 귀공자의 구애를 마다하고 달

세계로 다시 돌아간다는 일본에서 가장 오래된 이야기)』 등도 어른들이 어린이들에게 들려주던 문학이었다. 그 뒤 무로마치 후기에서 근세 초기가 되면서, 손으로 일일이 그린 소시본(草紙本 : 종이를 매어서 만든 책)들이 생산되기 시작하는데, 이것은 주로 일부 상류층 어린이들만이 향유할 수 있었다. 그 후 목판 인쇄본 오토기조시가 대량 생산됨으로써 어린이 문학이 일반화하게 된다. 시대가 한참 흐른 후 에도시대부터는 어린이를 대상으로 한 '아카혼'이 출현하게 된다. 내용은 옛날이야기라든지 그 외에 전투, 웃기는 이야기 등을 포함한 에도시대의 이야기 책으로 중국 백화소설의 영향을 받아 주로 권선징악을 테마로 했다.

2. 근대 아동문학의 탄생

일본의 근대화를 서둘렀던 메이지정부는 1872년 학제를 공포하고, 근대공교육제도를 발족시킨다. 1886년에는 소학교령에 의해 취학의무를 법적으로 명기했다. 그 결과 어린이들은 신분과 빈부에 관계없이 누구라도 학교교육을 받을 수 있게 됨으로써 문자를 배워 책을 읽는 습관이 점차 정착되어 간다. 이러한 교육환경의 변화에 따라 〈소년원〉, 〈소국민〉, 〈소년문무〉, 〈소년세계〉라는 잡지들이 속속 창간된다. 이것이 어린이들의 독서생활에 파고들어 근대 아동문학 탄생의 토대가 된다.

이 시대의 아동문학에는 두 개의 큰 흐름이 있었다. 하나는 전대의 에도 말기부터 계승된 봉건적 사상이 내포된 그러면서도 어린이를 위한 문학이라는 점이 고려된 이와야 사자나미의 '아이들에게 들려주는 옛날이야기' 류이고, 또 다른 하나는 와카마츠 시즈코와 모리타 시켄에 의해 이루어진 세계명작 번역물류들이다.

이와야 사자나미는 소설로 문단에 등단해서 소설가로서 활동하였으

나 1891년 1월 박문관에서 총서 '소년문학' 제1편 창작동화 『고가네마루(こがね丸)』를 간행하여 대호평을 얻은 후부터는 아동물에 전념하는 작가로 전환한다. 이러한 이유로 이와야 사자나미의 『고가네마루』를 아동문학의 효시로 보는 설이 많다. 일본과 세계의 옛이야기를 재편성, 메이지와 다이쇼 기의 소년소녀들의 마음을 사로잡았던 〈소년세계〉의 주필로 활동하며 많은 공적을 세웠다.

한편, 버넷의 『소공자』(와카마츠 시즈코 번역)는 인간의 사랑이 얼마나 아름답고 강한가를 호소한 휴머니즘이 넘치는 내용의 작품을 언문일치체로 표현, 번역했다는 점에서 높은 평가를 받았다. 이로써 당시 어린이들에게 제공된 독서물들은 이 두 가지가 주류를 이루었다.

3. 근대 민주주의와 「빨간 새(赤い鳥)」

일본 아동문학이 이와야 사자나미의 '아이들에게 들려주는 옛날 이야기'로부터 탈피해 '동화'가 탄생한 시점은 오가와 미메이의 처녀동화집 『붉은 배(赤い船)』의 출현부터이다. 이것은 일본 최초의 창작 동화집으로 옛이야기의 교훈적인 내용과는 달리 감상적이고 시적인 서정성이 풍부한 내용의 작품들이 소개되었다.

1914년 제1차 세계대전이 발발하자 일본은 경제적으로 급속한 성장을 이루게 되고, 외국과 교류가 더욱 빈번해짐에 따라 외국으로부터 다양한 사상들이 유입된다. 그중에서도 특히 민주주의 사상은 국민생활에 지대한 영향을 주게 된다. 다이쇼 시기의 교육과 문화는 민주주의 시대사조와 맞물려 전개된다. 외국동화의 번안물들이 속속 출판되고, 부인잡지와 일간신문에 '동화란' 코너도 마련된다. 이러한 사회적 분위기를 타고, 1918년 스즈키 미에키치가 〈빨간 새〉라는 근대 동화 · 동요 잡지를 창간해 1936년 10월 종간하기까지 총 196권의 잡지를 출간한다.

당시 많은 문단 작가들이 〈빨간 새〉를 통해 뛰어난 작품들을 발표했다. 그 중에는 지금까지도 아동문학의 고전으로 일컬어지는 작품들도 있다. 아쿠타와 류노스케, 아리시마 다케오, 우노 고지, 오가와 미메이, 기쿠치 간, 사토 하루오, 도요시마 요시오 들과 같은 근대작가들이 이곳에 동화를 발표했다. 그중에서도 도요시마 요시오는 〈빨간 새〉 이외에도 〈소년구락부〉, 〈유년구락부〉 등에도 많은 작품을 발표한다. 그의 작품은 민요, 판타지, 리얼리즘 등의 다채로움을 보여주었다.

같은 시기에 중앙문단과 〈빨간 새〉와는 별도로 아동문학에 관여했던 작가로 미야자와 겐지가 있다. 그는 다이쇼기 중반부터 1933년 9월에 젊은 나이로 세상을 떠날 때까지 개성이 넘치는 수많은 시와 동화작품을 남겼다. 자비로 출판했던 『주문이 많은 요리집』이라든가 『은하철도의 밤』 등에서 날카롭고 감성이 풍부한 언어로 미래의 이상사회 실현의 염원을 담아내고 있다.

〈빨간 새〉의 창간은 봉건적인 아동관을 극복하고 어린이들만을 위한 진정한 문학을 창출해냈다. 지금까지의 동화는 어린이들이 어떻게 하면 그것을 재미있게 읽을 수 있는가에 초점을 맞추어왔으나, 이 시기에는 동화를 문학과 예술의 경지로까지 높이고자 했다. 그것은 향수와 추억을 모티브로 하는 동심주의(童心主義) 아동문학과도 연결된다. 동심주의는 기타하라 하쿠슈의 동요뿐만 아니라 오가와 미메이, 하마타 히로스케 들을 비롯해 시마자키 도손, 아리시마 다케오 들의 작품에서 활기에 넘치는 어린이상을 보여주고 있다. 동심주의 아동문학은 다이쇼 시기 민주주의 시대사조가 남긴 뛰어난 성과 중의 하나라 할 수 있다.

4. 제2차 세계대전 직후의 아동문학

1945년 8월 세계대전에서 패전한 일본은 군국주의 국가에서 민주주의 국가로의 전환을 선언한다. 민주주의가 각 분야로 확산되고, 아동문학 분야에서도 아동문학자협회를 중심으로 문화운동이 전개된다. 〈어린이광장〉, 〈소국민세계〉, 〈은하〉, 〈소년소녀〉 등과 같은 잡지들이 창간되어, 패전 후의 아동문학에 커다란 영향을 주었다. 이 시기에는 주로 반전평화와 휴머니즘을 주제로 한 작품들이 대부분이다.

5. 현대 아동문학의 성립

일본의 아동문학사에 있어서 가장 큰 지각변동은 1950년대에 일어났다. 패전 후 달라진 현실 속에서 어린이들을 위한 새로운 문학이 모색되던 시대였다. 구체적으로 언급하자면 '동화전통비판' 움직임이 일어난다. 이것은 오가와 미메이, 하마타 히로스케라는 동화작가의 작품이나 문학관, 아동관을 비판하는 가운데 이루어진다. '동화전통비판' 을 거친 일본 아동문학은 시적, 상징적인 동화에서 산문적, 소설적인 '아동문학' 으로 발전한다. '동화전통비판' 을 선도했던 작가 중 하나였던 후루타는 미메이의 작품 『빨간 양초와 인어』를 다음과 같이 비판한다.

'인어는 남쪽 바다에서만 사는 것이 아닙니다. 북쪽 바다에서도 살고 있습니다. 북쪽 바다색은 파랗습니다. 어느 날 바위 위에 여자 인어가 올라와 주위의 경치를 바라보며 쉬고 있었습니다. 구름 사이로 새어나오는 달빛이 쓸쓸하게 파도 위를 비추고 있었습니다.'

이 문장 속에서 가장 중요한 말은 '북쪽 바다' 이다. 이 '북쪽 바다' 는 우리들이 일상적으로 사용하고 있는 '지리' 를 뜻하는 말이 아니다. 이 문장에서의 '북쪽' 은 이 단어가 내포하고 있는 속성인 '어둡고 쓸쓸하고 고독한 환경' 을 상징하고 있는 것이다. 그래서 바다도 파도도 인어에게 적대감을 가지고 있는 것처럼 표현되고 있는 것이다.

이처럼 미메이와 같은 작가들은 하나의 단어를 사용할 때 그것이 가지고 있는 사전적이고 보편적인 의미보다는 그 단어로 인해 연상되는 개인적인 정서와 상황을 더 강조하고 있었다. 이는 문학에 있어서 어느 정도 필요한 요소지만, 전쟁과 패전을 겪은 일본의 달라진 사회구조라든지 전쟁문제를 아동문학에서도 다루어야만 할 필요성이 대두되어 전후 아동문학은 이전의 시와 상징문학으로부터 산문적이고 소설적인 문학으로 바뀌어 간다. 이를 통해 아동문학은 산문성을 획득하고 리얼리즘을 심화시킬 수가 있었고, 그것을 기반으로 1970년대 후반에는 일본 아동문학에서 지금까지 터부시되어 왔던 성(性)이라든가 가출, 가정 붕괴, 이혼, 자살 문제까지도 적극적으로 아동문학의 주제로 다루게 된다.

전전부터 전후에 걸친 일본 아동문학의 내면에 예리한 메스를 가해 약점을 극복할 것을 제창하고 새로운 방향을 제시했던 것은 1953년 9월 와세다대학동화회 기관지 〈소년문학〉 제19호에 발표된 '소년문학선언' 으로, 거기에서 아동문학이 극복하지 않으면 안 되는 4개의 항목(메르헨, 생활동화, 무국적동화, 대중적 소년소녀 모노가타리 등)을 들어 비판한다. '소년문학선언' 은 아동문학의 세대교체를 이루는 획기적 사건이었다. 그 정신은 직접적으로는 동인지 〈작은 친구〉로 계승된다. 동인의 한 사람이었던 후루타는 '상징동화에 관한 의문', '근대 동화의 붕괴' 등의 논문을 통해서 오가와 미메이에 관한 비판을 시작으로 과거의 동화전통과의 결별을 역설했다. 이후 '소년문학선언' 이 기대하던 새로운 시대의 일본 아동문학이 창조된 것은 '소년문학선언' 이후 수년이 지난 1956년 사토 사토루의 장편 『아무도 모르는 작은 나라』, 1960년 마츠타니 미요코의 『용의 아들 다로』, 1960년 이마에 쇼치의 『산 너머는 푸른 바다였다』 등이 이 시기에 탄생된다.

한편 이시이 모모코는 〈어린이와 문학〉에서 캐나다 아동문학자 리리안.H.스미스의 영향하에 일본 아동문학에서 미메이와 히로스케 전통을 부정하고 새로운 시대에 걸맞는 아동문학의 필요성을 역설하였다.

즈보타 겐지가 1963년 10월 격월간 잡지 〈비와노미각코〉를 창간한다. 이 잡지를 통해 휴머니즘에 바탕을 둔 우수한 작품들이 쏟아져나온다. 장편으로는 오이시 마코토의 『교실 205호』, 아만 기미코의 『하얀 모자』 등을 비롯해 마츠타니 미요코의 유년동화 『모모짱』도 이 잡지에 등장한다. 이들 중 작가들의 대부분은 다이쇼에서 쇼와 초기에 걸쳐 태어난 세대로서 전쟁을 체험한 세대이다. 그들은 죽음을 응시하면서 청춘을 보낸 세대였다. 따라서 그들의 손에 의해 '전쟁과 평화' 라는 문제가 적극적으로 다루어지고 반전평화 아동문학이 정립된다.

6. 현대 어린이와 아동문학

일본 경제의 고도성장과 과학기술의 발전은 어린이들의 환경에도 지대한 영향을 미쳤다. 책을 누구라도 손쉽게 구할 수 있는 최적의 환경, 학교 도서관이나 공립 도서관이 충실하게 정비되면서, 아동도서 출판사도 기하급수적으로 늘어난다. 그럼에도 불구하고 1960년대 후반 텔레비전, 비디오, 영화, 만화, 애니메이션 등의 등장으로 어린이들이 오히려 활자로부터 멀어지는 현상이 나타나게 된다. 그뿐 아니라 이러한 영상물들이 오히려 문자를 주최로 한 문학을 앞지르고 있는 게 현실이다.

2. 뛰어난 아동문학 작품들

1. 이와야 사자나미의 '니혼무카시바나시'

근대아동문학은 기점을 어디에 두는가에 관한 여러 가지 설이 있으나, 그 중에서도 이와야 사자나미의 『고가네마루』를 아동문학의 기원으로 보는 설이 많다. 1891년 1월 이와야 사자나미는 총서 '소년문학' 제1편에 창작동화 『고가네마루』를 간행했다.

'니혼무카시바나시' (일본의 옛날이야기)는 처음에 12편 예정이었으나, 호평을 얻자 점차 늘어나 모두 24편이 되었다. 여기에 수록된 24편 중 『모모타로(복숭아도령)』, 『사루카니갓센(원숭이와 개의 싸움)』, 『하나사키할아버지』, 『시타키리스즈메(혀 잘린 참새)』, 『가치가치야마(똑딱산)』는 일본의 5대 오토기조시(옛날이야기)로 널리 알려져 있다. 이들 총서는 그때까지 남아있던 에도시대의 아카 혼을 어린이들만을 위한 근대적 이야기 책으로 정형화시켰다는 점에 있다. 먼저 '문체' 로서 '언문일치체'를 사용했다는 점이다. 두 번째는 옛날이야기의 충실한 보존이라기보다는 때로는 시사 화제를 담은 오락적 측면을 강조했다. 세 번째로 내셔널리즘의 반영을 들 수 있다. 특히 『모모타로』에서 주인공 모모타로가 도깨비를 퇴치하기 위해 길을 나서는 이유 중 하나가 '황국을 위한 오니가시마의 정벌' 이었다. 당시 청일전쟁 중이었던 시대적 상황을 감안할 때 황국사상에 근거한 내셔널리즘이 반영되어 있었던 것을 알 수 있다.

2. 하마타 히로스케의 『찌르레기의 꿈』

1893~1973. 야마가타 현 출신. 와세다대학교 영문과졸. 오사카 아사

히신문에 『황금 벼이삭』이 당선된 이후 〈양우(良友)〉지의 편집자, 작가가 되어 동화를 쓴다. '히로스케 동화'로 일컬어지는 유년동화를 써 일본 근대 아동문학에 커다란 발자취를 남긴다.

『찌르레기의 꿈』은 감정이입과 시정(詩情)의 상징성이 잘 드러난 작품으로서 줄거리는 다음과 같다.

들판의 오래된 밤나무 줄기에 난 구멍에서 찌르레기 아버지와 아들이 살고 있었다. 어느 날 밤 마른 낙엽에 불어대는 바람소리를 듣고 찌르레기 아들은 집 나간 어머니가 돌아온 줄 알고 눈을 번쩍 뜬다. 그리고는 문 밖에 나가보니 나뭇가지에 마른 잎이 한 장 매달려 있었다. 그날 밤 아들은 꿈속에서 하얀 새를 만나 엄마라고 불러본다. 문 밖의 나뭇잎에 하얀 눈이 쌓여 있다. 아들은 지난 밤 꿈속에서 보았던 하얀 새는 아마도 이 마른 잎이었을지도 모른다는 생각에 자신의 날개로 나뭇잎에 쌓인 눈을 털어준다.

3. 기타하라 하쿠슈의 『잠자리의 눈』

1885~1942. 후쿠오카 현 출신. 와세다대학교 영문과 졸업. 문단에서 시인으로서의 지위를 확고히 구축한 뒤, 1918년 잡지 〈붉은 섬〉의 창간을 계기로 동화창작에 전념 1,200여 편의 작품을 남겼다.

『잠자리의 눈』은 하쿠슈 최초의 동화집으로 총 28편의 동화가 수록되어 있다. 그 중에 24편은 〈붉은 섬〉에 발표된 것들이다. 와라베우타(わらべ歌 : 옛날부터 어린이들이 부르던 노래)의 전통을 계승, 재창조한 것과 리듬감이 넘치는 것 등 다양한 경향의 작품들이 있다. 다음은 와라베우타의 전통을 계승, 재창조한 시들 중의 하나인 「아카이도리 고도리」를 소개한다. 이것은 일본 전역에 널리 전해져오는 자장가를 바탕으로 만

든 소재와 내용과 리듬이 단순한 동요이다.

아카이도리, 고도리
어째서 어째서 빨갛지
빨간 열매를 먹어서지

시로이도리(白い鳥), 고도리
어째서 어째서 하얗지
하얀 열매를 먹어서지

아오이도리(青い鳥), 고도리
어째서 어째서 파랗지
파란 열매를 먹어서지

4. 오가와 미메이의 『빨간 양초와 인어』

1882~1961. 니카타 현 출신. 와세다대학교 영문학과 졸업. 소설가로서 출발, 1926년 이후 아동문학에 전념 일본 근대 아동문학의 중심에 우뚝 선 존재가 되었다. 미메이의 『빨간 양초와 인어』의 대략의 이야기는 다음과 같다.

북쪽 바닷가 마을 끝자락에 양초 만드는 노부부가 살고 있었다. 노부부는 인어가 낳은 여자아이를 주워와 친자식처럼 애지중지 키운다. 인어 아가씨는 자신을 키워준 노부부에게 은혜를 갚기 위해 그들이 만들어놓은 양초에 물고기라든지 해초 그림을 그려 넣어주었다. 노부부는 그림양초를 팔아 금세 부자가 되었다. 그러나 그들은 거기에서 만족하지 못하고 욕심에 눈이 멀어 남쪽 나라에서 온 방울장수의 꼬드김에 넘어가 인어 아가씨를 팔아넘긴다. 방울장수가 그녀를 데리러왔을 때, 그녀는 손에 들고 있던 양초에 더 이상 그림을 그리지 못하고 얼굴만 빨간 양초처럼 새빨갛게 물들이고 있었다. 달 밝은 밤 인어는 나무틀에 옮겨져 배에 실려간다. 한밤중에 갑자기 커다란 돌풍이 불어와 인어아가씨를 실었던 배는 전복되고, 이윽고 해변 마을도 사라지고 만다.

기승전결이 뚜렷해 알기 쉬운 구조와 묘사가 회화적으로 그려져 있다. 푸른 바다, 붉은 물감, 하얀 양초, 새빨간 양초 등 원색을 주로 한 색채의 세계가 풍요롭게 그려져 있다. 「빨간 양초와 인어」는 나중에 미메이를 비판하는 풍조가 일어났을 때 일시적으로 논란이 되었다.

5. 미야자와 겐지 『은하철도의 밤』

1896~1933. 이와테 현 하나마키 출생. 모리오카 중 · 고등 농림농예화학과 졸업. 학우들과 동인지 〈아자리아〉에서 문학활동 전개. 1924년 12월에 처녀동화집 『주문이 많은 요리집』을 모두 자비로 출판했으나 당시는 그다지 주목받지 못했다. 과학과 종교에 관심이 많았던 미야자와 겐지의 『은하철도의 밤』은 1931년도 쓰여진 것으로 과학과 종교 부분이 상당히 작품 안에 중첩되어 있는 특징이 있다.

고기잡이 나가서 돌아오지 않는 아버지와 병석에 누워있는 어머니를 돌보는 소년 죠반니는 학교에서는 학대를 받지만 동급생인 캄파넬라에게만은 동경의 대상이다. 어머니를 위해 우유를 얻으러 갔으나 거절당하고 할 수 없이 빈손으로 돌아오는 길에 짓궂은 자넬리 일당들을 만나 놀림을 당한다. 그런데 그들 패거리에 캄파넬라도 섞여 있었다. 너무나 슬픈 죠반니는 강 어귀에 있는 완만한 구릉언덕 꼭대기에 올라가 은하수를 바라보며 잠든다. 꿈속에서 은하철도를 탄 죠반니의 귓가에 첼로와 같은 박사의 목소리가 들려온다. 이 목소리는 은하의 세계는 지상의 세계와는 다르다는 것을 알려준다. 문득 보니까 앞좌석에 캄파넬라도 있다. 백조 정류장에서 내린 두 사람은 호두나무 화석을 줍는다. 조금 더 가자 독수리랑 기러기를 잡아서 먹는 사냥꾼도 탄다. 차장이 차표를 검사할 때 죠반니는 어디든지 갈 수 있는 차표를 보여준다. 그런데 사냥꾼은 어느새 사라지고 어린 여동생을 데리고 한 청년이 승차한다. 그 청년은 여객선의 난파로 여기까지 왔다고 한다. 캄파넬라가 그 여동생과 이야기하고 있는 것을 보고 죠반니는 질투심을 느낀다. 열차가 콜로라도 고원, 쌍둥이 별, 전갈 불을 통과해, 사잔크로스 역에서 청년 일행이 내린다. 그리고 얼마 안 지나 캄파넬라의 모습도 갑자기 사라져버린다. 울고 있는 죠반니에게 첼로 목소리는 '모두가 캄파넬라야. 모두가 행복을 원해.' 라고 다정하게 이야기해준다. 그 순간에 죠반니는 눈을 뜬다. 죠반니는 박사(부르카니로)에게 앞을 향해 나아갈 것을 약속한 뒤 언덕을 내려온다. 그때 죠반니는 왠지 슬픈 것 같기도 하고, 새로운 것 같기도 한 무어라 할 수 없는 심정이 된다.

6. 마츠타니 미요코 '모모짱' 시리즈

1926~ . 동경 출신. 츠보타 켄지에게 사사받음. 1952년 『조개가 된 아이』가 제1회 일본 아동문학자협회 신인상을 받는다. 『용의 아들 다로』가 제1회 고단샤 신인상에 입선, 산케이 아동출판 문화상, 국제 안데르센상 수상한다. 한편 사소설적인 유년 동화 『찌이사이 모모짱』이 1964년 노마아동문예상과 NHK 아동문학 장려상을 받는다. 그후 '모모짱' 시리즈 제4편 『모모짱과 아카네짱』이 빨간새 문학상을 받는다. 1992년

『아카이짱의 눈물 바다』까지 모두 6권으로 완결. 이 외에도 고발문학, 전쟁아동문학, 민화를 재편성한 작품 등 다양한 작풍을 선보이고 있다.

어느 여름날 우렁찬 울음소리와 함께 태어난 모모짱은 아기 고양이 '부' 를 만나 사이좋게 지낸다. 다섯 살이 되던 해 여자동생 아카네짱이 태어난다. 부는 자무와 결혼. 여동생 아카네짱도 친구가 생긴다. 그러나 가족이 늘어 시끌벅적한 모모짱네 집에 부모님이 이혼하는 사건이 벌어진다. 결국 새집으로 이사하게 된 모모짱과 아카네짱에게 오직 유일한 친구는 산 속에 사는 곰과 늑대뿐이라 늑대네 집에도 갔다가, 곰네 집에도 놀러다니면서 성장해간다. 부와 자무와의 사이에도 아기 고양이가 태어난다. 아카네짱이 초등학교 1학년 때 아빠가 돌아가시고, 시간이 흘러 세 사람은 아빠가 좋아하던 노래를 힘차게 부른다.

이러한 내용의 시리즈 동화는 28년간 유년동화의 대표작으로 세대를 초월해 넓은 독자층으로부터 사랑받는 작품이 된다. 마츠모토 자신의 자전적 작품이라는 평이 나올 정도로 작품 내용에 리얼리즘이 넘친다. 지금까지 터부시되어 왔던 이혼을 정면으로 다루고 있다.

3. 일본의 아동문학상

츠보타 겐지 문학상

1) 주최 : 오카야마시 문학상 운영위원회
2) 창설 연도 : 1984년
3) 대상 작품 : 전년 9월 1일부터 당년 8월 31일까지 간행된 문학작품
4) 발표 : 1월

5) 목적 : 오카야마 시 출신의 소설가이자 아동문학가인 츠보타 겐지의 업적을 기리고 시민의 창작활동을 장려하기 위해 창설되었다. 성인과 어린이 모두가 공유할 수 있는 세계를 그려낸 작품에 수상.

고단샤 출판문화상

1) 주최 : 고단샤

2) 창설 연도 : 1970년

3) 대상 작품 : 전년 3월 1일부터 당해 2월말까지 간행된 그림책

4) 발표 : 4월

5) 목적 : 고단샤 창립 60주년을 기념해서 삽화, 사진, 북 디자인, 아동만화, 그림책 다섯 개 부문에서 신분야 개척과 질적 향상을 꾀하고, 출판문화 발전에 기여하는 것을 목적으로 창설되었다.

히로스케 동화상

1) 주최 : 히로스케 동화상 위원회, 다카하다마치. 다카하타마치 교육위원회, 하마타 히로스케 기념관, 일본아동문예가협회

2) 창설 연도 : 1990년

3) 선정 방법 : 공모

4) 대상 작품 : 매년 7월부터 6월말까지 단행본(자비출판 포함) · 신문 · 잡지(동인지 포함)에 새로 발표된 유아에서부터 초 · 중등 학생을 대상으로 한 동화(그림책은 제외) 중에서 선출.

5) 매년 7월 상순에 응모, 10월 상순 기념회견에서 발표.

6) 목적 : 일본의 안데르센이라 불리는 하마다 히로스케의 업적을 칭송하여 1989년 야마가타 현에 하마타 히로스케 기념관 설립 및 하마타 히로스케가 초대회장을 역임했던 일본아동문예가협회가 발족된 지 35

주년을 기념하여 1990년에 창설되었다. 히로스케 동요의 저변에 흐르는 인간적인 사랑과 선의, 시혼(詩魂)을 계승하고 아동문학이 더욱 더 발전하기를 염원하며, 1년간 출판되었던 유소년동화로부터 새로운 동화세계를 창조한 뛰어난 작품에 수여한다. 특히 미래를 짊어질 어린이들이 인간으로서 살기 위해 잊어서는 안 되는 소중한 것－상냥함과 측은지심과 배려의 마음－들을 함양하는 것을 목적으로 한다.

7) 상, 상금 : 상장과 브론즈상, 부상 50만 엔

무쿠 하토쥬 아동문학상

1) 주최 : 가고시마 시, 가고시마 시 교육위원회

2) 창설 연도 : 1990년

3) 대상 작품 : 전년도 1월 1일부터 12월 31일까지 출판된 신인작가의 초간본만을 대상으로 하는 독특한 상으로 아동문학계에서도 중요한 위치를 점하고 있다. 시, 동요, 그림책, 논픽션은 제외.

4) 목적 : 나가노 현에서 태어났으나 평생을 가고시마 시에서 활약했던 아동문학작가 무쿠 하토쥬의 공적을 영구히 기리기 위해 가고시마 시 제정 100주년을 기념하여 가고시마 시에 의해 제정되었다.

5) 선정 방법 : 작자 자신의 응모 외에 출판사나 보도기관 등의 추천.

6) 2010년 수상작으로는 센다이 시의 카피라이터인 사사기 히토미의 「보쿠또아이츠노라스트란(ぼくとあいつのラストラン)」이 선정되었다. 이 작품은 산골마을에 살고 있는 초등학교 4학년생이 주인공으로 나온다. 자신이 좋아했던 이웃집의 '지짱' 의 죽음에 당황하면서도 앞을 향해 나아가는 주인공의 삶의 모습을 그려내고 있다. 초등생인 주인공을 통해 가까운 사람의 죽음을 정면으로 응시, 다루었다는 점을 들어 아동문학에 새 지평을 열었다는 평을 받았다.

7) 상, 상금 : 상장과 기념품, 부상 200만 엔

후쿠시마 마사미 기념 에스에프동화상

1) 주최 : 이와나미쇼텐

2) 창설 연도 : 1983년

3) 대상 작품 : 초등학교 3, 4학년에서부터 고학년도 즐길 수 있는 에스에프 및 에스에프성 판타지, 모험, 미스터리, 호러물, 넌센스 등의 공상물로 한 개의 작품으로 단행본이 될 수 있는 것

4) 발표 : 4월

5) 일본의 에스에프물 육성에 지대한 공헌을 남긴 아동 에스에프의 번역가이면서 작가였던 후쿠시마 마사미의 유지를 계승하고 그를 기념하여 창설되었다. 아동을 대상으로 한 에스에프 엔터테인먼트 작품을 쓰는 신인작가 발굴을 목적으로, 소년문예작가클럽과 이와나미쇼텐이 설립했다. 창설 초에는 대상에 합당한 작품이 없었던 적도 있었으나 점차 응모자수가 늘어나, 현재는 신인 아동문학 작가들의 등용문으로서 이름이 높다. 그 뒤, 소설, 영화, 코믹, 게임세계로 확장되어감에 점차 에스에프물로서의 경계가 애매하게 되어간 까닭에 제16회 이후에는 에스에프물에 한정되지 않고, 에스에프적인 모든 장르로까지 확대되고 있다.

산케이 아동출판문화상

1) 주최 : 산케이신문사

2) 창설 연도 : 1954년

3) 대상 작품 : 전년도 1월 1일부터 12월 31일까지 일본에서 출판, 간행된 아동서적 중에서 선정위원들의 심사를 거쳐 선정된다.

4) 목적 : '학교도서법' 시행에 맞춰서 1954년에 산케이신문사가 창

설한 상으로 차세대를 짊어지고 갈 어린이들에게 우수한 책을 제공할 목적으로 제정되었다. 현재 후지텔레비전과 일본방송에서 후원하고, JR 그룹이 협찬하고 있다.

5) 선정 방법 : 추천. 산케이신문사가 위촉한 선정위원이 추천과 각출판사 자체 추천도서를 참고 자료로 해서 대상, 상, 미술상, 추천도서를 선정한다.

6) 발표 : 수상작은 매년 5월 5일 어린이날에 발표.

7) 2007년 수상기준이 일부 개정되어 지금까지는 해외아동서의 번역본에 대해서도 수상 대상으로 하였으나, 수상작에 번역본이 워낙 많았던 까닭에 일본인 또는 일본에 거주하는 원작자의 책으로 한정하는 것으로 개정되었고, 새롭게 번역 작품상이 제정되었다.

8) 상, 상금 : 대상(출판사에 상장과 브론즈상. 저자에게 상장과 기념품. 상금 50만 엔), JR상(출판사에 상장과 트로피. 저자에게 상장과 기념품. 상금 30만 엔), 미술상(출판사에 상장과 트로피. 저자에게 상장과 패. 상금 10만 엔), 추천 출판사와 저자에게 상장과 패를 수여.

빨간 새 문학상

1) 주최 : 아카이도리회

2) 창설 연도 : 1971년

3) 대상 작품 : 전년 1월 1일부터 그해 12월 말까지 간행된 아동문학 작품.

4) 목적 : 1918년 7월에 창간된 잡지 〈빨간 새〉의 업적을 기념해서 츠보타 겐지가 중심이 되어 창설된 상으로 '빨간 새 대표작집', '빨간 새 걸작집' 등의 인쇄를 기금으로 우수한 아동문학 작품에 수여함.

5) 선정 방법 : 비공개. 아동문학 관계자들의 앙케이트 조사를 토대로

후보작품 선정.

6) 발표 : 매년 6월에 발표, 7월에 수상식

7) 상, 상금 : 상장과 패, 부상 30만 엔

소학관 아동출판문화상

1) 주최 : 소학관, 일본아동교육진흥재단

2) 창설 연도 : 1952년

3) 대상 작품 : 전년 4월부터 당해 3월까지 유년 및 소년소녀 대상으로 한 국내에서 초판 간행된 잡지 · 단행본 · 신문에 처음으로 발표된 그림책 · 동화 · 문학작품.

4) 목적 : 쇼가쿠간 창업 30주년을 기념하여 아동문화 진흥에 기여하기 위해 제정됨. 처음의 문학부문과 그림부문의 2개의 부문으로 운영되었으나 1960년부터 2개를 분리 독립시켰다가 1996년부터 발전적으로 통합 '소학관아동출판문화상' 이 되었다.

5) 선정 방법 : 공모, 관계자들의 추천

6) 발표 : 매년 9월에서 10월에 결정. 소학관 발행 잡지 10월 중순에서 11월 상순 발매 호에 발표.

7) 상, 상금 : 브론즈상, 부상 100만 엔.

노마아동문예상

1) 주최 : 노마문화재단

2) 창설 연도 : 1962년

3) 대상 작품 : 아동을 대상으로 하는 소설 · 동화 · 희곡 · 넌픽션 · 시 · 동요 등으로, 과거 1년간 신문 · 잡지 · 단행본 등에 발표된 작품 중에서 우수한 것을 선정해 수여한다.

4) 목적 : 노마아동문예상은 '노마문예상' 에 포함되어 있다. 아동문학 부문을 독립시켜 제정한 상으로 우수한 작품 및 장래성 있는 신인 발굴을 목적으로 한다.

5) 선정 방법 : 비공개

6) 발표 : 9월 하순

7) 상, 상금 : 노마아동문예상(브론즈상, 부상 200만 엔), 신인상(상패, 부상 100만 엔)

오가와 미메이상

1) 주최 : 오가와 미메이 문학상 위원회, 죠에츠시(上越市)

2) 창설 연도 : 1992년

3) 대상 작품 : 초등학교 3학년에서 6학년까지의 독자를 대상으로 하는 미발표 창작 아동문학. 프로, 아마 불문

4) 목적 : 일본 근대동화의 아버지라고 불리는 오가와 미메이가 죽은 지 30주년을 기념해서 창설되었다. 어린이들의 마음에 꿈과 희망을 키워주는 아동문학 작품에 수여한다.

5) 발표 시기 : 11월경

참고문헌

安藤美紀夫『子どもと本の世界』(角川書店, 1981)

日本兒童文學學會編『兒童文學研究必携』(東京書籍, 1976)

日本兒童文學學會編『兒童文學研究の現代史』(小峰書店, 2004)

關口安義『アプローチ兒童文學』(翰林書房, 2008)

菅忠道『日本の兒童文學』(大月書店, 1966)

關口安義 外『兒童文學世界入門兒童文學』(中教出版株式會社, 1993)

동시

우리 집 에어컨 외 1 편 | 고광근
잉어 외 1편 | 김용희
보고 싶어 모은 거래-가재미 외 1편 | 문삼석
가을 외 1편 | 이미애
사전찾기 외 1편 | 이성자
나무공경 외 1편 | 이창건

| 동시 | 고광근

우리 집 에어컨

폭폭 찌는
더위야
아무리 더워 봐라
우리 엄마 창문 열면 그만이야

푹푹 찌는
더위야
아무리 더워 봐라
우리 엄마 선풍기 틀면 그만이야

팍팍 찌는
더위야
아무리 더워 봐라
우리 엄마 에어컨 켜나 안 켜나

엄마한테 따돌림 당한
우리 집 에어컨
아빠만 돌아오면
아빠하고 바람 피운다.
씽씽 쌩쌩
한바탕 찬바람 피운다.

물총 맞은 할머니

시골에서 올라오신 할머니
주춤주춤
화장실에 가셨어
어이쿠 아이쿠
깜짝 놀라
화장실 문을 열어 보니
우리 할머니
비데 물총 맞고
엉덩이 들썩들썩
얼굴 붉으락푸르락
수세미처럼 오글쪼글한
우리 할머니
엉덩이만 물총 맞아
뽀얗고 탱글탱글해졌네

고광근 창주문학상과 눈높이아동문학상, 대산창작 기금을 받았다. 어린이와 어린이를 위한 시 쓰기에 관심이 많다. 동시집으로 『벌거벗은 아이들』이 있다.

잉어

내가 다가간 기척에
깨어나는
공원 연못

스르르,
울긋불긋
수를 놓는 잉어들

멀찍이
놀던 아이들이
잉어처럼 몰려온다

김용희 아동문학 평론가. 제9회 방정환 문학상을 수상. 지은 책으로 『동심의 숲에서 길 찾기』, 『디지털 시대의 아동문학』, 『너의 가슴에 별 하나 빠뜨렸네』 등이 있다.

수영

—천수만에서

하늘 한쪽 꽉 메우고
요리조리 나는 새 떼

부딪히면 어쩌나
떨어지면 어쩌나

어, 어, 엇!
놀라다 못해
눈을 질끈 감는 동생

물고기처럼 하늘을
몰려다니는 검은 물결

"새들도 수영하나 봐!"
외친 내 감탄소리에

동생이
눈을 번쩍 뜨며
"야, 모두 박태환이네!"

보고 싶어 모은 거래

—가재미

보고 싶어 모은 거래.
두 눈 다
한쪽으로…….

오래오래 보고 싶어,
두고두고 보고 싶어,

한쪽으로 모은 거래.
가재미는
제 두 눈을!

문삼석 조선일보 신춘문예 동시 당선, 동시집으로 『산골물』, 『우산 속』, 『이슬』 등이 있다. 계몽사아동문학상, 세종아동문학상, 소천아동문학상, 대한민국문학상 등을 수상했다.

느으릿느으릿
—나무늘보

-벌써 점심시간이야?

나무늘보가 나무 위에서
느으릿,
느으릿
돌아눕습니다.

-방금 전에 아침 먹었는데…….

갈고리 발톱으로 나뭇가지 붙들고
느으릿,
느으릿
돌아눕습니다.

ㅣ동시ㅣ이미애

가을

반짝반짝 빛 화살을 쏙 쏙 쏘아서
찌그러진 과일에도
속속들이 단 맛이 들게 하고
누릇누릇 늙은 호박은
붕붕 황금 말벌이 지키게 하고
찬바람에 확 붉게 물든 잎을
한 장씩 한 장씩 툭툭 떨어뜨려
이제 식어가기 시작하는 땅 위에
두툼하고 축축한 낙엽 담요를
천천히 두르는 가을.

이미애 조선일보 신춘문예에 동시 당선. 눈높이아동문학상, 새벗문학상 수상. 지은 책으로 『반쪽이』, 『행복한 강아지 뭉치』, 『뚱보면 어때, 난 나야』, 『멋진 내 남자친구』 등이 있다.

행복한 토끼

난 기다란 귀를 가진 토끼.
몽실몽실 토끼들 틈에 섞여
털을 맞대고 있으면 포근포근 편안해.
그 토끼들 틈에서 나를 어떻게 찾느냐고?
으음, 난 늘 옆구리에 커다란 그림책을 끼고 다녀.
다른 토끼들이 풀밭에서 뒹굴뒹굴 놀 때
한 장 한 장씩 책을 읽어. 읽은 것도 야금야금 또 읽어.
그런데 말이야. 오늘 아침부터
안경을 끼게 되었어. 으아악!
안경 낀 토끼라니.

기분이 좋지 않아. 코끝에 걸친 이 안경 때문인가 봐.
가만 내버려둬. 동굴 속에 들어가 좀 울 거야.
눈물이 동굴을 철철 넘쳐흐르면
아깝지만 그림책을 북 찢어
종이배를 꾹꾹 접을래. 그 종이배를 타고
안경 낀 토끼들만 모여 사는 나라에 가 닿을 거야.
똑똑똑. 안경 토끼입니다. 안녕하세요.

안경 토끼 씨들은 두 팔 벌려 나를 맞아주겠지.
나는 다른 토끼들과 똑같아지겠지.
그럼 나를 어떻게 찾을 수 있느냐고?

아, 걱정 마. 예쁜 도라지꽃 색깔로 귀를 물들일 테니까.
그러고 커다란 가방을 메고 다닐 거야. 가방 속에는
책과 뜨개질바늘과 털실을 잔뜩 넣어 다닐래.

알록달록 털실로 뭘 할 거냐고?
그야 당연히 많고 많은 가방을 뜰 거야.
책이랑 바삭바삭 말린 홍당무 과자랑 사과랑
또 좋아하는 것들을 잔뜩 넣어 다닐 수 있도록
커다랗고 헐렁헐렁하고 질긴 가방을 토끼들에게 떠 줄래.
안경 낀 토끼들이 모두 귀를 물들이고 큰 가방을 메고 다니면
어떻게 나를 찾아낼 수 있겠느냐고?

걱정 마, 걱정 마.
남은 자투리 털실을 모아 큰 날개를 뜰 거야.
한 코 한 코 촘촘하게 뜬 날개를 등에 매달고
온 세상 토끼들을 만나러 다닐래.
토끼들을 만나면 꼭 물어봐야지.
"행복한가요? 토끼 씨."

저기, 있잖아. 사실은 말이야. 나는
꼬질꼬질 손때 묻고 털이 납작 누워버린
철사 안경 낀 낡은 봉제 토끼야, 볼품없는.
하지만 난 눈감으면 온갖 아름다운 것,

즐거운 것들을 떠올릴 수 있어.
내가 기쁨에 넘쳐 시를 읊기 시작하면

천천히 단맛을 느끼며 홍당무를 씹고
통통하고 잘 익은 씨앗을 골라 먹을 줄 알고
바스락 소리에도 귀를 쫑긋,
재빠르게 후닥닥 달아날 줄 아는
진짜 토끼들도 풀밭에서 조용히 귀를 기울이지.

난 나달나달 낡아빠진 안경 낀 봉제 토끼.
진짜 토끼가 아니어도, 진짜 행복해.

| 동시 | 이성자

사전찾기

국어사전을 펼치자마자
문턱까지 나와 있던 낱말들이
우르르 눈앞으로 달려드는 거야

나도!
나도!
먼저 봐달라고 떼쓰는 낱말들 때문에
정신이 없어

두런두런
와글와글

차례차례 눈 맞추고 나니
어느덧 조용

이제야 겨우
모르는 낱말 뜻을 알 수 있었단다.

이성자 아동문학평론, 동아일보 신춘문예에 당선. 한정동아동문학상, 방정환문학상 등을 수상했다. 지은 책으로 『키다리가 되었다가 난쟁이가 되었다가』, 『뭐가 다른데?』 등이 있다.

그리움

친구야
방금 네가 보낸 편지를 받았단다

주소를 확인하는데,
네모 칸 우편번호들이
빙그레 웃으며 다가왔어

잠시 바라보고 있는데,
우편번호 창이 마법에 걸린 것처럼
스르르 열리는 거야

열린 창문 사이로
그리운 네 얼굴 아른아른했어

친구야
반가워서, 너무도 반가워서
나도 우편번호 열린 창문으로
훌쩍 뛰어들었단다.

나무공경

나는 나무 앞에서는
서 있는 게 편하다
앉아 있는 게
누워 있는 게
몸은 편한데
마음은 불편하다
나무 앞에서는
서 있는 게
나무에 대한
공경이라고 생각한다

이창건 아동문예에 동시가 당선되어 등단. 대한민국문학상과 한국아동문학상을 수상했다. 동시집으로 『풀씨를 위해』, 『나무는 어떻게 사나』, 『비는 하늘에도 내린다』등이 있다.

나쁜 벌

아픈 엄마가
감기약을 먹은 뒤
피부에 붉은 반점 같은
상처가 났는데
일요일 성당 갔다 오는 길
벌 한 마리 나한테 오길래 쫓았더니
엄마한테 달려들어
손을 쏘고 날아갔다
그렇지 않아도 상처 많은 엄만데
또 하나 상처를 보탠 벌
그 놈은 참 나쁜 벌이다

정기구독 및 후원안내

사람의 성장기에서 15세까지 익힌 사고와 정서의 총화가 일생을 좌우한다고 합니다. 그 시간은 또한 사람이 신의 마음과 가장 가까이 머물러 있는 시간이기도 합니다. 그러기에 어른이 되어서도 이 유년의 정서를 보물처럼 간직하고 싶어하지요.

어린이문학 또한 신의 경계에 가장 근접해 있는 예술이고 어린이의 언어 또한 신의 언어와 가장 닮아 있다고 볼 수 있습니다. 따라서 아동문학 작가는 한편의 동화 혹은 동시를 쓰면서 신의 언어를 생각하고 동심의 파수꾼이 되는 일을 생각해야 할 것입니다.

그 일을 거들기 위해 〈아동문학사상〉은 해마다 특별한 키워드를 상정, 이론과 실제를 궁구하면서 아동문학을 가르치는 분이나 공부하는 학생은 물론 실제 창작 일선에서 애쓰는 분들을 위해 베이스캠프가 되고자 합니다.

문학 안에서도 어떤 장르의 문학보다 선하고, 생명의 원형적 질서를 존중하는 아동문학이 발전하는 데 일익을 맡을 잡지 〈아동문학사상〉이 계속해서 간행될 수 있도록 많은 관심과 후원을 부탁합니다.

구독료 1년 10,000원

5년 50,000원(5년 구독하시는 분에게는 과월호를 드립니다.)

구독료 또는 후원금을 보내주실 곳

국민은행 009901-04-049841(아동문학사상)

구독문의 화산문화 02) 736-7411

동화

| 동화 |

꽃인 듯 눈물인 듯

백승자

넝쿨 속

엄마를 만나러 간다.

열한 살 늦은 가을에 본 게 끝이었으니 거의 2년 만이다.

"엄마? 다신 안 볼 거라며?"

커다래진 수경이 눈이 이내 가늘어지더니 내 등을 토닥토닥 두드린다.

"착하네, 울 규림이. 근디 갑자기 뭔 일인 겨?"

"살다 보면 그럴 일도 있는 겨……."

나는 넝쿨 속 같은 마음을 숨기고 대수롭지 않은 것처럼 대답했다.

"자세한 건 나중에 말해 줄 껴?"

"그려."

요즘 수경이와 나 사이에 은밀히 나누는 사투리를 섞어 쓰면서 서로 웃지도 않았다. 사투리만 시작하면 유난히 깔깔거리던 수경이인데 말이다. 그래도 교문 앞에서 손 흔들다 잠깐 마주친 눈빛으로 수많은 이야기

백승자 1988년 아동문예 동화 부문 작품상, 1997년 한국아동문학상을 수상했다. 작품으로는 『어미새가 사랑한 만큼』, 『호수에 별이 내릴 무렵』, 『엄마는 나만 미워해』 등이 있다.

를 나눈 셈이다.

숨어서 훌쩍거리는 나를 가장 가까이서 본 친구. 엄마를 원망하고 미워하던 나에게, 그 마음이 어쩌면 그리움일지도 모른다고 어른같이 말해 준 아이. 수경이는 내 속을 알 거다.

토요일인 탓에 고속도로가 많이 막혔다.

운전대를 잡은 아버지는 통 말이 없다. 가라앉은 분위기를 살리기에는 내 기분도 좀체 풀어지지 않는다.

"고집 그만 접고 엄마한테 가자. 방과 후 교문 앞으로 데리러 가마."

엊저녁의 그 말 이후 아버지가 입을 떼기나 하셨던가.

엄마한테 절대로 안 간다, 안 보고 싶다며 울부짖은 게 며칠 전이다. 고집을 부리면서도 사실은 두렵고 혼란스러웠다.

아버지와 이모의 몇 차례 통화를 엿들으며 이런 날이 올 건 이미 짐작했다.

"엄마가 아팠던 거야. 아주 많이."

아버지가 내 손을 굳게 잡았다 놓으셨다.

"정신이 온전치 못해 병원을 들락거릴 때에 비하면…… 지금은 고맙고말고."

"알아요. 이모한테 듣긴 했으니까."

"그러니까…… 엄마를 예전처럼 사랑하고 믿어주렴."

훌쩍 떠난 엄마를 용서하지 않을 것 같던 아버지가 대신 변명하는 걸 보니, 아버지 마음은 웬만큼 누그러진 것 같다.

"난 아직…… 모르겠어요."

엄마를 만나 뭐라고 해야 할까.

어느 날 문득 마음이 돌아서 떠나버린 엄마. 처음에 몇 번은 찾아가 울기도 했고 애교를 부리기도 했다. 그때마다 엄마는 세상에 하나뿐인 딸의 손조차 슬며시 밀어냈다.

한동안의 기억이 사라졌다던가, 우울증이라던가, 귓등으로 전해 듣는 이야기 속에 엄마는 점점 남이 되어갔다.

'왜 그랬어, 엄마? 힘겨운 사정이 있다고, 기다려 달라고…… 꼭 돌아오겠다고 약속해주었으면 좋았을 텐데.'

백 번도 천 번도 넘게 외치고 싶은 말이 떠오르자 울음이 비어져 나온다.

엠피쓰리 이어폰을 귀에 꽂고 눈을 감았다.

엉킨 마음일 때는 눈감고 음악 듣는 게 약이다.

'엄마…….'

완전히 산골마을이다. 한적한 길을 한참 들어가자 집이 몇 채 보였다. 주로 휴양온 이들이 사는 곳이라고 했다.

가을꽃들이 유난히 많이 핀 집 앞에 이르렀다.

엄마를 보기도 전에 나는 자꾸 손이 떨리고 침이 마른다.

"규림이 왔네."

세상에! 엄마는 아침에 학교 갔다 돌아온 아이를 맞는 듯 태연한 얼굴이다.

"규종이, 규범이는 거기 조용히 있어. 귀한 손님이야."

엄마의 손짓에 달려나오던 두 마리 개가 꽃나무 그늘에 조각품처럼 앉았다.

"고마워요, 여보."

아버지한테 건네는 인사도 한 집에 사는 부부처럼 편안하다.

"뜰 예쁘지? 아침에 잔디도 깎고 나무 의자도 닦았어."

나는 엄마 얼굴을 물끄러미 쳐다보았다.

'어쩌면! 오랜만에 만나는 딸 앞에서 적어도 눈물이라도 흘려야 정상 아닌가?'

아비지가 내게 넌지시 눈짓을 하신다. 서운해하지 말라는 뜻일 게다.

"허허, 두 마리 강아지 이름도 우리 규리랑 돌림자로구나!"

아버지와 뜰안을 거닐다 산길로 통하는 오솔길을 발견했다.

'규리 샘터 가는 길'

오솔길 입구 동글납작한 돌멩이에 크레용으로 쓴 글씨를 보자 웃음이 났다.

'흠! 딸을 완전히 잊고 살진 않으셨군.'

꽃과 나무들이 잘 가꾸어진 뜰은 구석구석 정성스런 손길이 닿아 아름다웠다.

엄마는 주변을 연극 무대처럼 딱 보기좋게 연출하는 힘이 있는 것 같았다.

"산 아래 집이라 조용하고 한가롭네……."

이곳에 사는 동안 차츰 마음이 안정되었다는 엄마가 이해되었다.

엄마가 늦은 점심상을 차려냈다.

깻잎, 호박, 가지…… 대개 텃밭 채소로 만든 음식들이었다. 그리고 오랜만에 맛보는 엄마 솜씨는 엄마가 사는 모습만큼이나 정갈했다.

"너무 예뻐서 이걸 어찌 먹누?"

아버지 말처럼 반찬들이 젓가락으로 집기 아까울 만큼 예쁜 그릇에 모양나게 담겨 있었다.

한 상에서 밥을 먹으니 비로소 가족 같은 느낌이 들었다. 할 말이 끊겨 한참씩 침묵이 흐르기는 해도 말이다.

"좋은 시간들 보내시게."

저녁 무렵, 아무래도 어색함을 풀지 못하던 아버지는 월요일 아침 일찍 오겠다며 서울 집으로 가셨다.

낮과 밤이 서로 스며드는 저녁 어스름 무렵이 되었다. 나도 엄마의 뜰에서 차츰 편안해져 갔다.

해가 넘어가자, 외등 하나 없는 마당이 깜깜해졌다.

"이렇게 까만 밤이 좋아서 마당에 전등을 달지 않았단다. 전등을 켰을 때 흐릿하게 뵈던 달빛, 하얀 꽃, 반딧불이까지…… 어둠 속에서는 놀라울 만큼 선명해지거든."

엄마가 감나무 가지에 매단 유리병 안의 양초에 불을 붙였다.

"와, 예뻐!"

서너 개의 유리병에 밝힌 촛불만으로도 뜰 안이 금세 그윽해졌다. 나는 문득 그리운 생각기 떠올라서 등 뒤에서 엄마를 안았다.

"울애기……."

엄마 냄새는 달달하고 푸릇한 게 여전했다.

매듭

낯선 곳이라 그런지 새벽에 잠이 깼다.

'무슨 얘기를 하다 잠들었더라?'

잠결에도 나를 자꾸만 당겨 안는 손길이 행복한 느낌으로 떠오른다. 그 느낌을 되살리려 포근한 이불을 머리끝까지 덮어쓰다가 문득 소스라치게 놀랐다.

'엄마가 없다!'

2년 전, 그 아침에도 일어나 보니 엄마가 없었다.

그 무렵, 미국 외삼촌 집에 가신 외할머니의 사고 소식에 며칠째 울다 지친 엄마였다. 그리고 외삼촌이 외할머니 유골함을 안고 입국하던 날, 공항으로 마중 가던 엄마가 사라졌다.

공항에서 볼 부비며 배웅한 어머니를 차마 유골로 맞이할 용기가 없는 엄마는 속병만 깊어졌다고 했다.

남편도 자식도 돌볼 수 없게 만든 엄마의 병…… 엄마한테도 아버지한테도 힘겨운 나날이었다는 걸 나중에야 알았다.

그 당시 어린 나는 나대로, 엄마에 대한 그리움이 미움으로 변하고 미움과 원망이 또 다시 그리움이 되는 시간이 얼마였을까.

"엄마……?"

창을 열었다.

이른 가을 아침, 안개에 싸인 그윽한 뜰 저만치 엄마의 뒷모습이 보인다.

찻잔을 들고 꽃을 들여다보는 엄마 모습이 애잔하다.

뒷모습이 아름다워야 진짜 멋쟁이라더니, 린넨 원피스의 뒷자락에 잔잔한 꽃수가 곱기도 하다. 참으로 울엄마답다.

아침나절에는 엄마가 수 놓는 걸 구경했다.

햇볕 잘 드는 창가에 앉아 색색의 수실을 고르는 엄마 표정이 행복해 뵌다.

제비꽃, 비비추, 여뀌…… 둥근 수틀 속에 잔잔히 피어나는 들꽃이 참 곱기도 하다.

오전 내내 엄마는 수틀 안에 또 하나의 꽃밭을 일구었다.

"수 놓는 일은 사람과 시간을 잡아끄는 매력이 있단다. 근심 걱정 다 잊고 넉넉하고 따사로운 마음을 갖게 하거든."

그럴 때 엄마 표정이 환하다.

오후에는 이웃 아주머니가 엄마의 옷감 염색을 도와준다고 찾아왔다. 엄마한테 천연염색을 가르쳐준 분이라고 했다.

"요즘 부쩍 딸이 보고 싶다더니 드디어 왔네! 자주자주 얼굴 보여주렴. 엄마한테는 네가 약이란다."

수다스러운 아주머니가 불편해서 나는 슬쩍 자리를 옮겨앉았다. 옷감에 염색하는 걸 구경할 참이다.

엄마는 담장 위에서 도토리 껍질이 가득한 바구니를 내려 보여주셨다.

"빈 바구니를 올려두면 이웃 분들이 도토리 껍질을 쏟아주신단다. 양파 껍질도 댓잎도 그분들이 거의 다 구해다주신다니까."

염색 작업을 시작하는 엄마 목소리가 모처럼 활기차다. 재료를 삶아 물들인 몇 차례 담가 물들인 천을 맑은 물이 날 때까지 헹구는 일은 끝이 없었다.

"고운 색을 내기 위해 사나흘이 걸릴 때도 있는걸!"

그리고 마침내 신비로운 색색의 천들을 빨랫줄에 척척 걸쳐 말리는 것이다.

"빨래 끝!"

엄마는 광고 모델처럼 두 팔을 펼치고 푸른 하늘을 올려다보신다.

"나중에 이 천들이 손수건이 되고 스카프가 되고 방석이나 치마가 될 거야. 며칠 전에 우리 규림이 조끼도 만들었는데."

마당가 빨랫줄에서 바람에 펄럭이며 보송보송 말라가는 염색 천들은 그 어떤 풍경보다 근사했다.

"여기 살다 보니 욕심이 없어져. 늘 감사한 마음이야. 저렇게 산 너머 파란 하늘을 보는 것만으로도 행복해."

"엄마는 나랑 아버지가 없어도 행복해? 이런 일들만 하고 살면?"

"얼마 전까지만 해도…… 지금은 아니야."

엄마가 내 몸을 안고 마구마구 흔들었다.

문득 넝쿨 속 같던 마음이 풀리는 기분이다. 매듭 꼭지만 풀면 스르르 흘러내리는 나일론 끈처럼 말이다.

그 무엇

월요일이다.

엄마 곁에서 이틀 밤을 지내고 또 이별하는 날.

방에서 부엌으로 뜰로, 엄마와 나는 새벽부터 일어나 붙어다녔다. 간밤 내내 울다가 웃다가, 그 많은 이야기로 드디어 한편이 되었으니까.

아침 일찍 나를 데리러 오겠다는 아버지를 엄마가 말렸다.

"내가 규리 학교까지 데려다줄게요. 당신은 출근 준비하기도 바쁘잖아요."

"그걸 아는 사람이 그리 오랫동안 무심히 살았는가?"

"그러게요……."

엄마가 소리없이 웃음지었다. 그저께보다도 한결 잔잔해진 웃음결이다.

나는 하룻밤 사이 시나브로 풀려갔는데 어른 사이의 화해는 어떨지 알 수 없다. 더구나 오래 헤어져 지낸 부부에게는 풀리기 쉽지 않은 무엇이 있나 보다. 그 무엇이.

"엄마, 언제 또 보나요?"

이른 아침을 먹고 엄마 집을 나서기 전에 내가 벼르던 말을 꺼냈다.

"할머니랑 아버지랑 살아도 충분하다더니…… 엄마도 끼워 줄 거야?"

"에이, 그땐 엄마가 미웠으니까! 엄마 마음이 온통 딴 데 가 있었으니 그런 거지 뭐."

"미안해…… 엄마답지 못했어……."

엄마가 앉은뱅이 책상 위 노트를 밀어주신다. 손때 묻은 노트에 유난히 작고 예쁜 엄마의 글씨가 빼곡했다.

"가는 동안 차 안에서 볼게요."

봄볕 아래 또 하루를 살아냈다.
그리움을 가라앉히려고
두 주먹을 겹쳐 가슴을 힘껏 누르다.

들길을 걷는데 작은 풀꽃들이 살랑인다.
어여쁘고 귀여운데…… 난 눈물이 난다.
규리는 뭐할까. 규리…… 우리 귤이.

내 이름 규리가 '귤' 이 된 순간 웃음이 픽 터졌다. 세 살 적부터 귤을 좋아해서 귤 봉지를 들고 아장아장 다녔다는 말이 생각났다.

어머니가 없는 세상에서는 내가 살 수 없다고 결정했다.
그 먼 나라에서 어머니가 없다는 걸 안 순간,
내 앞의 세상이 온통 새하얗게 변해서 눈을 뜰 수 없게 막막했다.
남편도 자식도 다 소용없고 내가 살아갈 세상이 너무 버겁게만 느껴졌다.
그리고…… 오래 맑은 정신을 잃어버리고 살았다.
그런데 왜 이제 알았을까.
내가 그랬던 것처럼 규리에게도
엄마인 내가 또 하나의 세상이라는 것을.

편편의 글 속에 엄마 마음이 고스란히 들어 있었다. 슬픔과 함께 슬픔을 삭이는 엄마 나름의 방법까지.

이제 보니 내가 엄마 성품을 많이 닮은 것 같다. 꾹꾹 잘 참는 것도, 여간해선 서두르지 않는 것도.

그럴 만하다고 믿고 엄마를 기다리자던 아버지 말씀이 옳았다.

엄마의 병은 치유되었다지만 그건 그곳에서 사는 동안의 변화인지도 모른다. 오솔길을 거닐고 꽃수를 놓고 염색천을 말리면서, 엄마는 돌아가신 외할머니를 차츰 잊고 내게로 조금씩 다가오는 중이다.

엄마의 아름다운 나날을 얼마 동안 더 지켜주자고, 이번엔 내가 아버지께 사정해야겠다.

이상한 일이다.

오래 미웠던 엄마가 밉지 않다.

꽃인 듯 눈물인 듯 맺힌 아침 이슬에서 내 얼굴이 떠올라 울었다는 엄마의 고백을 들은 순간부터인지도 모르겠다.

외롭고 슬플 때 자기 엄마를 빌려준다고 선심 쓰던 수경이한테 말해야지. 머잖아 돌아올 우리 엄마는 뒷모습조차 아름다운 분이더라고.

| 동화 |

신통 방통 해통 씨 이야기

양연주

커다란 나무 아래서 마법사 신통 씨가 깊은 생각에 잠겨 있었어요.

어떻게 하면 젖소를 여러 마리 만들어볼까 고민하는 거였지요. 그러다가 통, 하고 커다란 소리를 냈어요. 통, 소리에 젖소가 딱 한 마리 나온 거예요. 하지만 신통 씨는 껄껄 웃으면서 좋아했어요. 딱 한 마리뿐인데도 말이에요.

"네 이름은 우유보라고 하면 좋겠구나."

신통 씨는 젖소에게 '우유보' 라는 이름을 붙여 주었어요.

우유보는 아주 건강한 암젖소였어요. 들판을 잘 뛰어다녔고 맛난 풀들도 아주 많이 먹었어요. 어느 날부터 우유보의 배가 점점 불러왔어요. 새끼를 밴 것이지요.

어느 날 우유보는 송아지를 낳았어요. 한 마리, 두 마리, 세 마리, 네 마리…… 아주 여러 마리였어요. 우유보는 송아지들을 사랑스런 눈길로 쳐다보았어요. 정말 귀여웠어요. 보기만 해도 신기하고 기뻤지요. 송아

양연주 MBC 창작동화대상과 아동문예문학상을 받았다. 지은 책으로 『일곱 난쟁이의 쓱쓱싹싹 비빔밥 만들기』, 『포카혼타스와 인디언 탐험하기』, 『밥 한 그릇의 이야기』 등이 있다.

지들은 쑤욱 쑥 자라났어요.

그런데 우유보는 또 새끼를 낳았어요. 이번에도 아주 여러 마리였어요. 송아지의 숫자가 늘어났어요. 건강한 우유보는 자꾸만 자꾸만 새끼를 낳았어요. 온 들판이 우유보가 낳은 송아지들로 가득 찼어요.

그 사이 송아지들은 건강한 어른 젖소로 자랐어요. 건강한 젖소들은 우유보의 새끼들답게 우유를 만들어냈어요. 하얀 우유였어요. 그런데 아주 많은 소들이 우유를 만들어내자 우유가 넘쳐흘렀지요. 우리를 덮고, 들판을 덮고, 산을 넘었어요. 그래도 건강한 젖소들은 하얀 우유를 계속 쏟아냈어요.

우유가 졸졸 시냇물을 이루었어요. 곧 흐르는 강이 되었어요. 하얀 우유강이 길게 길게 흘렀어요. 그러다가 이젠 우유가 바닷물처럼 흘렀지요. 우유바다가 된 거였어요. 하얀 우리, 하얀 들판, 하얀 산처럼 온통 나라가 우유로 뒤덮였어요.

"피하라! 파도가 친다."

너무 많은 우유가 바다를 이루어서 나중에는 거품이 나고 철썩철썩 파도가 칠 정도였어요. 동물들은 우유파도에 떠밀려 떠내려가기도 했어요. 우유파도에 떠내려가면서도 젖소들은 계속 우유를 만들어낼 수밖에 없었어요. 수없이 많은 소들이 계속 만들어낸 우유는 온 나라를 뒤덮고 점점 흘러서 이웃 방통 씨네 땅까지 이르게 되었어요. 방통 씨는 눈이 세 개에다 아주 험악하고 무서운 마법사였어요.

"아니, 이게 뭐야? 우유잖아. 누가 겁도 없이 내 땅에까지 우유를 흘린 거야?"

방통 씨는 두 눈을 동그랗게 떴어요. 아주 많은 소들이 우유를 만들어내고 있는 것을 보았어요. 화가 난 방통 씨는 크게 소리를 쳤어요.

"멈춰라! 여긴 내 땅이야."

하지만 너무너무 많은 소들이 쏟아내는 우유는 쉽게 멈춰지지 않았어요.

몹시 화가 난 방통 씨는 세 번째 눈을 꿈틀거렸어요.

"아이고, 큰일 났다. 이를 어쩐다지?"

수많은 소들은 어찌할 바를 모르고 발을 동동 굴렀어요. 방통 씨의 세 번째 눈은 두 눈 사이에 있는데 보통 때는 뜨지 않았어요. 그러나 화가 나면 가운데 눈이 열리고 무시무시한 불꽃이 나오거든요. 그러면 무슨 일이 벌어질지 몰라요. 소들은 벌벌 떨었어요. 그러나 하얀 우유가 나오는 것은 어쩔 수 없었지요.

자기 땅이 하얀 우유로 점점 덮이는 것을 못 견딘 방통 씨는 주문을 외웠어요.

"수리수리 마수리. 세 번째 눈아 뜨거라!"

번쩍번쩍 불꽃이 일면서 세 번째 눈이 열렸어요. 방통 씨의 눈에서 아주 뜨겁고 무서운 불꽃이 나왔어요. 불꽃놀이 때처럼 방통 씨의 눈에서 나온 불꽃은 여기저기 튀었어요. 물론 젖소들의 몸에도 톡톡 튀었지요.

"앗 뜨거워."

"살려줘. 어? 그런데 네 몸 색깔이 왜 그래?"

"그러는 넌 어떻고."

이상한 일이 벌어졌어요. 방통 씨의 눈에서 나온 불꽃을 맞은 젖소들의 몸 색깔이 이상해졌어요. 점이 없어지고 이상한 몸 색깔이 변했어요.

"안 되겠다. 우리에게 불똥이 튀기 전에 도망가자."

방통 씨에게서 좀 멀리 떨어져 있던 젖소들은 우르르 달아나기 시작했어요. 하얀 우유들판을 지나 하얀 우유산을 지나고 우유시냇물을 찰박찰박 건너고, 우유강을 풍덩풍덩 건너고, 우유바다를 허푸허푸 헤엄쳐서 도망치고 또 도망쳤어요. 젖소들이 멀리 도망을 치자 방통 씨는 세 번째 눈에 힘을 잔뜩 주었어요. 그러자 불꽃이 아주 세고 길게 튀기 시작했어요. 젖소들을 쫓는 불꽃은 번쩍번쩍 강한 불꽃을 끊임없이 튀겼어요.

"어? 네 몸 색깔도 변했어. 이게 무슨 색이람?"

방통 씨의 세 번째 눈에서 나온 불꽃이 몸에 튄 젖소들은 도망치는 사이에도 몸 색깔이 변했어요. 더 겁을 먹은 젖소들은 한없이 도망을 쳤지요. 가다 보니 글쎄, 달에까지 이르렀대요.

"아니, 너희들이 여기까지 웬일이냐? 달리기 시합이라도 열린 거야?"

줄지어서 내달려온 소들을 보고 달에서 사는 마법사 달통 씨가 물었어요. 더구나 몸이 빨갛고 노랗고 까맣게 변한 젖소들까지 있으니 달통 씨도 놀랄 만하죠.

"헉……헉. 달통 마법사님. 우릴…… 좀…… 도와주세요. 방통 마법사가…… 방통 마법사가 불, 불꽃으로 우릴 쫓아와요."

달통 씨에게 젖소들이 울며 애원을 했어요.

툭, 투둑.

방통 씨의 불꽃이 달까지 이른 거예요. 젖소들은 달에서까지 난리가 났어요. 몸을 웅크리고 우는 젖소들 때문에 달통 씨는 아무것도 할 수가 없었어요. 세상을 한 바퀴 둘러볼 시간이 되었거든요. 그런데 젖소들이 너무 매달려서 세상을 둘러볼 수도 없었어요. 달통 씨는 할 수 없이 최고의 마법사인 해통 씨에게 젖소들의 애원을 들어주라고 부탁했어요.

해통 씨는 방통 씨 앞에 나갔어요. 젖소들은 우왕좌왕 하면서도 해통 씨 등 뒤에 숨기에 바빴어요.

"이봐요, 방통 마법사. 한 번 용서해 주시는 게 어때요?"

"도저히 그냥 넘어갈 수 없소. 내 땅을 온통 우유범벅으로 만들어 버렸단 말이오."

방통 씨는 참을 수 없는지 세 번째 눈을 더 크게 뜨고 불꽃을 타닥탁,

더 세고 더 길게 뿜었어요. 젖소들은 해통 씨에게 어떻게 좀 해달라고 울며불며 매달렸어요.

해통 씨는 잠깐 고민을 하다가 방통 씨가 예전부터 갖고 싶어 하던 커다란 황소를 생각해내었어요. 등허리에 큰 혹이 달린 세상에서 가장 힘센 황소를 방통 씨가 욕심을 낸 적이 있거든요.

"방통 마법사. 혹 달린 황소를 주면 젖소들을 용서하겠소?"

그 말에 방통 씨는 세 번째 눈을 감고 두 눈만을 뜬 채 씨익, 웃었어요. 젖소들 때문에 화가 난 것도 잊어버렸는지 자꾸만 입이 벌쭉하게 벌어졌어요. 물론 두 눈은 웃고 있었지요.

"정말이요? 힘이 가장 센 황소를 내게 주겠다구요? 그렇다면, 뭐, 내가, 젖소들을, 그러니까 젖소들이 내 땅에 저지른 일을 다 용서하고, 또 잊어버리지요."

방통 씨는 말까지 더듬으며 기뻐했어요. 해통 씨 등 뒤에 숨었던 소들은 휴우, 하고 한숨을 쉬었어요. 너무 기쁜 방통 씨는 젖소들까지도 사랑스런 눈빛으로 봐주었대요. 그리고 춤까지 덩실덩실 추었답니다. 방통 씨는 기분이 아주 좋으면 춤을 추곤 했거든요. 이번에도 아주 기분이 좋은 모양이지요.

등허리에 큰 혹이 달린, 세상에서 가장 힘센 황소를 얻은 방통 씨는 당장에 황소의 등에 올라탔어요. 흔들흔들 몸을 흔들면서 콧노래를 불렀대요.

"이야! 세상에서 가장 힘센 황소의 주인은 이제 나다. 이 방통 씨란 말이다!"

방통 씨는 황소를 타고 자신의 땅을 한 바퀴 돌았어요.

해통 씨는 그것을 보며 환하게 웃었답니다. 젖소들은 그 뒤로 하얀 우유를 딱 필요할 때만 뿜어냈대요.

내가 진짜 삼신할미라니까!

윤소희

달빛이 아주 환하게 올라오는 가을날 저녁이었어.

세빈이는 드디어 세상 밖으로 나갈 때가 왔다는 걸 알았어. 음, 그건 그냥 달빛이 소리 없이 말해주었기 때문이야. 노르스름한 달빛이 세빈이네 지붕에 걸려 창을 타고 방으로 흘러들었거든. 달빛은 엄마의 얼굴을 부드럽게 감싸더니 불룩한 배를 어루만지며 세빈이가 있는 곳으로 스며들었어.

'엄마, 이제 바깥으로 나가고 싶어요.'

세빈이는 엄마의 아랫배를 발로 살짝 밀어보았지. 엄마는 침대 옆 작은 소파에 앉아 손수건에 수를 놓고 있었어. 하얀 손수건의 가장자리에 노란색 실로 작은 레이스 장식을 만들고 있었지. 세빈이가 태어나면 줄 선물이었던 거야. 엄마는 세빈이의 신호를 놓치지 않았어.

'아, 기분이 묘한걸?'

윤소희 중앙대학교 대학원에서 문학박사 학위를 받았다. MBC 창작동화대상을 수상하면서 등단했다. 지은 책으로 『편견(공저)』, 『아람이의 비밀』, 『성적을 올려주는 7가지 공부 동화』 등이 있다.

엄마는 창밖의 하늘을 바라보았어. 달빛이 유난히 맑고 예뻤어. 달빛은 손수건처럼 하얀빛과 노란빛이 어우러져 무척이나 따뜻하고 부드럽게 빛나고 있었지. 세빈이는 다시 한 번 엄마의 아랫배를 두 발로 지긋이 밀었어. 그 순간, 엄마는 생각했어.

'아무래도 오늘밤 아기를 낳을 것 같아.'

엄마는 아기를 처음 가져봤기 때문에 아기가 보내는 신호가 어떤 것인지 모르고 있었어. 그렇지만 세빈이가 신호를 보내자 저절로 알아듣게 된 거야. 엄마들은 원래 그렇게 아기에게 배우면서 점점 엄마가 되어가는 법이지.

엄마는 얼른 아빠에게 전화를 걸었어.

"여보, 어쩌면 오늘 아기를 낳을지도 몰라요."

아빠는 회사에서 함께 일하는 사람들과 저녁식사를 하다가 전화를 받았어. 밥도 아직 다 먹지 못했는데, 아빠는 숟가락을 탁 내려놓고 부리나케 집으로 향했어. 이미 오래전에 아빠가 된 사람들이 세빈이 아빠의 등 뒤에다 대고 말했어.

"이봐, 아직도 멀었다구. 천천히 가도 돼!"

그렇지만 아빠의 마음은 쿵쿵쿵! 심장은 벌렁벌렁!

엄마는 그동안 다니던 병원에도 전화를 걸었어.

"오늘 아기가 나올 것 같은데 어떡하죠?"

의사 선생님은 이미 퇴근하고 안 계셨어. 엄마는 간호 선생님과 이야기를 했어.

간호 선생님은 차분하게 말해주었어.

"당황하지 마시구요, 입원 준비 하셔서 5분 간격으로 진통이 오면 병원에 오세요. 의사 선생님께는 말씀드려 놓을게요."

엄마는 며칠 전부터 미리 챙겨두었던 아기 가방과 엄마 가방을 살펴보았어.

아기 가방에는 배냇저고리, 기저귀, 우윳병, 그리고 엄마가 만든 손수건 아홉 장이 들어있었어. 이제 한 장만 완성하면 열 장을 채우는 거야.

"아악!"

엄마는 갑작스럽게 비명을 질렀어. 배가 너무, 너무, 너무나 많이 아팠던 거야. 배에서 시작된 아픔이 목으로 올라오고, 손끝으로 퍼지고, 발끝으로 이어졌어. 그러더니 온몸이 모두 아파서 쩔쩔 매게 되었지.

엄마는 아기 가방을 툭 떨어트리며 배를 움켜잡았어. 그렇게 아파하는 것 말고는 아무것도 할 수 없었어. 눈을 감아도 앞이 까맣고 눈을 떠도 앞이 온통 까맸어.

"아기를 꺼내줘야 할 때가 되었군."

이 모습을 지켜보던 누군가가 조용히 한 마디를 했어. 삼신할미라고 들어봤지? 바로 엄마 배 속에 세빈이를 만들어준 '아기생겨배불러할미'야. 하얀 머리를 곱게도 땋고 있는 할미야.

"가만 있자. 그런데, 아기를 어떻게 꺼내더라?"

아뿔싸!

'아기생겨배불러할미' 는 말이지, 아기를 만들 줄만 알았지 꺼내는 방법은 배우지 못했던 거야. '아기생겨배불러할미' 는 세빈이를 만들고 엄마 배 속에서 탈 없이 잘 자랄 수 있게 하는 방법만 알아. 엄마와 아빠가 사랑을 나누게 하고, 세빈이가 생겨나게 하고, 열 달 동안 엄마 배 속에서 잘 자라고 있는지 계속해서 열심히 살피느라 아주 바빴어.

"아, 하고 입을 크게 벌려봐."

'아기생겨배불러할미' 는 세빈이 엄마에게 말했어.

엄마는 누군가가 무슨 말을 한 것 같았지만 잘 들을 수가 없었지. 왜냐하면 배가 너무 아파 정신을 차릴 수가 없잖아. 그렇지만 너무 아픈 나머지 '아기생겨배불러할미' 말을 듣기라도 한 것처럼 입이 저절로 크게 벌어졌어.

"아아아악!"

'아기생겨배불러할미'는 얼른 엄마의 입 속으로 손을 쑤욱 집어넣었어. 저걸 어째! 엄마의 입 속에는 세빈이의 손끝도 발끝도 보이지 않는 거야. '아기생겨배불러할미'는 얼른 생각을 다시 해보았어.

"맞다! 겨드랑이!"

가만히 생각해보니 겨드랑이로 아기를 꺼내는 걸 어디선가 본 것 같았지. '아기생겨배불러할미'는 엄마의 한쪽 겨드랑이를 살펴보았어. 그리로 세빈이가 나올 것 같았거든. 그러나 겨드랑이엔 아기가 나올 만한 문 같은 건 보이지 않았어. 다른 쪽 겨드랑이를 살펴보았지만 마찬가지였지. 그때 누군가가 꽥 소리를 쳤어.

"아서! 알지도 못하면서, 쯧쯧! 무식하기는!"

'아기생겨배불러할미'는 깜짝 놀라 고개를 들었어. '아기생겨배불러할미'와 똑같이 하얀 머리를 곱게 땋고 두 뺨은 발그레한 할미가 화가 난 눈빛으로 딱 버티고 서 있는 거야.

"댁은 뉘슈?"

"누군 누구야, 삼신할미지."

'아기생겨배불러할미'는 아주 기분이 나빠졌어. 삼신할미가 또 있다니 말도 안 되는 소리잖아.

"이보슈, 내가 이 새댁한테 아기를 점지해준 삼신할미인데, 지금 무슨 소리를 하는 거요?"

"이것 봐, 점지만 해주면 뭘 하나! 세상에 나오게 하는 방법도 모르면서."

'아기생겨배불러할미'는 그 순간 할 말이 없어지고 기가 팍 죽었어.

"이것 봐, 아기는 그저 지 에미가 힘만 주면 쑥 나오게 되어 있는 게야."

'아기생겨배불러할미' 는 뭔가 그럴 듯한 방법이라도 있는 줄 알았다가 실망이 컸어. 겨우 힘만 주면 아기가 나온다니 그건 너무 시시하잖아.

"칫, 가짜구만! 삼신할미라면서 기껏 한다는 말이 힘만 주면 된다고? 에이, 이 엉터리 양반아!"

"이것 봐, 내가 바로 아기 낳는 걸 도와주는 '힘만주면쑥나와할미' 인데, 가짜라니! 엉터리라니! 당신이 가짜로구만!"

"무슨 소리, 내가 진짜 삼신할미라니까!"

"아아악! 나 죽어!"

두 할미가 다투고 있는 동안에 엄마는 배가 쑥 빠질 듯이 아파서 견딜 수가 없었어. '아기생겨배불러할미' 는 아기를 점지해주는 일을 하기 때문에 이럴 때는 어떻게 해야 하는지 도무지 알 수 없었어. '힘만주면쑥나와할미' 는 '아기생겨배불러할미' 를 밀치고는 엄마의 배를 살살 쓰다듬어주었어. 그러자 엄마는 언제 아팠냐는 듯이 얇은 신음을 토해내면서 서서히 정신을 차리게 되었지. 엄마는 다시 아기 가방과 엄마 가방을 챙기기 시작했어. 엄마는 두 할미가 나타난 것도, 서로 자기가 삼신할미라고 우기며 다투는 것도 알지 못했지. 그때 드디어 아빠가 집으로 들어오며 다급하게 외쳤어.

"여보, 많이 아파? 어서 병원으로 갑시다."

"아니에요, 이젠 괜찮아요. 아까는 정말 죽을 것처럼 아팠…… 아악!"

엄마는 다시 배가 아파오기 시작했어. 정말 끔찍한 아픔이었지. 엄마가 챙기던 가방을 아빠가 들었다 놨다 하며 허둥댔어. '힘만주면쑥나와할미' 는 아빠의 등을 어루만져 주셨어. 그러자 엄마는 다시 조용한 숨을 쉬었고, 아빠도 차분하게 짐을 챙길 수 있었어.

엄마와 아빠는 이렇게 아팠다가 안 아팠다가를 반복하며 병원으로 가게 되었어. 그러는 동안 세빈이는 점점 아래로 아래로 출렁출렁 온몸이 내려앉는 듯한 느낌이었지.

"세빈아, 조금만 기다리거라, 이 할미가 너를 쑥 나오게 도와줄 테니."

'힘만주면쑥나와할미' 는 병원으로 가는 택시 안에서 세빈이에게 조용히 말씀하셨어.

"세빈아, 아니다. 너는 내가 점지했으니 내가 어떻게든 널 나오게 하마."

'아기생겨배불러할미' 도 지지 않고 세빈이를 향해 말씀하셨어.

병원에 도착했을 때는 이미 밤이 깊어 있었어.

지붕에 걸려 있던 달도 이제는 하늘 꼭대기까지 올라가 온 세상을 하얗게 비추며 떠 있었지. '힘만주면쑥나와할미' 는 밝은 달빛을 흐뭇하게 바라보았어. 저렇게 밝고 환한 달을 닮아 우리 세빈이도 밝고 환하게 세상 밖으로 나올 거라는 믿음이었지.

병원에는 이미 의사 선생님이 도착해서 기다리고 계셨어. 엄마는 병원에 와서도 아팠다가 안 아팠다가를 반복했는데, 의사 선생님이 한 번씩 엄마의 배를 검사할 때마다 더 많이 아파졌어.

"아악! 제발 살려주세요. 너무 아파요!"

엄마는 이제 마구 소리를 지르기 시작했어. 아빠는 안타까웠지만 아무것도 할 수 없었지.

'아기생겨배불러할미' 도 아빠와 마찬가지로 할 수 있는 게 아무것도 없으니 답답했어. 아기를 생기게 하는 방법만 공부한 것을 후회할 뿐이야. '힘만주면쑥나와할미' 는 엄마의 배를 쓰다듬고 이마를 어루만지며 '힘만주면쑥나와' 라는 말을 주문처럼 외웠어. 그러나 엄마가 배에 힘을 주는 건 쉬운 일이 아니었어. 기운이 쭉쭉 빠지고 있었거든.

의사 선생님과 간호 선생님이 엄마에게 말했어.

"조금 더! 조금 더 힘을 주세요!"

엄마는 안간힘을 쓰며 말했어.

"지금 힘주고 있다구요!"

의사 선생님이 다시 말했어.

"얼굴 말고 배에 힘을 주어야죠!"

엄마는 있는 힘을 다해 '끄응!' 하며 배에 힘을 주었어. '힘만주면쑥나와할미' 는 "그렇지!" 하며 두 손으로 엄마의 배를 힘차게 아래로 밀어주었어. 그러고는 '아기생겨배불러할미' 에게 소리쳤지.

"뭐해, 할미! 어서 애 받아!"

'아기생겨배불러할미' 는 자신도 모르게 의사 옆으로 갔어. 엄마의 자궁에서 빠져나오고 있는 세빈이에게 훅 하고 숨을 불어넣었지. 이번에는 '힘만주면쑥나와할미' 가 세빈이의 엉덩이를 찰싹 때렸지.

"응애애! 응애애!"

드디어 세빈이가 태어난 거야.

"녀석! 자알 생겼다!"

"축하합니다!"

"여보, 수고했어!"

모두들 박수를 치며 기뻐했어.

세빈이는 엄마 배 속에서 바깥으로 나오기까지 얼마나 힘들었는지 몰라. 중간에는 다시 배 속으로 들어가고 싶을 정도였어. 엄마는 점점 기운이 떨어지지, 아빠는 '여보, 괜찮아?' 말고는 아무 것도 할 줄 모르지, 세빈이를 도와주러 온 삼신할미들은 계속 시끄럽게 다투지. 세빈이는 밖으로 나가기가 끔찍했어. 그러니 세빈이는 태어나자마자 그저 앙앙 울 수 밖에. 두 삼신할미는 또 다투기 시작했어.

"내가 아니었으면 우리 세빈이는 태어나지도 못 했어!"

"이것 봐, 무슨 소리! 이 모든 게 다 내 덕분이라구!"

그때, 누군가가 또 호통을 치는 소리가 들렸어.

"뭣들 하는 거야! 산모가 다 죽어가고 있는데!"

이번에는 머리를 곱게 올려 쪽을 진 할미가 나타났어.

"댁은 뉘슈? 아기는 이미 다 나왔는데!"

두 할미가 동시에 말했어.

"낳기만 하면 뭘 해? 잘 키워야 될 거 아냐!"

쪽진 할미의 호통치는 소리가 어찌나 큰지 세빈이도 울던 울음을 뚝 그쳤어. 쪽진 할미는 의사와 간호사를 노려보며 다시 한 번 소리쳤어.

"산모를 살려내!"

의사 선생님은 쪽진 할미를 볼 수도 없었고, 할미의 소리를 들을 수도 없었어. 그런데 문득 세빈이 엄마를 보니 어딘가 이상했어. 몸에서는 피가 계속 흘러나오고 눈은 가물가물 정신을 잃어가고 있는 거야.

"정신 차리세요!"

그제야 모두들 세빈이 엄마에게 위험한 일이 벌어졌다는 걸 알았지.

"어서 수혈 준비해요!"

의사 선생님은 간호 선생님에게 다급하게 말했어.

엄마의 몸에서는 빠른 속도로 피가 흘러 나왔어. 그래서 얼른 피를 넣어주지 않으면 엄마가 무척 위험해지거든. 이번에도 아빠는 "여보, 괜찮아?" 라는 말만 계속 하며 엄마의 손을 꼭 쥐었어. 간호 선생님은 엄마의 팔에 긴 줄이 달린 주사바늘을 꽂았어. 병원에 있던 피를 모두 엄마의 몸속으로 흘러들어가게 했지만 엄마는 좀처럼 정신을 차리지 못했어.

쪽진 할미는 두 손으로 엄마의 코와 입 주변을 계속해서 어루만져주었어. 엄마의 몸은 식은땀으로 푹 젖어 있었지. 쪽진 할미는 다시 양손을

싹싹 비벼 뜨겁게 하더니 엄마의 온몸을 조금씩 조금씩 말려주었어.

"안 되겠어, 큰 병원으로 옮겨야겠어요!"

의사 선생님은 이제 더 이상 방법이 없다며 큰 병원으로 옮길 수 있게 구급차를 마련하라고 지시했어. 구급차 안에서 엄마는 정신을 차리기 위해 여러 번 눈에 힘을 주었어.

"여보, 제가 어떻게 되더라도 우리 세빈이 잘 부탁해요."

엄마는 스르르 눈을 감으며 힘없이 말했어. 아빠는 엄마 손을 움켜 쥔 채 엉엉 울고 말았지.

"무슨 약한 소리를 하는 게야. 내가 있는데! 내가 다 보살펴줄 테니까 걱정하지 마!"

쪽진 할미가 말했어. 아빠는 누군가의 소리를 들은 것도 같고 아닌 것도 같았지만 엄마에게 말했어.

"여보, 무슨 약한 소리를 하는 거야. 내가 있는데! 내가 당신 보살펴줄 테니까 걱정하지 마요."

이건 아빠의 진심이기도 했어. 그렇지만 엄마는 의식을 잃었어. 흐르는 피도 멈추지 않았어. 쪽진 할미는 안 되겠다는 듯 구급차의 창 밖으로 훽 날아갔어. 하늘 높이, 하늘 높이, 둥근 달 속으로 쑥 들어가더니 온몸에 달빛을 가득히 담아왔어. 아주 순식간의 일이야. 쪽진 할미는 엄마의 온몸에 굼실굼실 달빛을 쏟아부으며 어루만지고 매만지고 쓰다듬고 숨을 불어넣었어. 그러자 엄마는 가물가물 눈을 뜨기 시작했어. 큰 병원에 도착했을 때, 엄마는 더 이상 피를 흘리지도 않았어. 다행히도 엄마는 위험한 순간을 잘 넘기게 되었지.

엄마는 큰 병원에서 주사도 더 맞고 죽도 먹으며 몸을 회복하기 시작했어. 세빈이도 며칠 후 엄마가 있는 병원으로 옮겨왔지. 아빠도 이젠 안심했어.

'아기생겨배불러할미' 와 '힘만주면쑥나와할미' 는 어찌된 영문인지 알 수 없었어.

"그런데 댁은 뉘슈?"

두 할미는 쪽진 할미에게 동시에 물었지.

"나? 날 모른단 말야? '안아프고쑥쑥커할미' 가 없이는 아기가 잘 자랄 수 없어. 에미 젖을 먹어야 아기가 클 거 아닌감?"

"그럼 댁도 삼신이슈?"

두 할미는 또 동시에 물었어.

"내가 진짜 삼신이지!"

'아기생겨배불러할미' 가 발끈했어.

"아기를 점지해야 진짜 삼신이지!"

'힘만주면쑥나와할미' 도 가만 있을 리가 없지.

"아기가 잘 태어나게 도와야 삼신이야!"

'안아프고쑥쑥커할미' 가 다시 호통을 쳤어.

"시끄러! 내가 진짜 삼신할미라니까!"

누가 진짜 삼신할미일까. 세 할미의 손에는 세빈이의 엄마가 만들다 만 하얀 손수건이 한 장씩 들려있었어.

귀뚜라미와 마녀

전성현

어디선가 '드르륵' 거리는 소리가 들렸다. 자려고 이불 속에 누웠던 영우는 잠을 깨고 소리가 나는 곳에 귀를 기울였다.

"도대체 무슨 소리지?"

핸드폰 진동 소리 같기도 하고 문이 흔들리는 소리 같기도 했다. 작게 떨리는 소리가 반복해서 들렸다.

'드르륵 드르륵.'

또 다시 들리는 소리에 영우는 눈을 부비고 자리에서 일어나 앉았다. 유난히 밝은 달빛이 창문으로 들어오고 있었다.

'드르르륵 드르륵.'

"그래. 저기다."

영우는 소리가 나는 장난감 상자로 다가갔다. 상자의 뚜껑을 열고는 장난감을 하나하나 끄집어냈다. 그러다 작은 통조림통을 발견했다.

언젠가 삼촌이 태국 여행을 다녀오면서 선물로 사온 귀뚜라미 통조림

전성현 2009년 조선일보 신춘문예 「그래 그건 너였어」로 등단. 동국대학교 문화예술대학원 문예창작학과 재학 중이다.

이었다. 태국에서는 여러 벌레들을 기름에 튀겨 통조림통에 담아 판다고 했다.

엄마는 징그러워 못 먹겠다며 통조림통을 부엌 찬장에 넣어놨고, 영우는 그 깡통을 엄마 몰래 자기 방으로 가져다 놓았다.

'어떻게 소리가 나는 거지?'

영우는 창가에 있는 책상에 통조림통을 올려놓고는 앞, 뒤로 돌려가며 유심히 살폈다. 영어인지 태국 말인지 꼬부랑글씨들 사이로 귀뚜라미 그림이 그려져 있었다.

'드르르르르륵.'

책상에 올려놓으니 통조림통은 아까보다 큰 소리가 났다.

"한 번 열어 볼까?"

영우는 참치 캔을 따본 기억을 되살려 깡통 고리에 손가락을 넣었다. 그러고는 힘을 주어 고리를 누른 후 손이 다치지 않도록 조심스럽게 잡아 당겼다. 깡통 뚜껑은 '쩌억' 하는 소리와 함께 벌어졌다. 그러자 까맣고 작은 벌레 하나가 깡통 밖으로 톡 튀어나왔다.

"엄마야."

영우는 깜짝 놀라 동그랗게 눈을 뜨고 벌레를 쳐다봤다.

"귀뚜라미잖아! 귀뚜라미가 살아 있었네?"

통조림통에서 나온 귀뚜라미는 영우의 말에 신경도 쓰지 않고 자기의 두 날개를 문지르며 중얼거렸다.

"이것 봐! 소리가 하나도 안 나잖아."

"흐읍, 귀뚜라미가 말을 했다."

영우가 소리를 지르자 귀뚜라미는 하던 일을 멈추고 영우를 쳐다봤다.

"난 그냥 귀뚜라미가 아니야. 귀뚜라미 요정이지."

"요, 요정이라구?"

영우는 신기한 듯 귀뚜라미에게 물었다.

"벌레같이 생긴 요정도 있어?"

"벌레가 어때서? 그나저나 사람들이 나를 기름에 튀기는 바람에 날개가 망가져 소리가 안 나! 너 같은 아이가 날 잡아서는 길에서 장사하는 사람들에게 가져다 줬어."

어느새 영우는 귀뚜라미와의 이야기에 빠져들었다.

"그래서 시끄럽게 소리를 내는 거니?"

"시끄럽다니. 난 노래를 한 건데!"

귀뚜라미는 다시 두 날개를 비벼댔다. 하지만 가을밤에 들었던 아름다운 귀뚜라미 소리는 아니었다. 드르륵 거리는 소리만 요란하게 들렸다. 영우가 귀를 막자 귀뚜라미는 두 날개를 내려놓았다.

"큰일이네."

"뭐가?"

영우는 가까이 다가가 물었다.

"오늘 보름달이 떴을 텐데……."

"그런데?"

"보름달에 달무리가 지면 아이들이 악몽을 꾸게 된단 말이야. 내가 그것을 막아야 되는데 날개가 망가져서 막을 수가 없잖아."

귀뚜라미는 가을 밤 보름달이 뜨면 밤의 마녀가 나타나 악몽의 실타래를 풀어놓는다고 했다. 그 실들이 뭉쳐져 마녀의 손에서 구름이 되면 많은 아이들이 악몽을 꾼다는 것이다. 그 악몽을 막을 수 있는 것은 귀뚜라미 요정들의 아름다운 노랫소리라고 했다.

"그걸 나보고 믿으라는 거야?"

"그럼, 내가 거짓말을 한다고?"

"만약 네 말이 거짓말이면 내가 널 먹어버린다."

영우의 말에 귀뚜라미는 잠시 주춤하더니 곧 기다란 더듬이를 곧추 세웠다. 그리고 폴짝폴짝 뛰어오르며 자신 있게 말했다.

"좋아. 그렇다면 밤의 마녀들을 보여줄게."

"볼 수 있어?"

"그럼! 그 대신 밤의 마녀들이 하는 일을 네가 막아야 해!"

"내가?"

"나같이 작은 귀뚜라미 요정도 하는 일이야. 어떻게 할 수 있겠어?"

영우는 대답대신 주먹을 쥐고 고개를 끄덕였다.

"그럼 달빛을 충분히 받을 수 있도록 창문을 열어봐?"

귀뚜라미의 말에 영우는 창문을 열었다. 그러자 밝은 달빛이 창문 가득 쏟아지더니 방안 구석구석을 노란 달빛으로 채우기 시작했다. 그 빛은 점점 더 모여 곧 영우가 눈뜰 수 없을 정도로 밝아졌다. 영우는 급히 두 손으로 눈을 가렸다.

잠시 후, 환한 빛이 가라앉고 어디선가 수런거리는 소리가 들렸다.

"눈 가리고 뭐 하는 거야. 벌써 겁이 나는 거야?"

귀뚜라미의 소리에 눈을 떠보니 영우가 서 있는 곳은 영우의 방이 아닌 어느 숲속이었다. 주위는 온통 달빛으로 채워져 노란 수풀과 나무들이 가득했다.

"저쪽을 봐! 마녀들이 있지!"

고개를 들어보니 커다랗고 구불구불한 나무 밑에서 두 마녀들이 이야기를 나누며 뭔가를 하고 있었다. 한 마녀가 실타래에서 실을 풀면 다른 마녀가 적당한 길이에서 가위로 잘라 실을 뭉쳤다. 그러면 그 실 뭉치는 둥둥 떠올라 밤하늘에 있는 달로 모여들었다.

"저 악몽의 실타래에선 달이 떠있는 동안 한 없이 실이 만들어져. 그래서 많은 실 뭉치를 만들지. 사람들은 저 실 뭉치를 달무리라고 부르지만 사실 악몽을 꾸게 하는 실 뭉치야."

"그럼 내가 어떻게 해야 해?"

영우의 말에 귀뚜라미는 자기의 날개를 들어보였다.

"귀뚜라미처럼 아름다운 소리를 내면 저 실 뭉치들이 흐트러지게 돼. 마녀들을 보여줬으니 이제 네가 마녀들의 일을 방해할 차례야. 할 수 있겠어?"

귀뚜라미는 영우를 놀리듯 말했다.

"그, 그럼 당연하지!"

영우는 자신이 없었지만 당당하게 대답했다. 그러자 어서 마녀에게로 가라는 듯 귀뚜라미는 긴 더듬이를 흔들었다. 영우는 천천히 마녀들을 향해 걸어갔다. 귀뚜라미에겐 무섭지 않은 척했지만 마녀에게 다가갈수록 다리는 후들거리고 이마에선 식은땀이 났다.

"안 무섭다. 안 무섭다……."

"저 아이 뭐라고 하는 거야?"

실타래를 풀고 있던 마녀가 눈을 감고 중얼거리는 영우를 보더니 실을 뭉치고 있는 마녀에게 말했다.

"글쎄, 무슨 주문을 외우고 있는 것 같은데?"

"애야, 이리 와볼래?"

마녀가 부르는 소리에 영우는 오줌을 쌀 뻔했다.

"무슨 주문을 외우고 있는 거니?"

"저기, 저, 오줌을 안 싸는 주문이요."

영우의 말에 마녀들은 깔깔대며 웃었다.

"오줌을 안 싸게 하는 마법 이야기는 처음 들었는데?"

실을 풀던 마녀의 말에 실을 뭉치던 마녀가 잠시 하던 일을 멈추고 다른 이야기를 꺼냈다.

"안 그래도 똑같은 일 하느라 지겨웠는데 우리 게임이나 할까?"

"무, 무슨 게임이요?"

"셋에 박수치기 게임! 그러니까 하나, 둘, 셋을 세다가 셋에 걸리는 자가 박수를 치는 거야."

마녀의 설명을 들으니 별로 어렵지 않은 게임 같았다.

"그런데 말이다. 만약에 게임에서 박수를 못 치게 되면 넌 실 뭉치에 감겨 평생 밤하늘을 떠돌아다니게 될 거야."

"만약, 제가 이기면 노래를 불러도 될까요?"

영우의 말에 마녀들은 또 다시 깔깔대고 웃었다.

"글쎄, 그럴 일이 있을까? 자, 그럼 시작하는 거다."

실타래를 푸는 마녀가 하나를 외치자 실을 뭉치는 마녀가 둘을 외쳤다. 영우는 셋에서 박수를 쳤다. 또 다시 마녀들이 하나, 둘을 외치면 영우는 박수를 쳤다. 그러다 보니 영우만 박수를 쳤고, 마녀들은 손을 쓸 일이 없으니 게임에서 이길 수밖에 없었다.

"잠깐만요."

"왜 그러니? 게임은 누구 하나가 질 때까지 멈출 수 없는 거야!"

"우리 셋에 말고 다섯에 박수를 쳐요!"

영우의 말에 마녀들은 당황해했다.

"다른 게임은 한 적 없어."

"셋에 박수치는 것은 너무 쉬워요. 더 어려운 게임으로 해요!"

"고 녀석, 오줌 참는 마법이나 외우는 주제에 제법 똑똑한걸! 그럼 다섯에 박수치기로 바꿔볼까?"

실타래를 푸는 마녀가 다시 하나를 외치며 게임이 시작되었다. 이번엔 다섯에 박수를 치다보니 박수치는 순서가 마녀들과 영우에게 차례로 번갈아 돌아왔다. 실을 풀던 마녀는 박수를 치느라 실타래를 여러 번 놓쳤고 실을 뭉치던 마녀는 실을 끊지 못해 실 뭉치가 점점 더 커져갔다.

영우는 자기 순서가 올 때마다 말하는 속도를 빨리해 마녀들을 점점 더 헛갈리게 했다. 그러자 박자를 놓친 마녀들은 허둥대기 시작했고 커다란 실 뭉치에 손이 얽힌 마녀는 자기 차례에서 박수를 못 치게 되었다.

"이런 실을 뭉치는 마녀님이 지셨네요."

영우는 바로 엄마에게 배운 노래를 부르기 시작했다.

귀뚜라미가 또르르 우는 달밤엔 멀리 떠나간 동무가 그리워져요.

영우의 노랫소리에 마녀의 손에 얽혀있던 실 뭉치가 하늘로 떠오르기 시작했다. 그러자 실을 뭉치는 마녀는 물론이고 실타래를 쥐고 있던 마녀까지 모두 하늘로 떠오르기 시작했다.

"얘야, 노래 좀 그만해다오!"

"이봐, 그만 하라니까!"

마녀들이 화가 나 소리를 질렀다. 하지만 영우는 노래를 멈추지 않았다.

정답게 손잡고 뛰놀던 내 동무. 그 곳에도 지금 귀뚜린 울고 있을까?

영우의 노래가 끝났을 때, 달 주위에서 사라진 달무리처럼 마녀들도 어디론가 사라져 보이지 않았다.

"야호! 내가 하는 거 봤지. 귀뚜라미야?"

밝은 보름달을 보며 영우는 신이나 펄쩍펄쩍 뛰었다.

"내가 마녀들과의 게임에서 이겼어!"

영우는 귀뚜라미를 찾았지만 귀뚜라미는 아까 그 자리에 없었다. 영우는 수풀을 뒤지며 귀뚜라미를 찾았다. 한참을 찾아도 보이지 않자 피곤해진 영우는 자리에 주저앉았다. 그러자 갑자기 몰려오는 잠에 입을 크게 벌려 하품을 했다.

"귀뚜라미야, 안 잡아먹을게. 나와!"

영우는 간신히 말하고는 수풀 사이에 쪼그리고 누웠다. 껌벅껌벅 거리던 영우의 눈이 살며시 감길 때쯤, 아름다운 귀뚜라미의 노랫소리가 들려왔다. 그리고 잠시 후, 엄마의 목소리도 들렸다.

"추운데 왜 창문을 열고 자는 거야?"

엄마는 창문을 닫고 영우에게 이불을 덮어 주었다.

"장난감도 가지고 놀았네!"

방바닥의 장난감을 치운 엄마는 책상에 있던 빈 통조림통을 들고 영우의 방에서 나갔다.

빨간 부리의 작은 새

장지로 글 | 서정애 옮김

미국으로 간 임상의 음악 선생님이 임상에게 편지를 보내왔다. 편지에 '임상 너는 귀가 참 좋아! 라고 써있었다.

'이게 무슨 말이지? 귀가 예쁘게 생겼다는 건가?'

임상은 처음에 선생님의 말이 무슨 뜻인지 잘 몰랐다. 하지만 곰곰이 생각해보니 그건 '음악적 감각이 좋다' 고 칭찬하는 말이라는 걸 알게 되었다. 임상은 너무 기뻐서 선생님께 곧바로 답장을 썼다.

임상은 편지를 다 쓰고 나서 잘 접은 다음 편지 봉투에 넣고 주소를 적으려 했다. 하지만 임상은 연필을 들고 쓸까 말까 망설이다가 거실로 나갔다. 부모님은 거실에서 텔레비전을 보고 계셨다.

임상이 물었다.

"아빠, 궁금한 게 있어요."

"무슨 일인데?"

"이거요, 외국에 편지를 보낼 때는 보내는 사람의 주소를 위에 쓰고 받

장지로 중국 작가협회 회원, 중국작가협회 아동위원회 부주임, 주요 작품으로 장편소설 『제3군단』, 『비법지혜』 등과 '비상감동' 시리즈 등이 있다. 전국우수아동문학상 등을 수상했다.

는 사람의 주소는 아래에 쓰는 거 맞지요?"

"그래, 우리 중국과는 완전 반대지. 그런데 왜?"

아빠가 말했다.

"너 어떻게 그런 걸 다 아니? 육학년이 그런 걸 어떻게 알아? 혹시 누가 가르쳐 줬어?"

"아니요. 제가 그냥 안 거예요."

임상이 자랑스럽게 대답했다.

"우리 딸 참 아는 것도 많지."

엄마가 칭찬해주셨다.

"그리고 또 질문 있어요."

"무슨 질문?"

"보내는 사람의 주소를 왜 위에다 쓰는 거죠?"

"그건 외국인들의 습관이지 뭐."

"이렇게 안 쓰면 받을 수가 없어요?"

"그렇지."

"그런데 외국인들이 중국에 편지를 보낼 때는 중국처럼 하지 않는데 어떻게 편지를 받을 수 있는 거예요?"

임상은 선생님이 보낸 편지를 들여다보며 궁금한 듯 물었다.

아빠 엄마는 뭐라고 얘기해야 할지 몰라 서로를 쳐다보았다.

엄마가 대답했다.

"임상, 이번에는 그냥 우리 식대로 쓰렴. 나중에 얘기해 줄게."

임상은 선생님께 편지를 부친 뒤 매일같이 답장이 오기를 기다렸다.

일주일 뒤 학교에서 편지를 받는 곳인 전달실에 들를 때마다 물었다.

"송 할아버지. 나한테 온 편지 있어요? 제 이름은 임상이에요."

"아니."

"할아버지. 나한테 온 편지 있어요? 제 이름은 임상이에요."

"응, 네 이름이 임상이라는 거 알고 있단다. 하지만 너한테 온 편지는 없구나."

물어볼 때마다 없다는 송 할아버지의 말에 임상은 속이 상했다. 그래서 이번에는 친구인 양효리한테 가서 물어보라고 시켰다. 하지만 역시 편지는 오지 않았다.

어느 날 아침, 또 전달실에 가려는데 마치 나비가나는 것처럼 작은 부채 같은 것이 창문으로 날아가는 것을 보았다. 정말 신기한 일이었다.

그때 송 할아버지가 창문 밖에서 불쑥 고개를 내밀었다.

"임상!"

임상은 쪼르르 창문 앞으로 달려갔다.

"송 할아버지! 나한테 편지 온 거 있어요?"

송 할아버지가 말했다.

"네가 임상 맞지?"

임상은 이상하다는 듯 되물었다.

"그런데 왜요?"

송 할아버지가 또 물었다.

"혹시 너 말고 우리 학교에 임상이 또 있니?"

"글쎄, 없는 것 같은데요. 만약 외국에서 온 편지면 나한테 온 게 맞을 거예요."

"아냐. 이건 외국에서 온 게 아니야. 더구나 학년이나 반 이름도 안 써져 있어. 만약 이 학교에 임상이 너 하나라면 이건 너한테 온 게 틀림없구나. 자, 가져가라."

송 할아버지는 하얀 편지 봉투를 임상에게 내밀었다.

임상은 얼른 편지를 뜯어보았다. 분명 중국에서 온 편지였다.

임상에게

안녕!

이 편지를 누가 썼을까 궁금하지? 나야. 너랑 이름이 같은 아이. 나도 이름이 임상이거든. 나도 초등학생이지만 지금은 학교에 다니지 않는단다. 안정을 취해야 한다고 해서 집에서 쉬고 있어. 얼마 전에 빨간 부리를 가진 작은 새가 창밖에 왔었어. 나를 쳐다보더니 창문을 부리로 톡톡 두드리더라. 그때 얼마나 기뻤는지 몰라. 별안간 이런 생각이 들지 뭐야. 내가 살고 있는 이 도시에는 학생들이 정말 많으니, 그중에 나와 같은 이름을 가진 아이도 있겠지. 만약 그 아이가 본 것, 들은 것을 다 내게 편지로 얘기해준다면 얼마나 좋을까. 뭐 이런 생각을 말이야. 그럼 그 아이가 들은 걸 나도 들을 수 있고, 그 아이가 본 거를 나도 볼 수 있을 테니까…….

임상이

임상은 편지를 찬찬히 다시 한 번 읽었다. 임상은 그제야 자기랑 같은 이름을 가진 아이가 몸이 아파 집에 있다는 걸 알게 되었다. 정말 가여웠다! 임상은 마치 빨간 부리를 가진 작은 새를 본 듯했다. 임상은 얼른 그 아이에게 답장을 썼다. 그 아이가 남자이든 여자아이든 상관없었다. 학교에서 일어났던 재미있는 일들을 썼다.

임상에게

안녕!

네가 보낸 편지 잘 받았어. 나는 참 놀랍고도 참 기뻤어. 나랑 이름이 같은 아이가 있다니! 새로운 친구가 생겨 정말 기뻐…….

이튿날 아침, 임상은 우체통 앞에서 편지 봉투의 아래 부분을 다시 한 번 살펴보았다.

'대화가 초등학교 6학년 1반 임상 보냄'

임상은 우체통 속에 편지를 넣었다. 이삼일 뒤면 임상이라는 아이의 답장을 받을 수 있을 거라 생각했다.

하지만 일주일이 넘도록 답장은 오지 않았다. 임상은 또 한 통의 편지를 썼다. 그러면서 자신은 참 운이 없다고 생각했다.

'왜 내가 쓴 편지에는 답장이 없는 걸까? 음악 선생님은 외국에 있어서 그렇다 치지만 임상이라는 아이는 같은 도시에 살면서도 이렇게 답장이 없다니! 참.'

이주일 동안 임상은 세 통이나 편지를 보냈지만, 답장은 한 통도 오지 않았다.

'누가 일부러 이러는 걸까? 그럴 리가 없어. 어째서 이런 이상한 짓을 한단 말이야?'

어느 날 오후, 수업이 끝날 무렵이었다. 방 선생님이 임상을 교무실로 오라고 부르셨다. 교무실에는 은발 머리의 할머니 한 분이 계셨다. 방 선생님은 그 할머니를 무척이나 존경하는 듯 공손한 태도를 보였다.

할머니가 방 선생님께 말했다.

"임상과 둘이서만 얘기하고 싶은데……."

방 선생님은 미소를 지으며 고개를 끄덕이더니 조용히 자리에서 일어섰다.

할머니가 임상을 보고 의자에 앉으라고 하셨다.

"난 온 선생님이야. 뭐 온 할머니라고 불러도 괜찮아."

할머니는 가방 속에서 세 통의 편지를 꺼내셨다.

임상은 왠지 편지가 낯설지 않았다. 그건 바로 자기가 임상이라는 아이에게 보낸 편지였던 것이다!

"이 세 통 모두 네가 쓴 거지?"

임상은 놀란 목소리로 대답했다.

"맞아요! 그런데 어떻게 그게 여기 있어요? 할머니가 임상이에요? 임상은 초등학생이라고 했는데!"

온 할머니가 웃으셨다.

"나는 물론 임상이 아니야. 어떻게 된 일인지 궁금하지? 얘기해줄게."

온 할머니가 조용히 말씀하셨다.

"사실은 임상이 쓴 편지는 내가 너에게 전해준 거란다."

"그럼 임상이란 그 아이는 편지를 못 받은 거예요?"

임상이 초조하게 물었다.

온 할머니는 고개를 가로 저었다.

"아니, 그 아인 네가 보낸 편지를 모두 받았단다. 고맙구나."

임상은 그제야 마음이 놓였다.

온 할머니는 부드러운 목소리로 말씀하셨다.

"넌 참 착한 아이구나."

임상은 싱긋 웃으며 할머니를 쳐다보았다.

"할머니도 참 착하세요."

"임상, 네가 학교에서 어떻게 지내고 있는지 내게 얘기해줄래?"

"저요? 별로 할 얘기가 없는데. 그냥 전 오중학생이에요."

"오중학생이라니? 넌 대화가 초등학생이잖아!"

임상이 깔깔 웃었다.

"아니요. 오중학생이란 다섯 개 방면에 중간 정도의 학생이라는 뜻이에요."

임상은 손가락을 꼽으면서 말을 이어갔다.

"보세요. 전 성적이 중간이고요, 키도 중간, 품행도 중간, 집안도 중간, 학교까지 중간 정도의 수준에 다니고 있어요. 이걸 오중학생이라고 부르는 거예요."

온 할머니는 웃으며 대답하셨다.

"아, 그런 뜻이구나. 한 번도 들어본 적이 없어서."

"선생님들은 좋은 학생과 나쁜 학생에게만 관심을 기울이시잖아요. 저희들처럼 오중학생들에게는 아무 관심도 없고. 좀 슬퍼요. 그런데 임상은 도대체 어떤 아이예요? 무슨 병에 걸렸어요?"

일요일 아침 대화가 초등학교 6학년 1반 아이들은 모두 텔레비전의 유명한 한 프로그램인 〈친구〉라는 코너 녹화에 초청을 받았다.

녹화장은 빈 자리 하나 없이 아이들로 꽉 차 있었다. 사십 명 정도 되는 아이들이 녹화장에 둥그렇게 모여 앉아 있었다. 임상도 친구들과 같이 거기에 앉아 있었다.

작은 무대 위에는 남자 사회자와 전에 만난 적이 있는 온 할머니가 앉아 있었다. 할머니는 머리카락 한 올 흐트러지지 않았고, 옷도 단정하게 입어 굉장이 멋져 보였다.

사회자가 낮은 목소리로 말했다.

"오늘 우리 프로그램에는 20개 초등학교에서 선생님과 학생들이 참가했습니다. 오늘 특별 초청 손님도 계시는데 바로 초등학교 선생님으로 퇴직하신 온 선생님이십니다."

"아! 저분이 유명한 온 선생님이시구나!"

사람들이 수군대는 소리에 임상은 깜짝 놀랐다.

사회자가 이어서 소개를 했다.

"온 선생님은 초등학교 교육을 40여 년 넘게 해오시면서 노동훈장을 받으셨고, 아동들을 위해 많은 일을 한 분들께 드리는 훈장도 받으셨습니다. 온 선생님께서 그동안 가르치셨던 학생들은 수없이 많습니다."

그 말을 들은 사람들이 크게 박수를 쳤다.

사회자가 손을 내밀며 온 할머니께 한 말씀을 부탁드렸다.

온 할머니는 자리에서 일어나셨다. 할머니의 목소리는 생기에 넘쳤다.

"우리가 생활하는 이 도시는 그렇게 크지도 작지도 않지요. 여러분 생각해보세요. 이 도시에 초등학교가 모두 얼마나 있을까요?"

참가자들이 웅성웅성거렸다.

"50개?"

"100개?"

"200개?"

온 선생님이 웃으며 대답하였다.

"모두 306개의 초등학교가 있어요."

여기저기서 놀라는 소리가 들렸다.

사회자가 방청객 석으로 와서 말을 했다.

"제 앞에 있는 40명의 학생들에게는 한 가지 공통점이 있어요. 여러분 한 번 맞혀보세요. 공통점이 과연 무엇일까요?"

또 다시 주위가 웅성거리기 시작했다.

"모두 우수 학생들……."

"모두 6학생에 다니고……."

"모두 특별히 키가 크고……."

앉아 있던 학생들은 서로를 쳐다보며 공통점을 찾아내려 애썼다. 임상도 애를 썼지만 공통점이 뭔지 찾기가 힘들었다. 맞다.

'그러고 보니 학생들 모두 모자를 안 쓰고 있네. 그런데 이게 무슨 공통점이야?'

임상은 생각해놓고도 혼자 속으로 웃었다.

사회자가 온 할머니를 향해 고개를 주억거렸다.

"우리 온 선생님께 공통점을 말씀해 달라고 합시다."

웅성거리던 아이들은 순식간에 조용해졌다. 온 할머니가 비밀스런 미소를 지으셨다.

"여러분은 한 반 학생들도 아니고 또한 한 학교도 아니지요. 그렇지만 여러분은 모두 같은 이름을 가졌지요. 바로 임상이라는 이름을……."

모두가 깜짝 놀랐다.

"와!"

앞에 앉은 40여 명의 학생들이 서로를 쳐다보았다. 마치 또 다른 자기를 본 것 같이.

사회자가 큰 소리로 말했다.

"그럼 지금부터 온 선생님께서 임상의 이야기를 강연하시겠습니다."

녹화장이 조용해졌다.

온 할머니의 음성이 다시 높아졌다.

"나는 한 남자아이를 알고 있지요. 그 아이는 우리 옆집에 살고 있어요. 그 아이도 이름이 임상이에요. 굉장히 착한 아이인데 그만 큰 병에 걸려 병원에 입원했어요. 어느 날 문병을 갔더니 그 아이의 머리맡에 주소지가 없는 편지 한 통이 있지 뭐예요. 받는 사람은 임상이라고 써 있었고요. 그걸 보고 난 참 이상하다고 생각했지요. 그럼 그 아이가 자기한테 편지를 썼단 말인가? 편지를 보고 나서 나는 깨달았지요. 아이는 비록 병에 걸렸지만 마음속으로는 여러분들처럼 교실에서 공부도 하고, 운동장에서 같이 놀기도 하고, 그러고 싶다는 걸요."

녹화장은 온 할머니의 말씀에 귀 기울이느라 아무런 소리도 들리지 않았다.

"이 편지를 보고 난 정말 감동을 받았어요. 저 아이의 소원을 들어줄 방법이 없을까 생각했지요. 그래서 곧장 우리 도시에 있는 초등학교 주소를 찾아서 그 아이의 편지를 몇 통 똑같이 베껴서 부쳤지요. 이렇게 많은 학교 중에는 분명히 임상이라는 이름을 가진 학생이 있을 거라고 생각했거든요. 그리고 그들 중에 몇 명은 분명히 답장을 해줄 거라고 믿었지요. 그리고 일주일 뒤 모두 16통의 답장을 받았어요. 비록 편지를 읽지는 못했지만 눈물이 날 것만 같았어요. 이렇게 다른 사람에게 관심을 가진 착하고 마음이 따뜻한 아이들이 있다는 생각 때문에요."

누군가가 박수를 치기 시작했다. 그러자 여기저기서 박수소리가 터져나왔다.

"나는 이 편지를 병원에 있는 임상에게 읽어 주었지요. 친구들의 편지를 받은 임상은 정말 좋아했어요. 눈이 커다래지고 창백한 얼굴에 웃음이 넘쳐흘렀어요. 행복하고 편안한 모습을 보면서 저게 진짜 천사의 모습이 아닐까 생각했어요. 물론 진짜 천사를 본 적은 없지만 말예요. 그때 그 아이는 이미 가망이 없을 정도로 위독했어요. 편지의 답장을 쓸 수조차 없을 정도였지요. 그래서 나는 이렇게 방송국을 찾아와 임상이라는 이름을 가진 학생들을 찾아달라고 부탁했지요. 고맙다는 말을 전하고 싶었거든요."

방청객들 사이에서 훌쩍거리는 소리가 들려오기 시작했다.

"여기 있는 한 명의 임상이라는 학생은 답장을 한통도 받지 못했지만 세 통의 편지를 써주었고, 마지막 편지에는 빨간 부리를 가진 작은 새를 그려넣어 주었답니다. 그리고는 임상의 주소를 가르쳐달라고 부탁했어요. 자기가 진짜 빨간 부리의 작은 새를 데리고 임상한테 문병을 가겠노라고 하면서요."

그 말에 임상은 얼굴이 새빨개졌다. 임상은 고개를 푹 숙이며 온 할머니께서 말한 사람이 바로 자기일 거라고 짐작했다. 속으로 더 이상 말씀하지 마셨으면 하고 생각했다. 너무 부끄러웠다.

"그 학생이 여러분들 안에 있습니다. 정말로 착하고 좋은 아이이지요."

누군가 소리쳤다.

"그 아이가 누구에요? 일어나 보세요."

많은 사람들이 주위를 휘 둘러보았다.

온 할머니는 고개를 저으며 웃으셨다.

"나는 이런 착한 마음에 감사를 드리고 싶었어요. 그렇지만 나는 그 학생과 이미 약속을 했지요. 누구인지 말하지 않기로 말예요. 그 학생이 바로 빨간 부리의 작은 새가 아닐까요? 사람이 많으면 금세 포르르 날아가 버리는 새 말예요."

쟌 브라스카의 일기

밤바 글 | 음경훈 옮김

9월 20일

자, 이제 됐다. 나는 내 일기장에 오늘 날짜 달력을 그대로 옮겨 놓고 싶었어. 거기엔 로마에 이탈리아 군대가 들어온 날이라고 표시되어 있고, 또 그 밑에 내가 태어난 날이라고 적혀 있어. 그리고 그건 바로 내가 쓴 거야. 그래야 우리 집에 놀러오는 친구들이 내게 선물을 해야 한다는 걸 기억할 테니까.

그럼 내가 지금까지 받은 선물목록을 작성해볼까?

첫 번째는 아빠가 사주신 표적을 맞추는 멋진 권총.

두 번째는 아다 누나가 선물한 바둑판 무늬 옷, 하지만 난 별로 관심이 없어. 왜냐하면 그건 장난감이 아니니까.

세 번째는 버지니아 누나가 준 것인데, 나한테 꼭 필요한 멋진 낚싯대야. 낚싯줄까지 있어. 게다가 분리하면 막대기가 돼. 나한테 꼭 필요한 물건이었지. 왜냐하면 나는 낚시광이니까.

밤바 20세기 이탈리아 아동문학을 이끈 작가로 본명은 루이지 베르텔리(1860~1920)다. 1906년 〈일요신문〉이라는 아동신문을 창간하였다. 지은 책으로 『치온돌리노의 모험』 등이 있다.

네 번째는 루이자 누나가 선물한 진짜 필요한 필통으로 빨간색과 파란색 연필들이 들어 있어. 정말 예뻐!

다섯 번째는 엄마가 선물한 이 일기장이야. 지금까지 이야기한 선물들 중에서 가장 멋진 선물이지.

아, 그래! 나의 멋진 엄마는 나한테 정말 좋은 일을 하신 거야. 나한테 일기장을 선물하셔서 내가 내 생각과 내게 일어난 일들을 여기에 적도록 하셨으니까. 얼마나 멋진 책인지! 초록색 표지에 새하얀 책장들이 가득 해. 난 정말이지 여기에 무엇을 써넣어야 할지 모르겠어! 그렇지만 난 벌써부터 내 기억들을 적을 나만의 일기장을 갖고 싶어 안달이 나 있었어. 매일 밤 잠자리에 들기 전에 머리를 어깨까지 늘어뜨린 채 잠옷 바람으로 깨알같이 일기를 써 내려가던 아다, 루이자, 그리고 버지니아 누나들이 가지고 있는 것 같은 일기장 말이야.

여자들은 어디서 그렇게 이야깃거리를 찾아내는지 도대체 모르겠어!

누나들과는 반대로 난 더 이상 무슨 말을 해야 할지 모르겠어. 일기장아, 너의 이 새하얀 책장들을 어떻게 다 채우지? 난 그림 그리는 게 쉬우니까 그림도 그리고, 아홉 살을 꽉 채운 지금 내 모습도 그릴게.

이렇게 멋진 일기장에는 생각이나 반성 같은 것들을 적어야 하는 건 아닐까?

아, 좋은 생각이 떠올랐어! 엄마랑 외출한 아다 누나의 일기를 조금만 베껴야겠다! 여기 있다. 아다 누나의 방에 가서 누나의 책상 서랍을 열고 일기장을 꺼냈어. 이제 조용히 베끼기만 하면 돼.

'아, 그 늙은 카피타니 씨가 다시는 찾아오지 않는다면 얼마나 좋을까! 그런데도 그 사람은 오늘 저녁에도 다녀갔어. 정말 말도 안 돼! 정말 싫어! 지금도 그렇고, 앞으로도 좋아하지 않을 거야, 절대로, 절대로, 절대로……. 엄마는 카피타니 씨는 부자고, 그래서 카피타니 씨가 청혼을 하면, 그 사람과 결혼해야 할 거라고 말씀하셨어. 이건 정말 잔인해! 불쌍한 내 심장! 왜 너 자신을 고문하고 있는 거니? 카피타니 씨의 손은 크고 두툼한 데다 살갗은 벌겋다. 게다가 아빠와는 고작 포도주와 올리브 기름, 농토, 농사꾼들이나 들짐승들 얘기밖에는 할 줄 몰라. 그가 그럴 듯하게 옷입는 것을 단 한 번만이라도 봤으면…….

아, 이런 얘기들을 더 이상 하지 않는다면 얼마나 좋을까! 그가 다시는 우리 집에 오지 않는다면 말이야! 그럼 정말 한시름 놓을 텐데……. 어제 내가 카피타니 씨를 현관까지 배웅하고서 우리 둘만 현관에 있게 되자, 그가 내 손에 입을 맞추려고 했어. 하지만 난 얼른 자리를 피했어. 그러자 카피타니 씨의 입이 한 줌은 나왔지……. 아, 안 돼! 나는 알베르토 데 렌지스를 사랑해. 알베르토가 그저 그런 가난한 월급쟁이밖에 안 된다는 건 정말 불행한 일이야. 알베르토는 나랑 계속 실랑이를 벌이고만 있지만, 난 이제 더 이상은 못 견디겠어! 정말 실망스러워! 인생이 정말 실망스러워! 난 정말 불행하다고!'

이제 그만 됐다, 벌써 두 장이나 메웠는걸.

일기장아, 잠자리에 들기 전에 너를 다시 열었어. 왜냐면, 오늘 저녁에 나한테 아주 심각한 일이 일어났거든.

저녁 여덟 시쯤이었어. 보통 때처럼 아돌포 카피타니 씨가 우리 집에 왔지. 카피타니 씨는 나이가 많은 사람으로, 못생긴 데다 무지 뚱뚱하고 피부는 벌겋고…… 정말이지 우리 누나들이 놀리는 게 당연하다니까!

아무튼 나는 내 일기장을 들고 거실에 있었는데, 카피타노 씨가 갑자기 그르렁거리는 고양이 같은 듣기 싫은 목소리로 나한테 말했어.

"우리 잔니노는 무슨 재미난 책을 읽지?"

그래서 난 당연히 카피타노 씨에게 내 일기장을 보여주었지. 그러자 카피타노 씨가 큰 소리로 내 일기장을 읽기 시작했어.

처음에는 엄마와 누나들이 배꼽이 빠져나갈 듯 웃기 시작했어. 이윽고 카피타노 씨가 아다 누나의 일기에서 베낀 부분을 막 읽기 시작했어. 카피타노 씨의 목소리는 점점 커져 소리를 지르기 시작했고, 일기장을 갈가리 찢어버리려고 했단다. 하지만, 일기장은 쉽게 찢어지지 않았고, 카피타노 씨는 어찌 된 일인지 모든 걸 싫어 했어. 카피타노 씨는 화를 간신히 참으며 심각하게 물었지.

"쟌니노야, 이런 말도 안 되는 것들을 왜 썼지?"

나는 카피타노 씨에게 말했어. 그건 우리 큰 누나인 아다의 일기장에서 베낀 것들이고, 아다 누나는 나보다 더 많은 것을 알고 있는 어른이고, 그래서 자기가 무슨 말을 하고 있는 건지 아는 사람이기 때문에 그 말들이 말도 안 되는 것일 리 없다고 대답했어.

내가 말을 마치자마자, 카피타노 씨는 심각한 표정으로 자리에서 일어나서는 모자를 집어들고 아무런 인사도 없이 가버렸어.

정말 예의도 모르는 사람이야!

그러나 엄마는 카피타노 씨에게 화를 내는 대신 나한테 화를 내셨어. 큰 소리로 야단을 치시며 내 엉덩이를 때리시기라도 할 기세셨지. 게다가 바보 같은 아다 누나는 눈물까지 펑펑 흘리며 울기 시작했어!

누나들이 알아서 잘 위로해주겠지!

이제 그만! 잠이나 자러 가는 게 낫겠어. 난 그래도 이런 일이 있었기는 했지만, 내 소중한 일기를 세 장이나 꽉 채울 수 있었기 때문에 기분이 좋아!

9월 21일

난 정말 저주를 받고 태어난 게 분명해!

난 더 이상 집에 있을 수가 없어. 모두들 굴러들어 온 복 같은 혼사가 깨진 게 전부 내 탓이라는 말하고 있으니까. 그리고 엄청난 수입을 올리는 카피타니 씨 같은 남편감은 흔히 볼 수 있는 게 아니라고 나를 원망하고 있거든. 게다가 아다 누나가 베티나 고모처럼 평생을 노처녀로 지내게 됐다는 등 계속해서 내 탓만 하고들 있으니 말이야.

난 정말로 바보 같은 누나의 생각을 베낀 것이 도대체 무슨 큰 잘못인지 알고 싶다고!

오! 지금 이 순간부터 좋든 나쁘든, 일기는 온전히 내 힘으로만 쓸 것을 맹세해. 왜냐하면 멍청한 우리 누나들 때문에 속이 타니까.

어제 저녁 일이 있은 뒤로 오늘 아침 우리 집은 사나운 폭풍이 지나간 집 같았어. 열두 시를 알리는 종이 울린 지가 한참이나 지났는데도, 아무도 다른 날처럼 식탁을 차릴 생각조차 하지 않았어. 나는 배가 고파서 견딜 수가 없었지. 그래서 살금살금 식당으로 내려가 찬장에서 빵 세 개랑 알이 꽉 찬 포도 한 송이랑 무화과나무 열매를 잔뜩 꺼내 들고는 옆구리에 낚싯대를 끼고서 조용히 식사를 하려고 강가에 갔어. 그렇게 아침 겸 점심을 먹은 나는 낚싯대를 드리우고 물고기가 낚이기만을 기다렸어. 그런데, 갑자기 내 손에 쥐고 있던 낚싯대가 휙 잡아당겨지는 게 느껴졌어. 그 순간 내가 너무 앞으로 나갔나 봐. 난 그대로 낚싯대에 쭉 끌려가서는 풍덩 물에 빠지고 말았으니까. 믿기지 않지? 하지만 그 순간 나는 나 말고 다른 건 아무 생각도 하지 못했어.

'그래, 이제 엄마, 아빠와 누나들은 내가 없어져서 좋겠지! 이제 아무도 내가 집안의 골칫덩이라고 말하지 않을 거야! 이제 더 이상 나를 화나게 만드는 별명인 쟌 브라스카(말썽쟁이 쟌)라고 부르지도 않을 테고!'

나는 그렇게 아래로 아래로 가라앉고 있었어. 그리고 누군가 무쇠팔로 나를 들어올리는 것을 느꼈지만, 더 이상 무슨 일이 일어나고 있는 건지 도통 알 수가 없었어. 물에서 건져진 난 9월의 신선한 공기를 크게 들이마셨지. 그러자 곧 살 것 같아졌어. 내 목을 들어올려 잡고 있는 뱃사공에게 물었어. 내 가엾은 낚싯줄까지 건져줄 수 없겠느냐고!

난 아직도 우리 엄마가 왜 그렇게 많이 우셨는지 모르겠어. 지지가 흠뻑 젖은 나를 집에 데려다주었을 때 말이야. 엄마에게 아무렇지 않다고 말했지만, 내가 하는 말은 그저 바람과 함께 사라질 뿐이었어. 왜냐하면 엄마의 눈물이 영영 그치지 않고 흘러내릴 것만 같았으니까. 난 내가 강에 빠져서 익사할 뻔 했던 게 얼마나 좋았는지 몰라! 그렇지 않았다면, 언제 내가 그렇게 많은 칭찬과 듣기 좋은 소리들을 들어보겠어.

루이자 누나는 나를 침대에 눕혀주었어. 아다 누나는 뜨거운 국물을 한 그릇 가져다주었고, 집안일을 도와주는 분들까지도 모두 저녁을 먹으러 갈 시간까지 내 곁에 모여 있었어. 이윽고 저녁 시간이 되자 담요를 여러 장 겹쳐 푹 덮어주고는 모두들 나한테 얌전히 움직이지 말고 있으라고 당부하면서 아래층으로 내려갔지. 나는 담요가 무거워서 깔려 죽을 것 같았어.

하지만, 그렇게 가만히 누워 있는 게 가능하냐고! 내 또래 남자 아이에게 말이야. 내가 혼자 남겨지자마자 뭘 했는지 알아? 나는 자리에서 일어나서 장롱에서 바둑판 무늬 옷을 꺼내 입고는 아무도 모르게 살금살금 거실로 내려갔어. 그리고는 거실 창문 커튼 뒤에 숨었어. 누군가 나를 발견했더라면, 얼마나 소리소리 질러댔을까! 그런데도 어떻게 내가 곧 잠이 들었는지 알 수가 없어. 아마 몹시 졸렸나 봐. 아니면 피곤했던지. 얼마 동안 곤한 잠을 잔 뒤, 눈을 떠보니 커튼 틈 사이로 루이자 누나와 콜랄토 의사 선생님이 소파에 나란히 앉아서 두런두런 이야기를 나누고 있는 것이 보였어. 버지니아 누나는 거실 한쪽에서 쿵쾅거리며 서투른 피아노 연주를 하고 있었고. 아다 누나는 없었어. 아다 누나는 카피타니 씨가 오지 않는 것을 알고 있었으니까 분명 자러 갔을 거야.

"적어도 1년은 걸릴 거야." 하고 콜랄토 의사 선생님이 말했어. "발디 선생님도 이제 나이가 드셨다는 거, 자기도 알지. 그래서 나를 인턴 의사로 뽑을 거라고 약속하셨어. 기다리는 게 싫은 건 아니지, 응?"

"어머, 아니야. 자기는?" 하고 루이자 누나가 대답했고, 둘은 웃기 시작했어.

"그렇지만 아직 아무에게도 말하지 마." 하고 콜랄토 선생님이 말을 이었어. "만인에게 우리의 약혼을 발표하기 전에, 뭔가 확실한 자리를 얻고 싶거든……."

"그런데, 자기는 그럴 수 있을 것 같아? 그건 정말 바보 같은 짓이 아닐까?"

말을 마친 루이자 누나가 갑자기 자리에서 일어나서는 거실을 가로질러 콜랄토 선생님과 멀리 떨어져 앉았어. 거실에 만넬리 자매가 들어왔기 때문이야.

모두들 가엾은 쟈니노는 좀 어떠냐고 묻기 바빴지. 그때 엄마가 새하얗게 겁에 질려 내가 없어졌다고 소리치며 거실로 들어오셨어. 그리고 사방으로 찾아보았지만, 결국 나를 찾지 못했다고 말씀하셨어. 내가 그 상황에서 엄마를 더 이상 힘들게 하지 않기 위해서 뭘 했겠어? 그건 바로 숨어 있던 곳에서 나오는 거였지. 귀청이 찢어질 것 같은 엄마의 목소리를 들으면서 말이야.

모두들 간이 콩알만해졌을 거다!

"쟈니노, 쟈니노!" 엄마는 울먹이며 하소연 했어. "내가 너 때문에 병이 날 것 같다……."

"뭐야!, 너 계속 커튼 뒤에 있었던 거야?"

루이자 누나가 얼굴이 붉으락푸르락해져서는 내게 물었어.

"당연하지. 모두들 언제나 진실을 이야기 하라고 나한테 그랬잖아. 그런데 왜 누나와 콜랄토 선생님이 약혼했다고 친구들에게 이야기하지 않는 거야?"

나는 루이자 누나와 콜랄토 선생님 쪽으로 몸을 돌리면서 대답했어.

루이자 누나가 내 팔을 확 낚아채서는 나를 거실 밖으로 끌어냈어.

"놔! 놓으라고! 혼자서 내 방으로 갈 거야. 누나는 왜 초인종 소리를 듣자마자 자리에서 벌떡 일어섰어? 콜랄토 선생님이……."

루이자 누나가 거실 문을 쾅 닫으면서 내 입을 막아버려서 나는 말을 마칠 수가 없었어.

"너를 흠씬 두들겨 주고 싶은 마음 굴뚝같다."

루이자 누나가 울기 시작했어.

"콜랄토가 너를 절대 용서하지 않을 거야."

루이자 누나가 딸꾹질까지 하면서 울먹였어. 가엾은 루이자 누나. 누나는 마치 세상에서 가장 귀중한 보물을 잃어버린 사람 같았지.

"울지 마, 누나. 만일 콜랄토 선생님이 그렇게 무서운 사람이란 걸 알았다면, 아무 말도 하지 않고 내가 커튼 밖으로 나왔을 것 같아?"

바로 그 순간 엄마가 와서 나를 침대로 다시 데려 갔어. 엄마는 집안일을 돕고 있는 카테리나에게 내가 완전히 잠들 때까지 혼자 두지 말라고 당부하셨어.

하지만 내가 어떻게 잠을 잘 수가 있었겠어, 나의 소중한 일기장아? 낮에 일어났던 이 모든 불운한 일들을 네게 이야기하지 않고서 말이야. 카테리나가 졸음을 참지 못하고 하품을 할 때마다 고개가 목 뒤로 떨어질 것만 같아.

안녕, 일기장아, 오늘 저녁은 이만 안녕.

(이 동화는 밤바의 『쟌 브라스카의 일기』 중 일부를 발췌해 실은 것입니다.)

빨간 양초와 인어

오가와 미메이 글 | 김혜재 옮김

인어는 남쪽바다 근처에는 살고 있지 않습니다. 북쪽 바다 근처에 살고 있습니다. 북쪽, 짙푸른 바닷가 바위 위로 어느 날 인어가 올라와 주변의 경치를 바라보면서 쉬고 있었습니다. 구름 사이로 달빛이 쓸쓸하게 파도 위를 비추고 있습니다. 사방에 끝없이 펼쳐지는 바다에 파도가 넘실대고 있습니다.

왠지 쓸쓸한 기분이 드는 경치라고 인어는 생각했습니다.

'나는 인간과 모습이 그다지 다르지 않아. 물고기와 깊은 바다에 사는 거친 짐승들과도 비교해보면 몸도 마음도 난 인간과 정말 많이 닮았어. 그런데 내가 왜 춥고 어둠침침한 바다 속에서 물고기와 거친 짐승들과 함께 살아야 할까?'

오랜 세월 얘기를 나눌 상대도 없이 밝은 바다를 그리워하며 살아온 것을 생각하자 인어는 더 이상 참을 수가 없었습니다. 그래서 달빛이 환

오가와 미메이 1882~1956. 니이가타 현 다카다에서 태어나 와세다대학 재학 중 소설로 등단했다. 하지만 동화적 자질이 탁월해 후에 동화 쓰기에 전념했다. 생명의 찰나적 순간을 낭만적 정감으로 그려내는 판타지 동화 안에 강렬한 리얼리티가 내재되어 있다.

한 밤 수면 위로 떠올라 바위 위에서 쉬면서 이런저런 공상을 하곤 했습니다.

'사람들이 살고 있는 마을은 아름답다. 인간은 물고기나 짐승보다 부드럽고 정이 많다고 하는데, 지금은 물고기와 바다 속 짐승들과 살고 있지만 난 인간 쪽에 가까우니 인간들 속에 들어가 살 수 있지 않을까.'

인어는 아기를 가졌기 때문에 더욱 진지하게 생각했습니다.

'난 오랫동안 이 쓸쓸하고 친구도 없는 북쪽 바다 속에서 살아왔어. 하지만 태어날 아기에게만은 이곳에서 살게 하고 싶지는 않아. 더 이상 슬프고 의지할 데 없다고 느끼게 하고 싶지 않아. 내 아기와 떨어져 홀로 쓸쓸한 바다 속에서 산다는 것이 말할 수 없이 슬프지만 아이가 어디 있어도 행복하게 살아준다면 그걸로 된 거야. 인간은 이 세상에서 가장 친절한 존재라고 들었어. 그리고 가엾거나 의지할 곳 없는 이에게 결코 귀찮게 하거나 괴롭히지 않는다고 들었지. 다행히도 우리는 인간과 얼굴 모습이 같을 뿐 아니라 몸통 위로는 인간이니까 인간 세상에서 못살 것도 없지. 한번 인간 손에 키워지기만 한다면 그냥 버리지는 않을 거야.'

인어는 적어도 자신의 아기만은 밝고 떠들썩하고, 그리고 아름다운 마을에서 자라게 하고 싶었습니다. 인어는 누군가가 도와줄 것이라고 기대하며 땅 위에 아이를 낳으려고 맘 먹었습니다.

'비록 나 자신은 아기를 다시 볼 수 없게 되지만 아기가 인간들 틈에서 행복하게 살아갈 수 있을 거야.'

아득히 먼 저쪽, 해안의 작은 산에 있는 신사(신을 모시는 건물)의 등불이 깜박깜박 파도틈으로 비쳐들었습니다 엄마 인어는 아기를 낳기 위해 차고 어두운 파도를 헤엄쳐 육지 쪽으로 다가갔습니다.

바닷가에 작은 마을이 있습니다. 마을에는 가게들이 줄지어 서 있고,

신사가 있는 산 밑에 초라한 모습의 양초가게가 있었습니다. 그 집에는 할아버지와 할머니가 살고 있습니다. 할아버지가 양초를 만들고, 할머니가 가게에서 만든 양초를 팔지요. 마을 사람, 그리고 부근의 어부들이 참배를 하러 갈 때 이 가게에 들러 양초를 산답니다.

산 위에는 소나무들이 자라고 있었고, 그 가운데 신사가 있습니다. 바다에서 불어오는 바람이 소나무 우듬지에 스쳐 밤이고 낮이고 싸아싸아 웁니다. 밤마다 신사에 켜있는 양초 촛불 그림자가 깜빡깜빡 흔들리는 것이 먼 바다에서도 보입니다.

하루는 할머니가 할아버지에게 말했습니다.

"우리 두 늙은이가 이만큼 사는 것도 모두 신의 덕분이지요. 이 산에 신사가 없었다면 양초가 팔리지 않을 거고, 그러니 우린 그저 감사해야 해요. 생각한 김에 산에 다녀올랍니다, 영감."

"그렇게 하시구려. 그동안 늘 신에게 감사하는 마음으로 살아오긴 했지만 일에 매여 자주 참배를 못했네그려."

할머니는 터벅터벅 집을 나섰습니다. 달빛이 환해 밤이 대낮처럼 밝았습니다. 신사참배를 하고 나서 할머니가 산을 내려오는데 계단 아래 갓난 아기가 울고 있었습니다.

"불쌍해라. 버려진 아기로구나. 누가 이런데 버렸을고. 그런데 참 희안하기도 하지. 하필 참배를 다녀오는 길에 내 눈에 띄었을까. 이건 아주 특별한 인연이야. 그냥 지나쳐 가면 신의 벌을 받을지도 몰라. 분명 신이 우리가 자식이 없는 것을 알고 선물로 주셨을 테니 데리고 가서 영감하고 의논을 해서 키워보자.'

할머니는 이렇게 중얼거리며 아기를 안아올렸습니다.

'아이구, 가엾어라.'

집에서 기다리고 있던 할아버지는 아기를 안고 돌아온 할머니를 맞았습니다. 할머니가 아기를 안고 오게 된 이야기를 하자 할아버지가 말했습니다.

"이거야말로 신이 내려주신 선물이오. 소중하게 키우지 않으면 신의 벌을 받을 것이오."

그리하여 두 사람은 아기를 키우기로 했습니다. 아기는 여자아기였습니다. 그리고 몸통 아래쪽은 인간의 모습이 아니라 물고기 모양이어서 노부부는 얘기로만 듣던 인어가 틀림없다고 생각했습니다.

"이거 참, 사람의 아이가 아니니……."

할아버지가 아기를 보고 고개를 갸웃했습니다.

"나도 그렇다오. 허나 사람의 아이가 아니더라도 왠지 순하고 귀엽지 않아요?"

"그렇고말고. 하지만 뭐라도 상관 없지. 신이 주신 아인데, 소중하게 키웁시다. 틀림없이 커서 영리하고 착한 아이가 될 거요."

할아버지도 거들었습니다.

그날부터 할아버지 할머니는 여자아기를 애지중지 키웠습니다.

아이는 까만 눈동자에 고운 머리카락, 분홍빛 피부의 얌전하고 영리한 아가씨가 되었습니다. 그렇지만 모습이 보통사람들과 다른 아가씨는 부끄러워 얼굴을 밖에 내밀지 못했습니다. 그래도 한번 그 얼굴을 본 사람은 모두 그 아름다움에 깜짝 놀랐습니다. 어떤 때는 아가씨가 보고 싶어서 양초를 사러 오는 사람도 있었습니다. 그러면 딸을 대신해 노부부가 말했습니다.

"우리 딸은 내성적이어서 부끄러움을 타는지라 사람들 앞에는 나가지 않아요."

안쪽 거실에서는 할아버지가 열심히 양초를 만들고 있습니다.

'양초에 예쁜 그림을 그려넣으면 모두 좋아서 양초를 살 거야.'

인어아가씨는 방금 떠올린 아이디어를 할아버지에게 말했습니다.

"네가 좋아하는 것들을 한번 그려보렴."

아가씨는 빨간 그림 도구로 하얀 양초에 물고기, 조개, 해초 같은 것을 그렸습니다. 누구에게 배운 적도 없는데 멋지게 그림을 그렸습니다. 할아버지는 감탄했습니다. 누구라도 그 그림을 보면 양초를 사고 싶어할 정도로 그림에는 이상한 힘과 아름다움이 담겨 있었습니다.

"훌륭한 솜씨야. 이건 사람이 그린 게 아니야. 인어가 그린 거야."

"정말 그래요, 영감."

"그림이 그려진 양초를 주세요"

아침부터 밤까지, 어른 아이 할 것 없이 사람들은 양초를 사려고 가게 앞에 모여들었습니다. 그림이 그려진 양초는 모든 사람들이 좋아했습니다. 그러자 마을에 이상한 얘기가 나돌았습니다. 그림이 그려진 양초를 신사에 바쳐 그 타다 남은 양초를 몸에 지니고 바다에 나가면 어떤 폭풍우에도 배가 뒤집히거나 물에 빠져 죽는 일은 없다는 소문이었습니다.

"해신에게 제사를 지내는 건데, 예쁜 그림의 양초를 올리면 신도 기뻐하시기 마련이지."

마을 사람들은 이렇게 말했습니다.

할아버지가 아침부터 밤까지 양초를 만들면, 인어 아가씨는 그 옆에서 손이 아픈 것도 참고 빨간 그림도구로 그림을 그렸습니다.

'이처럼 나를 키워주시고 귀여워해주신 은혜를 잊으면 안돼.'

인어아가씨는 노부부의 은혜에 감사하며 커다란 눈망울을 글썽이기도 했습니다.

신비한 양초 이야기는 마침내 먼곳까지 알려져 원양어선을 타는 사람이나 어부들이 신에게 바치고 타다 남은 양초를 손에 넣고 다니려고 일부러 이곳까지 찾아왔습니다. 그들은 양초를 산 다음 산에 올라가 참배를 했습니다. 양초에 불을 당겨 바친 다음, 타다 남은 양초를 가지고 돌아갔습니다. 그래서 산 위 신사에는 밤에도 낮에도 촛불이 꺼지지 않았습니다. 특히 밤이 되면 아름다운 양초 불빛을 바다에서도 바라볼 수 있었습니다.

"정말 고마운 신이시다."

신사에 대한 소문이 돌자 신사가 있는 산까지도 갑자기 유명해졌습니다. 이처럼 신과 신사는 점점 유명해졌지만, 아무도 온 마음을 다 기울여 양초에 그림을 그려넣는 인어아가씨에 대해서는 생각하지 않았습니다. 밤낮으로 쉬지 않고 일하는 어린 아가씨를 가엾게 생각하는 사람이 없었던 것입니다.

인어 아가씨는 너무 피곤해서 달빛이 밝은 창가에 머리를 내밀고 멀리 북쪽 푸른 바다를 그리워하며 눈물을 글썽인 채 바라보곤 했습니다.

어느 날, 남쪽 나라에서 향구사(香具師, 향을 피우는데 쓰는 도구를 만들어서 파는 사람이나 길가에서 싸구려 물건을 팔거나 요술 따위를 보여주고 돈을 받는 것을 업으로 삼는 사람. 혹은 사기꾼)가 마을에 들어왔습니다. 북쪽 나라에 가서 무언가 진기한 물건을 찾아 그것을 남쪽 나라에 가지고 가 돈을 벌려고 하는 것입니다. 향구사는 어디서 들었는지, 아니면 언젠가 인어아가씨를 보고 진짜 인간이 아니라 인어라는 것을 알아차린 건지, 어느 날 노부부 집을 찾아와 비밀스럽게 말했습니다.

"큰돈을 줄 테니 인어를 내게 파시오."

노부부는 펄쩍 뛰며 거절했습니다.

"무슨 소리요? 이 아이는 신이 우리에게 주신 선물이오. 어찌 팔 수가 있단 말이오. 만일 그리하면 신의 벌을 받을 것이오."

노부부는 몇번이나 거절했지만, 사기꾼 향구사는 끈질기게 졸라댔습니다.

"옛날부터 인어는 불길한 징조라고 했습니다. 지금 떼어놓지 않으면 언제 나쁜 일이 생길지도 모릅니다."

노부부는 그럴싸하게 꾸며대는 향구사의 말을 덜컥 믿고 말았습니다. 무엇보다 큰돈이 생긴다는 말에 마음을 빼앗겨 그만 딸을 향구사에게 팔기로 약속을 해버렸습니다.

향구사는 몹시 기뻐하며 얼마쯤 있다 인어아가씨를 데리러 오겠다고 말했습니다.

향구사에게 팔려간다는 이야기를 들은 인어아가씨는 너무도 놀랐습니다. 이 집에서 떠나 수백 리 먼 곳에 떨어진 알 수 없는 나라에 간다는 사실이 너무도 무서웠습니다.

인어아가씨는 울면서 노부부에게 애원했습니다.

"제가 더 열심히 일을 할 테니 제발 팔려가지 않게 해주세요."

그러나 이미 욕심에 눈이 먼 노부부는 인어아가씨의 말을 들어주지 않았습니다.

인어아가씨는 방에 틀어박혀 전보다 더 열심히 양초에 그림을 그렸습니다. 노부부는 그걸 보고도 조금도 애처롭게 여기거나 가여워하지도 않았습니다.

휘영청 달 밝은 밤, 인어아가씨는 홀로 파도소리를 들으면서 앞날을 생각하며 슬픔에 잠겼습니다. 파도소리를 듣고 있던 중 멀리서 자신을 부르는 소리가 들리는 듯했습니다. 창 밖을 내다보았습니다. 하지만 달빛이 끝없는 검푸른 바다를 쓸쓸히 비추고 있을 뿐, 아무것도 보이지 않았습니다.

인어아가씨는 여태껏 앉아서 양초에 그림을 그려넣고 있었습니다. 바로 그때 집 앞에서 떠들썩한 소리가 났습니다. 마침내 향구사가 인어아가씨를 데리러온 것입니다. 그는 크고 쇠창살이 끼워져 있는 사각 상자를 차에 싣고 왔습니다. 그 상자는 옛날에 호랑이, 사자, 표범 등을 넣었던 적이 있습니다. 이 인어아가씨 역시 호랑이나 사자, 사슴처럼 짐승 취급을 하려는 것입니다.

인어아가씨가 이 상자를 보면 얼마나 기가 막힐까요? 인어아가씨는 그런 사실도 모르고 고개를 숙인 채 그림을 그리고 있었습니다.

그때 할아버지와 할머니가 들어왔습니다.

"자, 이제 가는 거다."

할아버지 할머니는 인어아가씨를 재촉했습니다. 그 바람에 인어아가씨는 손에 들고 있던 양초에 그림을 제대로 그릴 수가 없었습니다. 인어아가씨는 양초를 몽땅 빨갛게 칠해버렸습니다. 빨간 양초를 자신의 슬픈 추억의 기념으로 두세 개 남겨두고자 했던 것입니다.

조용한 밤이었습니다. 할아버지와 할머니는 가게 문을 닫고 잠자리에 들었습니다.

탕탕탕! 누군가 문을 두드렸습니다. 노부부는 그 소리에 귀를 기울였습니다.

"누구시오?"

아무런 대답이 없습니다. 그런데 문을 두드리는 소리가 계속 났습니다. 할머니가 일어나 문을 빼짓이 열고 밖을 내다보았습니다. 그랬더니 새하얀 옷을 입은 여인이 문 입구에 서 있었습니다. 여인은 양초를 사러 왔다고 했습니다.

할머니는 한푼이라도 벌려고 성가신 표정을 짓지 않았습니다. 할머니는 양초상자를 꺼내 여인에게 보여주었습니다. 바로 그때 할머니가 깜짝 놀랐습니다.

흠뻑 젖은 여인의 길고 까만 머리카락이 달빛에 반짝이고 있었던 것입니다.

여인은 상자 속에서 새빨간 양초를 꺼냈습니다. 그리고 말없이 그것을 빤히 보더니 이윽고 돈을 주고 빨간 양초를 사 가지고 돌아갔습니다.

할머니는 등불에 여인이 준 돈을 비춰보았습니다. 그런데 그것은 돈이 아니라 조개였습니다. 할머니는 속았다는 생각에 화가 나서 밖으로 뛰쳐나갔지만 여인은 이미 그림자도 보이지 않았습니다.

그날 밤이었습니다. 갑자기 하늘이 바뀌더니 큰 폭풍우가 일었습니다.

바로 그 시간, 향구사가 인어아가씨를 우리 안에 넣고 배에 태워 남쪽 나라로 가고 있는 중이었습니다.

"이런 폭풍우 속에서는 그 배로는 어림도 없겠구먼."

노부부가 벌벌 떨면서 얘기했습니다.

이윽고 날이 밝았습니다. 검푸른 바다에는 엄청난 광경이 벌어졌습니다. 지난 밤, 난파된 배가 셀 수 없을 정도였습니다.

그 일이 있은 뒤, 빨간 양초가 산 위의 신사에 켜지는 날은 방금 전까지 아무리 날씨가 좋았다 해도 금세 대폭풍우로 변했습니다. 그러자 빨간 양초는 불길한 물건이 되고 말았습니다. 양초가게의 노부부는 신의 벌을 받았다고 생각해 양초가게를 그만 두었습니다. 그러나 누군가가 어디에서 와서 신사에 제사를 올리는지 때때로 양초에 불이 켜졌습니다. 신사에 올렸던 그림이 그려진 양초의 타다남은 동강을 몸에 지니고 바다에 나가면 결코 재난을 입지 않는다던 이야기는 빨간 양초를 보기만 해도 재난을 당하고 바다에 빠져 죽는다는 이야기로 변했습니다.

이 소문은 순식간에 퍼져 이제 이 산 위 신사에 참배하는 사람은 아무도 없었습니다. 영험했던 신은 이제는 마을에서 꺼리는 존재가 되고 말았습니다.

바다에서는 산사가 있는 산을 바라보면서 배 타기를 무서워했습니다. 밤이 되면 북쪽 바다는 어쩐지 무섭게 보였습니다. 높은 파도가 넘실넘실 넘실대고 있고, 바위에 파도가 부서져 새하얀 거품으로 일어섭니다.

달이 구름 사이로 나와 파도를 비칠때는 정말이지 기분이 썩 좋지 않았습니다. 칠흙 같은 어둠 속 비가 오는 밤이면 파도 위로 빨간 촛불이 떠돌다 점점 높이 올라와 어느 사이 산 위의 신사를 비추고 깜박깜박 흔들리는 것을 본 사람이 있다고 합니다.

오래지 않아 그 산기슭 마을은 사라져버리고 말았습니다.

싸리마을의 꽃가마

김요섭

청사초롱에 켜놓은 붉은, 푸른 안개 빛이 아련하게 밤을 비춰 내던 옛날입니다.

싸리마을 김참봉네 아들은 바로 이웃집과 사이에 있는 돌배나무 위로 올라가기를 좋아했습니다. 김참봉네 아들이 돌배나무 위로 올라가기를 좋아하는 것은 돌배를 따 먹기 위해서가 아닙니다. 돌배나무 위에 올라가면 담이 별로 높지 않은 이웃집 뒤뜰을 내려다볼 수가 있었기 때문입니다.

그 뒤뜰에는 싸리마을에서 제일 아름다운 색시로 이름난 꽃분이가 나옵니다. 꽃분이는 이따금 장독대에서 된장도 떠 가고 때로는 빨래도 널었습니다. 정초에는 널도 뛰었습니다.

김참봉네 아들은 씩씩거리고 돌배나무 위로 올라갔다가도 꽃분이가

김요섭 1927년 함경북도 나남에서 태어남. 1941년 매일신보 신춘문에 동화 2석 당선. 1947년 청진교원대학에서 시와 동화를 중심으로 동인 활동. 1971년 펜클럽 한국 본부 이사 역임. 1973년 문인협회 부이사장 3선. 1993년 대한민국예술원 회원. 소천문학상, 5월문예상, 대한민국문화예술상, 한국시인협회상, 서울시문화상, 대한민국문학상 수상. 작품집으로 『진달래와 고향』, 『오, 멀고 먼 나라여』, 『이슬꽃』, 『달 돋는 나라』, 『날아다니는 코끼리』와 다수의 시집이 있다.

보이지 않으면 돌배나무 잎을 후드득 뜯어 꽃분네 뒤뜰에 뿌리기도 했습니다. 돌배가 열린 철에는 돌배를 한 알 따서 꽃분네 뒤뜰에 슬쩍 던졌습니다.

하루 저녁은 꽃분이가 휘영청 밝은 달을 보느라고 돌배나무를 쳐다보니까 나뭇가지에 커다란 달과 함께 사람의 얼굴도 걸려 있었습니다.

꽃분이는 달구경을 나왔다가 후닥닥 놀라서 집으로 뛰어 들어가서는 손가락에 침을 묻혀 봉창을 뚫고 동생에게 물었습니다.

"얘야, 얘야, 저게 누구지? 돌배나무 가지 있는 데 말이야."

"어디, 어디? 아무것도 없는데?"

"아이 답답도 해라. 저 달이 걸려 있는 데를 봐……."

"달이 걸려 있는 데, 응? 저 녀석이 웬일이지?"

동생의 눈은 봉창에 뚫린 구멍보다 더 커졌습니다.

"그 얼굴이 누구니? 달 밑의?"

꽃분이가 나직이 물었습니다.

"이웃집 김참봉네 아들인데 왜 나무 위에 올라가 있지? 아직 돌배가 달릴 철도 아닌데?"

봉창에 구멍을 뚫고 꽃분이와 동생이 내다보고 있는 것도 모르고 나무 위에 김참봉네 아들은 달과 함께 이웃집의 뒤뜰을 내려다보고 있었습니다.

그 다음부터 꽃분이는 돌배나무 꼭대기의 김참봉네 아들을 며칠씩 못 보면 궁금해졌습니다. 그때마다 꽃분이는 아무도 없는 돌배나무를 한참씩 쳐다보곤 했습니다.

어느 날, 돌배나무 밑에 까까중이 와서 섰습니다. 까까중은 어느 집부터 들어가서 시주를 받을까 하고 궁리하고 섰는데 머리 위로 나뭇잎이 우수수 떨어졌습니다.

마침, 돌배나무 위에 있던 김참봉네 아들이 나뭇잎을 뜯어 꽃분네 집 뒤뜰에 뿌린다는 것이 잘못하여 까까중의 머리 위에도 뿌렸던 것입니다.

까까중이 쳐다보니까 총각이 나뭇가지에 걸터앉아 있었습니다. 총각의 얼굴을 한참 쳐다보던 까까중은 머리를 조용히 도리질했습니다.

"너희 집이 어디지?"

김참봉네 아들은 자기 집을 손짓으로 가리켰습니다. 그 길로 까까중은 김참봉네 집에 가서 이렇게 말했습니다.

"댁의 아들 얼굴에는 액이 붙어 있으니 강을 하나 넘고 재를 둘을 넘은 멀리 북촌에서 색시를 얻도록 하십시오."

까까중은 목탁을 몇 번 두드리고는 꽃분이네 집에도 갔습니다.

"따님한테 청혼이 들어오면 가까운 데서 들어오는 것은 퇴하시고 될수록 강을 넘고 재를 넘어 온 먼 곳 신랑에게 시집을 보내셔야 합니다. 액이 붙어 있으니깐요."

까까중은 두 집 양친에게 이런 말을 하고는 혼자서 빙긋빙긋 웃으면서 구름이 허리를 둘러싼 산 속으로 사라지고 말았습니다.

김참봉네 아들은 이웃에 장가들고 싶은 꽃분이가 있는데도 까까중이 말한 대로 강을 하나 건너고, 재를 둘씩 넘은 북촌에 중매꾼을 놓아 장가를 가게 되었습니다.

꽃분이도 마음에 떠오르는 김참봉네 아들이 바로 이웃에 있는데도 강을 하나 건너고 재를 둘씩 넘은 북촌의 중매꾼만 받아들이다가 시집을 가게 되었습니다.

김참봉네 아들도 꽃분이도 잔칫날은 똑같은 날이었습니다. 아니, 이날은 잔칫날로서는 아주 좋은 날인지 마을마다 한두 집이 떡을 치고 국수 누르고 돼지 잡고 유과가 나오고 청실홍실 늘이는 잔칫집이었습니다.

마을마다 잔칫집이 한두 집이 있었지만 하늘에서는 부슬부슬 가랑비가 내렸습니다.

아침에 오는 비는 해님 눈물이고, 저녁에 오는 비는 달님 눈물이라고 하지만 꽃가마 떠나는 날의 비는 무슨 눈물일까!

비야 비야 오지 마라
우리 형님 시집 간다
비야 비야 오지 마라
가마 꼭지 얼룩진다
가마 꼭지 물들으면
초록 저고리 얼룩지고
비단치마 얼룩진다

이런 노래도 있지만 색시도 모르고 장가가는 김참봉네 아들의 마음도, 신랑 얼굴도 모르고 꽃가마 타고 가는 꽃분이의 마음도 모르는 노래입니다.

지금 하늘에서 내리고 있는 가랑비는 가마 꼭지를 물들이고 있는 것이 아니고, 김참봉네 아들의 마음 꽃가마 타고 가는 꽃분이의 마음을 얼룩지게 하고 있습니다.

싸리마을에서 강을 하나 건너고 재를 둘 넘은 북촌은 칠십 리도 더 됩니다. 가마꾼들이 아무리 힘이 세지만 십 리에 한 번쯤 쉬어야 합니다.

커다란 느티나무 밑 주막집은 싸리마을과 북촌 한가운데쯤 되는 곳입니다. 그리고 이 마을 저 마을에서 흘러온 길이 한데 모인 길목이기도 합니다.

가마꾼들은 주막집 앞에 오자 두 발이 땅에 붙은 채 떨어지지 않았습니다. 걸음을 옮기려고 하여도 옮겨지지 않았습니다.

주막집에서 구수하게 풍기는 술국 냄새 때문입니다. 벌써 느티나무 밑에는 이 마을 저 마을에서 온 꽃가마들이 한숨 쉬느라고 여러 채 앉아 있었습니다.

"우리도 한 대접 하고 가세나!"

"암, 한 대접 하고 가야지. 날씨도 스산하고 목도 컬컬한데."

꽃분이를 태운 꽃가마꾼들도 이렇게 말하면서 느티나무 밑에 꽃가마를 내려놓고 주막으로 들어갔습니다.

신랑이 탄 말고삐를 쥐고 있던 정마꾼(먼 길을 갈 때 타고 가는 말을 돌보는 사람)도 가마꾼을 보고 눈을 찡긋하더니 고삐를 느티나무에 매어놓고 슬쩍 주막집 뒷문으로 해서 가마꾼들과 어울려버렸습니다.

높은 벼슬아치의 잔칫집 꽃가마라면 몰라도 여느 꽃가마는 가마꾼들이 버티면 어쩔 수 없이 가던 길을 멈춰야 합니다.

한 대접만 마시고 나오려던 가마꾼들은 여러 마을에서 온 가마꾼들과 서로 인사를 나누자 한 대접씩 더 마시게 되었습니다.

술을 마시자 가마꾼들은 자기가 들고 가는 꽃가마 속의 색시를 한 번 본 적도 없이 자랑을 했습니다.

"내 꽃가마 속의 색시는 삼단 같은 머리에 코는 상아로 깎은 것 같지!"

"내 꽃가마 속의 색시는 눈은 샛별에 입술은 앵두알 같지!"

"그런 소리 다 춘향전에서 들었어. 내 꽃가마 속의 색시 발은 외씨(오이씨)인지 박씨인지 모르겠으나 열무김치를 잘 담근다는군."

이렇게 제멋대로 늘어놓았습니다.

"그런데 내 꽃가마 속의 색시는 바로 돌배나무 한 그루를 사이에 둔 이웃집 총각한테 마음이 있었나 본데 뭐 액을 탔다나? 그래서 북촌으로 시집을 가니 우리까지 고생이 아니오."

"싸리마을에서 오나 보군. 내가 지금 그 돌배나무 밑 집 총각 녀석한테 떡메 같은 색시를 팽개치러 가는 길이오."

느티나무 밑에서 말들이 갑갑하다는 듯이 방울소리 울리거나, 신랑이나 색시가 기다리고 있는 것은 아랑곳없이 가마꾼들은 실컷 지껄여대고 웃어대다 거나하게 취해서 주막집을 나왔습니다.

비는 아직도 가느다랗게 내리고 있었습니다. 그새 느티나무 밑에는 갑절로 꽃가마들이 늘어났습니다. 취한 가마꾼들은 어느 가마를 들고 가야 할지 어리둥절했습니다. 거기다가 신랑들이 타고 있는 말들이 길이 바쁘다고 앞발을 굴렀습니다.

"에라 모르겠다! 신랑과 색시가 얼굴도 모르는 판인데."

가마꾼들은 아무 꽃가마나 들고 신랑이 타고 가는 말을 뒤따랐습니다.

꽃분이가 탄 꽃가마를 들고 가던 가마꾼들도 두리번거리다가,

"에라 모르겠다! 이 가마가 맞을 거야."

떡메 같은 색시가 앉은 꽃가마를 들고 북촌을 향해 걸어갔습니다.

떡메 같은 색시의 꽃가마를 들고 온 가마꾼들은 꽃분이가 탄 꽃가마를 들고 싸리마을을 향해서 걷기 시작했습니다. 꽃분이가 가마가 다시 움직이기 때문에 가마 속에서 내다보니까 꽃가마가 오던 길을 되돌아가고 있었습니다.

꽃가마들이 느티나무 밑에서 뜨자 비는 말끔하게 그치었습니다. 그 날 저녁 김참봉네 집에는 꽃가마가 바뀌어졌으나 청사초롱의 붉은 푸른 안개 빛 속에선 아무 일 없는 듯 고요했습니다.

동아시아 일본학회 일본문화연구총서34

가와바타 야스나리의 문학과 근대화

양연자 지음

노벨문학상에 빛나는 가와바타 야스나리 작품의
철저한 분석을 통해 들여다본 일본 최고 지성의 생생한 고뇌!

패전 이후의 그의 작품들 속 미국관은 크게 두 가지 측면에서 파악된다. 하나는 미국의 제국주의와 물질문명에 대한 부정적 측면이고, 또 다른 하나는 전근대적 가치체계 타파에 대한 긍정적 측면이다. 그의 작품들은 물질문명의 폐해, 인간관계의 기계화, 가족의 붕괴 등을 강조하고 있고, 일본도 같은 길을 가게 될 것이라고 경종을 울리고 있다. 그와 동시에 그것들은 미국 문화의 제한적 수용과 일본의 전통문화의 보존을 설득하고 있다.
그는 작품을 통해 '근대화' 로 인해 야기된 인간에 대한 불신과 소외를 말하고 있고, 또 그것들은 일본의 오랜 전통 속에서 구축된 인간애, 삶의 방식, 자연을 통해 치유될 수 있다는 메시지를 전하고 있다.

-서문 중에서

도서주문처 보고사 02)922-5120~1

서평

조화로운 글과 그림으로 녹여낸 교훈적 메시지

『세상에서 가장 큰 집』 레오 리오니 지음 | 이명희 옮김 | 마루벌

김옥애

요즘은 그림책에 대한 관심이 대단하다. 유아를 둔 부모들은 더욱 그렇다.

하지만 아이들과 함께 읽고 난 후 감동에 젖을 만한 책들은 흔하지 않다.

『세상에서 가장 큰 집』은 작가가 글도 쓰고 손수 그림도 그렸다. 이 얼마나 부러운 일인가.

작가 레오 리오니는 네덜란드에서 태어났다. 그는 이탈리아에서 경제학 공부를 했지만, 그림에 대한 열정이 늘 있어서 미국으로 건너갔고, 결국 아트 디렉터로 성공했다.

그는 손자들에게 이야기를 지어 준 것이 인연이 되어 그림책을 만들기 시작했다. 모두 삼십여 권을 만들어 그것으로 세계적인 그림책의 대가라는 인정을 받았다. 이 책 또한 그 중 한 권에 속한다.

'싱싱한 양배추 잎에 달팽이들이 살고 있었습니다.' 로 시작된 이 책엔 달팽이들의 생태가 담겨 있다. 또 자기의 분수를 모르고 끝없는 욕심

에 잠기면 나중엔 멸망하고 만다는 날카로운 교훈도 스며 있다.

세상에서 가장 큰 집을 짓겠다는 아기 달팽이의 말에 아빠 달팽이는 타이른다. 세상에는 작을수록 좋은 것도 있다고. 집은 작고 가벼워야 다니기 쉽다고.

아기 달팽이의 행동을 통해 유아들에게 올바른 가치관을 제시해줌과 동시에 글을 보지 않고, 그림만으로도 줄거리를 짐작할 수가 있다. 아이들이 편하게 달팽이들을 바라보면서 자연 친화적인 내면도 길러진다면 좋겠다.

글 쓰는 일도 어려운데 그림까지 완벽하게 그려 낸 레오 리오니의 재능이 새삼 놀랍다.

다문화 가족이라는 현실적 주제 돋보여

『몽골 촌놈과 책 읽어주는 마귀할멈』 박혜숙 지음 | 김기환 그림 | 꿈소담이

임나라

얼마 전, 다문화가정 아이들을 위한 어린이집을 운영하는 수녀님이 텔레비전에 출연하여 다문화 가정에 대한 실상을 토로하는 장면을 본 적이 있었다. 그들을 위한 아무런 사회적 보장 혜택이 주어지질 않아 몸이 아파도 병원엘 가 볼 수도 없고 학교에도 제대로 다닐 수 없는 열악한 환경에 놓여있다는 것이다. '그들은 머지않은 우리의 미래에 크나큰 자산입니다. 그런데 정부가 그들을 무참하게 방치해선 안 되지요.' 라는 수녀님의 마지막 말이 내내 여운으로 남았다. 그저 잠시 와서 살다 가는 외국인만은 아닌 거구나 하는 생각도 하게 되었다.

이후 지하철이나 식당 어디엘 가도 어눌한 억양의 한국말을 하는 조선족이나 외국인들이 무수히 많다는 걸 알았고, 이 사회적 대변화 앞에서 우리는 그들에게 너무 배타적이지 않나 싶어 관심을 갖고 그들이 함께 모여 사는 지역을 찾아가 본 적도 있었다.

그러던 차에 박혜숙의 『몽골 촌놈과 책 읽어주는 마귀할멈』을 보게 되었다.

몽골에서 돈을 벌기 위해 한국에 온 아빠와 한국인 어머니 사이에서 태어난 주인공 용이가 공부방 친구들로부터 멸시와 따돌림을 받는 아픔 속에서도 미국 할머니인 마귀할멈이 용이에게 보여주는 따뜻한 사랑을 그린 내용이다.

다문화가정에 대한 이야기는 국제적으로 변화하는 이 시대에 글 쓰는 이들이라면 꼭 다루어 보아야 할 소재임은 분명하다. 사회라는 커다란 공동체 안에서의 그들의 삶과 우리의 삶이 앞으로 전혀 무관할 수만은 없겠기에 더욱 그럴 것이다.

집을 지으려면 먼저 한옥이든 양옥이든 집의 형태를 결정해야 하고, 그 집 형태에 따른 설계도면과 실시도면이 필요하듯 한 편의 글도 치밀한 계산에 의한 구성이 필요하리라고 본다. 그런 면에서 이 작품의 몇 가지 의문점을 제기해 보려 한다.

한국에서 태어난 용이가 왜 학교엘 다니지 못하고 있는지에 대한 설명이 없고, 아빠가 용이 때문에 엄마가 죽었다면서 발길질을 해대기도 한다는데 글 속에선 엄마가 죽은 이유를 찾아볼 수가 없었다. 그리고 '다문화' 라는 말은 '문화가 다양하다' 라는 의미일 텐데, 이 작품에선 문화와 문화의 차이를 전혀 느껴볼 수가 없었다. 몽골에서 온 용이 아빠나, 아빠로부터 생활습관과 언어를 이어받았을 수도 있을 용이나, 미국에서 온 마귀할멈 모두 한결같이 한국사람 같다는 느낌이 들었다. 문화가 다른 미국 할머니가 김치를 죽죽 찢어 밥 위에 얹어준다는 표현은 왠지 낯설기만 하고, 한편으론 남편 따라 한국으로 나와 산 지 50년이 되었다는데 작중에서의 할머니는 현실을 벗어나 너무도 젊은 느낌으로 묘사되고 있기도 하다. 적어도 일흔 살은 넘었을 고령이어야 할 것이다. 작가의 생각이나 주관이 주인공들에 의해 표현되어져야 할 텐데 여과되질 않고 직접 그려진 때문은 아닌가 싶다. 하지만 작품을 통해 몽골 촌놈 용이가 존재감과 자존심 강한 소년이라는 걸 알게 되어 기쁘다.

요즘 '완벽한 작품이란 없다' 라는 말에 많이 고무되어 있다. 한 편, 한 편 쓰고 또 쓰면 언젠가 가슴을 흔드는 멋진 작품이 탄생될 수도 있을 것을 꿈꾸어 본다.

대중적 창작 공식을 벗어난 참신함

『돌고래 이빨을 닦아주는 사람』 박혜원 지음 | 이다운 그림 | 금성출판사

최정원

신춘문예용 시라는 것이 있었다. 적당히 사회적인 시각을 지녔으며 적당히 문체가 아름다울 것, 그 어떤 어두움을 부각시키더라도 마지막에는 적당한 희망을 줄 것. 문학상 수상 동화에도 그대로 적용되는 공식이다. 어린이들의 현실에 대한 문제의식을 적당히 부각시킬 것이며 인물간의 갈등을 극복하여 문제작이라는 평을 듣는 동시에 독자들에게도 적당한 이야깃거리를 제공함으로써 두 마리 꼬마 토끼를 잡을 것.

학원 같은 시스템이 작가의 등용문이 되어가고 있는 요즘, 문학상에 응모한 대부분의 작품들은 고유의 결이 없고 가공식품에서 풍기는 밍밍한 조미료 맛이다. 2010년 MBC 창작동화수상집을 받아들었을 때에도 글쓴이에 대한 예의 하나로 글을 읽기 시작했다. 하지만 이 작품, 힘이 좋았다. 내 예상을 깬 몇 안 되는 작품 중의 하나였기 때문이다. 대중적인 창작공식 사이를 잘 빠져나갔다. 주인공은 엄마의 성공 스트레스에

시달리는 민지, 하지만 자신의 이름을 잃고 혜빈마마로 불린다. 딸을 통해 좌절된 스타의 꿈을 이룸으로써 대리만족을 느끼려는 엄마 때문이다. 이렇게 시작된 경우 갈등과 결말은 몇 가지로 요약된다.

1. 혹사당하는 중에 자신도 하나의 인격체이며 쉬고 싶은 아이라는 것을 내세우다가 결국 엄마가 자신을 위해 희생한다는 것을 깨닫고 화해하는 가슴 뭉클한 장면 연출.

2. 아이의 병, 혹은 아이를 잃어버리는 등의 에피소드를 통해 이 진리를 깨달은 엄마 스스로 달라지기.

3. 1+2. 사실 이 글도 결국은 이 공식을 따르고 있다.

그러나 해결 방법이 참신하다. 말 못하는 동물의 감정까지도 이해하지만 아무도 알아주지 않는, 돌고래 이빨을 닦아주는 사람을 통해 진정으로 가치 있는 삶이 무엇인지 돌아보게 만드는 방법을 택한 것이다. 주인공은 "행복은 성적순이 아니잖아요." 하면서 대드는 대신 말괄량이 삐삐의 조언을 듣고 홀로 서려는 노력을 한다. 딸을 껴안고 눈물을 철철 흘리며 반성하는 대신 연기학원에 등록한 후 멋쩍게 웃음으로써 일등지상주의 엄마의 모습을 조용히 탈피하는 데 성공한 귀여운 엄마. 이 모든 갈등을 조용히 봉합시키는, 화려하지 않으나 현명한 아빠.

참신한 캐릭터, 참신한 해결 과정과 방법이 눈에 띄는 작품이다. 제대로 분석을 하기에는 지면이 터무니없이 부족할 뿐만 아니라 너무 자세히 말하면 읽는 재미를 반감시킬 것이 분명하다. 그러므로 한 마디 화두를 던지며 촌평을 마친다. 百聞이 不如一見이라.

광합성에 의탁, 무공해 인간을 꿈꾸는 기발한 발상

『**클론**』 최정원 지음 | 작은거인

김은숙

한 작가의 글을 읽는 동안 독자는 작가를 떠난 작품을 독차지할 수 있다. 작품 속에서 스스로 주인공이 되어 자신의 상상력으로 작품의 내용들을 재단하기도 하고 작품 안의 시공을 서핑하기도 한다. 잠시 잠시 작품을 쓴 작가를 떠올리게 하지만 일단 작품 안에 빠져들면 대부분의 작품은 상당부분 읽는 사람의 자유에 충실히 따라준다. 타인의 작품에 대한 평론이 가능한 것도 바로 그 이유에서다. 최정원의 작품 『클론』을 읽으면서 읽는 내내 기이하게도 작품의 진행과 함께 작가가 떠올랐다. 서로에게 해가 되지 않는 무공해 인간을 꿈꾸는 작가의 염원이 광합성을 통한 식물의 자생력에 의탁, 새로운 인간군을 창출해내고 있다.

이야기가 숨 쉬는 시간은 삼백 년을 훌쩍 넘는 미래, 이야기의 주 활동 무대는 새세기라 불리는 지구의 수도, 최첨단 과학도시다. 이야기를 끌어가기 위해 장착된 엔진은 복제인간 항아, 그리고 복제인간의 장기를 받기로 되어있는 활, 또 한사람의 항아다.

인간이 만들어낸 새로운 별 엑스성에서 순수하고 여린 소녀 항아가 자신의 의지와 상관없이 한 어른의 의도로 지구로 오게 된다. 그리고 그곳에서 자신의 정체성을 알게 된다. 자신이 누군가의 복제인간이라는 것을, 이 충격적 사실을 기화로 이야기가 불꽃처럼 피어 주변으로 번져간다. 우성이라고 단정한 인간을 치유하기 위해 또 한 사람의 열성인간을 만들어 단지 장기만을 적출해 쓰고자 하는 발상, 곧 인간을 인간의 도구로 삼고자 시도하는 첨단과학의 전진기지에서 일하는 활의 어머니, 김유리 박사의 냉혹한 태도를 통해 인간의 존엄성을 반어적으로 선포하고 있다. 나아가 복제인간 항아 또한 한 사람의 인간임을 뒤늦게 깨닫고 인간적 연민으로 괴로워한다. 나아가 등장하는 모든 복제인간들 또한 사랑스러운 아이들이라는 생각에 괴로워한다. 복제인간도 인간임에 괴로움은 곧 그리움의 꽃을 피우는 거름이 되고, 그 '그리움꽃'에 대한 동화를 다른 누구도 아닌 복제인간 항아가 쓰게 함으로써 생명 절대 존엄을 선포하는 해피엔딩을 예고한다.

결코 적지 않은 분량이긴 하나 참 많은 것을 집합시켜놓고 있구나 하고 감탄했다.

첨단 과학의 명제들, 소년기의 섬세한 심리 행동, 아릿한 서정적 묘사와 비유 등이 가는 길을 잡기도 한다. 더구나 앞서가는 테마로 미래의 우주세계를 일별케 한다. 최근 지구 아닌 별에 생명체가 살고 있다는 이야기가 부쩍 늘고 있지 않은가. 애시당초 지구별이라는 한정된 공간에서 한시적 삶을 사는 인간의 능력으로 우주의 속내를 어찌 다 알 것인가.

작가는 그 모르는 부분에 착안을 두고 맘껏 상상의 나래를 펴고 있다. 지구 밖 고도 문명사회 인류와의 전쟁을 준비하면서 그 어떤 봉쇄에도 살아남을 자생력을 갖고자 엽록소를 생산하는 혈액을 가지도록 유전자를 변형시킨다는 기발한 착상이다. 바로 누구에게도 피해를 받거나 주지 않고 스스로 살아갈 수 있는 인자를 가진 엽록소 인간이라는 초문의 단어가 탄생한다.

솔직히 그냥 읽혀지는 책은 아니다. 인내와 집중력을 동원해 읽어내야 하는 책이다. 그럼에도 애써 다 읽고 나서는 잘 읽었다 싶었다. 우리 시대 당면한 여러 문제들을 동시대를 사는 청소년들도 직시하도록 유도하는 내용이 눈길을 끈다. 이를테면 스트레스 수치가 최고인 '최고 증후군' 환자라든가 21세기 특구의 물 부족사태, 일반화되어 가는 유전자 복원기술의 폐해, 부모의 욕구에 의해 자식의 행복이 후순위로 밀려나는 일 등.

비동시적 시간과 공간의 동시적 배치로 조금은 전개가 혼란스러울 때도 없지 않다. 또 주인공의 교차 등장이 가져오는 헷갈림도 가다가다 읽는 속도를 늦춘다. 상당한 수준의 과학적 지식 및 신화적 상식을 요구하는 것도 청소년들에겐 다소 부담이 되지 않을까 싶기도 하다. 그래도 모두 알면 득이 될 자양분이긴 하지만.

:: 참고 자료

아동문학사상 1호

幻想과 現實

幻想工學

생활동화 속의 幻想世界-김영일

우리 신화의 구조와 幻想力-김상일

상상력, 예술, 문학-이형기

환상이 있어야 할 상황-정창범

한국의 想像-이종기

技法상의 素材로서-유경환

사막과 우물-김현

판타지의 역학-릴리언. H. 스미스

:: 작품-저자

박경종 김광림 김신철 김종상 엄기원 방극룡 이상현 김요섭
최효섭 권용철 마저리 윌리엄즈

:: 참고 자료

아동문학사상 2호

創作技術論

文學技術

행동적 로맨티시즘과 아동문학-이봉래

리얼리즘과 아동문학-임헌영

꿈, 驚異, 동화-앙드레 브르통

동화창작법-이원수

佛典 속 寓話創作-법정

詩作法-김영일

소년소녀 小說 創作法-김요섭

兒童劇作法-장수철

모험소설 창작법-윌리엄 챔버린

훌륭한 창작의 필수조건-테일러 콜드

작가수첩 메모법-엘리자베스 던

:: 작품-저자

이응창 어효선 정상묵 박의상 오규원 유여촌 차원재

:: 참고 자료

아동문학사상 3호

안데르센 연구

:: 작품-저자

한정동 조유로 김원기 이오덕 박송 이주훈 한상수 구진서 이윤자

:: 참고 자료

아동문학사상 4호

어머니의 사랑

사랑의 崩壞

옛 어머니들의 사랑의 像-유광열

自傳 幼女記-최정희

어머니를 노래한 詩세계-어효선

한국적 상황 속의 어머니의 사랑-이형기

佛典에 나타난 어머니의 사랑-법정

無限愛의 원리-장백일

어머니와 虛像의 사랑-김관백

어머니의 사랑의 전개와 이론-에리히 프롬

내 동화에서 形象하려고 한 어머니-권용철

:: 작품-저자

이종기 이상현 엄기원 이석현 김종관 임교순 박승일

:: 참고 자료

아동문학사상 5호

文學敎育의 건설

文學敎育

치료적인 읽기로서의 문학-홍웅선

교육학에서 본 아동문학-이상금

문학적 창조와 교육적 가치-김요섭

체험적 문학교육론-곽복록

과학시대 속의 문학의 효용-김상일

대학의 아동문학 강좌-이재철

문학교육의 단계-전규태

꿈의 궁전에서의 출발-오혜령

문학수업의 敎案作成法-샬롯S.후크/도리스영권

自傳 幼女記-최정희

:: 작품-저자

박두진 정상묵 유성윤 최일환 정중수 신지식 정주상 임신행

:: 참고 자료

아동문학사상 6호

생텍쥐페리 연구

反童話

생텍쥐페리의 생애-안응렬

생텍쥐페리의 문학세계-김붕구

꿈과 超克을 위한 동심-민희식

허무주의적 낙관-김병익

영혼의 영원한 母音-법정

찬사가 없는 현대동화의 우주-B.휼리먼

어린왕자(완역)-안응렬

:: 참고 자료

아동문학사상 7호

동요와 詩의 전망

동요 復權

동요의 아름다움-김소운

전래동화의 구조-장덕순

詩와 寓話-민희식

동시의 반성-이종기

리듬의 因數分解-이상현

순수세계의 복원-김종해

동요의 옛날과 오늘-B.휼리먼

英美詩壇에 있어서의 동시-샬롯S.후크

교실에서의 詩 수업법-도리스영권

:: 작품-저자

한정동 박화목 유경환 신현득 강태기 이영희 김영자 김구연

:: 참고 자료

아동문학사상 8호
전래동화의 세계

巨人

전래동화의 세계-장덕순

민족동화로서의 그림동화-곽복록

전래동화의 민중의식과 형식-한상수

東西 꽃 전설의 비교-조동화

전래동화 再話의 문제점-어효선

전래동화의 현대화 문제-윤병로

어머니의 목소리 속 동화의 나라-유경환

도깨비 고(考)-장덕순

전래동화의 구연법-원치호

:: 작품-저자

박경종 정중수 정호승 김진태 이상금 구진서 김은숙 김요섭

:: 참고 자료

아동문학사상 9호

그림없는 그림책 연구

동양의 마음

그림없는 그림책의 세계-김영호

달빛이 비친 시인의 상상력-곽복록

詩劇으로서의 감상-오혜령

그림없는 그림책(譯)-곽복록

:: 참고 자료

아동문학사상 10호

현대 일본 아동문학론

금라벨의 아버지

일본의 아동문학-上笙一郎

근대동화의 붕괴-古田足日

어린이에게 있어 어른이란 무엇인가-上野瞭

판타지-石井桃子

동화인가 소설인가-高山毅

:: 참고 자료

아동문학사상 11호

김요섭의 아동문학

· 요섭 선생을 그리며-어효선(글, 그림)

· 복간을 하며
  동화는 문학의 기간산업-이영희

· 〈아동문학사상〉 복간에 부쳐
  동화는 판타지여야 한다-이재철

· 눈물의 진실, 그리고 사랑의 세계
  거대한 동화나무-권용철

· 플롯 · 환상 · 문장미학, 그리고 이론개발
  김요섭과 한국의 동화문학-조대현

· 동화의 특성과 이야기 방식
  김요섭의 자유로운 상상력-김자연

· 시에 나타난 동화의 이미지, 동화에 나타난 시의 이미지
  김요섭의 환상적인 이상세계-이태동

· 판타지론에 대한 고찰
  김요섭의 판타지 세계-김현숙

· 이어령의 아동문학 생각-대담-김은숙 정리

· 김요섭과 미야자와 겐지의 동화 비교

문학적 특질의 상호 대비-김은숙

· 애니멘터리 한국 설화, 그 발전적 모색-김지문

· '빨강모자'와 '헨젤과 그레텔' 심층분석-김요섭

· 김요섭에 대한 단상

아주 특별한 약속-이상현

· 김요섭의 환상공학-김요섭

· 김요섭의 대표동화

꽃잎을 먹는 기관차

늙은 나무의 노래

샛별과 어머니

꽃주막

· 참고 자료

· 김요섭 관련 문헌

· 김요섭 연보

:: 참고 자료

아동문학사상 12호

민족 아동문학의 창조

· 권두언-이영희

평론

· 고전문학 속의 우리 민족의 환상성(전래동화 포함)-설성경

· 전승동요의 갈래와 유산

민요에서 동요로, 그리고 동시로-신현득

· 남북 동화문학 비교 연구

북쪽에도 아름다운 동화가 있었네-이재철

· 한 · 일 전래동화에서 보는 제철왕과

대장장이의 갈등에 관한 비교 연구-쓰지이 히토미

· 민족 아동문학의 꿈과 희망 만들기-김은숙

창작(동시 및 동화)

· 동시 3편(문삼석, 김원석, 윤동재)

· 동화 4편(김병규, 김자연, 임정진, 김혜재, 김요섭)

· 해외동화 2편- '꽃가마' , '어버이 마음' -가와바다 야스나리

· 참고자료

:: 참고 자료

아동문학사상 13호

세계의 동화, 동화 이야기

· 권두언-이영희

독일 동화

· 고양이 라체페츠-만프레드 키버 지음, 최문선 옮김

· 독일어권 동화의 세계 그림형제와 그 이후-장영은

러시아 동화

· 내가 작은 사람들을 붙잡은 이야기-보리스 스쩨빠노비치 쥐뜨꼬프

· 러시아 아동문학의 어제와 오늘-우승연

멕시코 동화

· 우린 너무 가난해요-후안룰포 지음, 김유경 옮김

· 멕시코 어린이 동화-김유경

미국 동화

· 아버지의 앵무새-신시아 라일런트 지음, 부희령 옮김

· 미국의 아동문학-김서정

인도 동화

· 생쥐들의 잔치-라빈드라나드 타고르

· 소원이 이루어지려면-라빈드라나드 타고르

· 할머니의 나라 인도의 아동문학-하숙희

인도네시아 동화

· 못난이 공주-포피 동고 후따 갈룽

· 인도네시아 동화의 세계-고영훈

일본 동화

· 조개가 된 아이-마츠다니 미요코

· 문화적 특성으로 본 일본 아동문학-김은숙

대만 동화

· 유리새-츤위주 지음, 선용 옮김

· 중국 동화 이야기-방철환

한국 동화

· 가슴에 꽃을 가꾸는 짐승-이영희

· 문지방 수업-이붕

· 한국 창작동화의 형성 원리와 장르적 본질-김용희

안데르센 동화

· 한 가닥의 깃털-한스 크리스티안 안데르센

김요섭의 꿈동산

· 안개와 가스등-김요섭

:: 참고 자료

아동문학사상 14호

세계의 옛이야기, 신화와 민담

· 권두언-이영희

독일편

· 아이들이 차지한 메르헨-최문선

· 금붕어 왕자와 어부의 딸

러시아편

· 바바야가와 불새가 함께 하는 환상의 기공-우승연

· 불새와 바실리사 공주

동남아(인도네시아) 편

· 수백 개의 언어로 차린 이야기 식탁-고영훈

· 상 꾸리앙

미국편

· 원주민과 개척민, 두 이야기의 상응-강부숙

· 조니 애플시드

· 비누야! 비누! 비누 사오는 걸 잊지 마!-은 바로니 옮김

아랍편

· 차랑 함께 마시는 이야기-임병필

· 『칼릴라와 딤나』 중에서

· 『수전노』 중에서

인도편

· 신의 나라, 이야기의 나라-하숙희

· 갠지스 강의 여신

· 아흔아홉의 요술

일본편

· 풍요로운 이야기 보따리-김혜재

· 잇슨보오시(一寸法師 : 엄지아이)

중국편

· 우주 생성의 꼭지점에서 출발하다-방철환

· 서문표 이야기

· 닭과 토끼와 원숭이와 코끼리

터키편

· 동서양의 다리 위에서 탄생하다-이난아

· 켈올란의 방앗간

· 영리한 켈올란

한국편

· 단군신화의 가지들-김원석

· 금강산 포수

김요섭의 꿈동산

· 해님-김요섭

:: 참고 자료

아동문학사상 15호

세계의 옛 노래, 다채로운 리듬의 잔치

· 권두언-이영희

러시아편

· 모든 이의 모든 삶을 노래로 -우승연

· 볼가강의 뱃노래 '에이 후으넴' 외

몽골편

· 모린홀에 깃든 초원의 선율-장두식

· 찌그메드와 터그메드 외

영국편

· 영시속에 피어난 운율-최희섭

· 서쪽에 지는 해님 외

이탈리아편

· 르네상스를 꽃 피운 반도의 노래-김효신

· 프란치스코 성인의 '피조물의 노래' 외

인도편

· 신에게서 받은 노래의 갈래들-하숙희

· 불의 신 '아그니의 찬가' 외

일본편

· 향토와 궁궐, 두 빛깔의 리듬-양연자

· 카나리아 외

중국편

· 유장한 역사를 관통하는 노래의 강줄기-김남희

· 굴원의 '창랑가' 외

프랑스편

· 세상의 창, 떠돌이 노래꾼들의 노래-조성천

· 아비뇽 다리 위에서 외

한국편

· 감칠맛 나는 입말의 노래들-윤동재

· 껄껄이 장서방 외

김요섭의 꿈동산

· 꽃주막-김요섭

참고자료

:: 참고 자료

아동문학사상 16호

이야기의 축, 관계의 모티브

권두언 이야기는 관계에서 빚어진다-이영희

기획특집-이야기의 축, 관계의 모티브

관계의 모티브, 이야기 나라의 여왕벌 -김은숙

프랑스, 독일 등

신데렐라 형 이야기의 윤회 미학-최정원

이탈리아

선함, 변신의 모티브가 빚은 이야기 엿보기-김효신

아랍

알라신의 가치에 좌우되는 아랍 이야기-임병필

중국

인륜의 거울에 비친 생생한 모티브들-방철환

러시아

사람, 자연, 환상적 존재들과의 엮어짐-장시형

한국

신화를 통해본 우리 이야기의 얼개-신헌재

편집후기

문학의 효용을 말할 때, 문학이 직접적인 에너지가 되는 건 아니라고 하는 말에 나도 동의를 하며 글을 써왔다. 그런데 이 생각을 조금은 바꿔야 할까 보다. 콘텐츠라는 이름으로 갖가지 변용이 이루어지면서 새삼 글이 돈이 되는 세상에 살고 있구나, 하는데 생각이 미치면서 정신이 번쩍 났다. 적어도 우리가 만든 잡지가 독자에게 책값만큼의 가치를 보장해야지, 그렇지 못하면 남의 돈을 떼어먹는 셈이 되겠구나 싶어.

그동안 혼자서 꾸려가던 잡지를 이번호부터 여러 동료 후배들과 머리를 맞대고 생각과 마음을 모아 함께 만들기로 했다. 기획편집위원의 이름으로, 그리고 모임을 좀더 실팍하게 하고자 조촐하게나마 독서연찬도 함께 하면서.

이번 키워드는 지난호를 만들고 나서 떠오른 궁금증으로 삼았다. 세계 아동문학 작품 가운데 어떤 작품들이 상을 받고 아이들의 사랑을 받는지 살펴보고 싶다는 생각이었다.

다음 키워드부터는 기획편집위원의 아이디어를 모아 하려고 한다.(김)

마음은 늘 그리워하고 있다. 저마다 고운 자태와 진한 향기를 뽐내느라 부산스러운 화단에서 벗어나 홀로 산길 걸으며 영롱한 이슬 머금은 어여쁜 꽃 한 송이 만날 수 있기를. 작품도 그렇다. 어떠한 매체나 정보에 의해서만이 아닌 순수의 시선으로 만난 작품이 얼마나 사랑스러운지. 〈아동문학사상〉도 그랬으면 좋겠다. 새벽 샘물에서 갓 길어 올린 오염되지 않은 읽을거리로 독자들에게 다가가게 될 때 책의 향기는 멀리까지 은은히 번져갈 수 있으리.(임)

동화작가들에게 공통점이 있다면 일반 성인들보다 동심을 잃지 않았다는 사실일 것이다. 동심이란 무엇인지 궁금하다면 마음의 소리에 귀기울여보았으면 한다. 급한 약속이 있어 달려가다가 시멘트 사이에서 꽃핀 야생화를 보고 발길을 멈춘 적이 있었는지. 고속도로 위에 주인 잃고 버려진 신발 한 짝을 보고 콧등이 시큰해진 적이 있었는지. 새들이 마주보고 지저귈 때 불현듯 그들의 대화가 스쳐지나간 적이 있었는지. 어른들은 끊임없이 계획하고 손익을 계산하고 능률을 따지며 살아가는 중이고, 동화작가들 역시 어른이므로 이 대열에 합류해 살아남으려고 몸부림친다. 하지만 우리 동화작가들은 세상 모든 사물, 어린이, 슬픈 사람, 기쁜 사람과 눈을 맞추고 슬픔은 가볍게, 기쁨은 두 배로 줄 수 있도록 자신을 채찍질하는 사람들이다. 그런 동지들에게 작은 힘을 보태려고 오늘 우린 어려움 속에서도 다시 〈아동문학사상〉을 펴내기 위해 종종걸음을 치고 있다. (최)

이제는 아동문학이다

아동문학사상 17호

발행인 겸 편집인 김은숙
편집 및 기획 김원석, 김용희, 김진, 박상재, 박혜숙,
서향숙, 임나라, 이규희, 이붕, 최창숙
펴낸곳 화산문화
발행일 2010년 11월 25일
등록번호 제2-1880호(1994. 12. 18)

주소 서울시 종로구 통인동 5-1 효자아파트상가 201호
전화 02) 736-7411
팩스 02) 736-7413
e-mail hwasanbooks@naver.com